Friederike Hausmann

Garibaldi

Friederike Hausmann

Garibaldi

Die Geschichte eines Abenteurers,
der Italien zur Einheit verhalf

Verlag Klaus Wagenbach Berlin

Wagenbachs Taschenbuch 335
Neuausgabe 1999

Umschlaggestaltung Groothuis+Malsy
unter Verwendung einer Lithographie um 1870
(Bildarchiv Preußischer Kulturbesitz, Berlin)
Das Karnickel auf Seite 1 zeichnete Horst Rudolph
Gesamtherstellung: Druckerei Wagner, Nördlingen
Gesetzt aus der Borgis Walbaum Roman Linotype
Lithographien: Repro Spönemann und CityRepro, beide Berlin
Gedruckt auf chlor- und säurefreiem Papier

ISBN 3 8031 2335 6

S. 99, 159, 164: Ullstein Bilderdienst, Berlin
S. 85, 114/115, 119: Bildarchiv
Preußischer Kulturbesitz, Berlin
S. 125: Staatsbibliothek Berlin
S. 146: Archivico fotografico comunale, Rom

Inhalt

Einleitung

Wer je auch nur das gottverlassenste Nest in Italien besucht hat, wird irgendwann auf eine Via Garibaldi, eine Piazza Garibaldi, einen Circolo Garibaldi oder auf eine Erinnerungstafel gestoßen sein, die an irgendetwas erinnert, das sich mit dem Namen Garibaldi verbindet.

Im Jahre 1982 wurde landauf, landab der hundertste Todestag des Mannes gefeiert, der all diesen Straßen, Plätzen und diversen Einrichtungen Patron wurde oder seinen Namen gegeben hat: Giuseppe Garibaldi.

Von der äußersten Linken bis zur rechten Mitte gab es kaum eine politische Gruppierung, die nicht versucht hätte, Garibaldi und seinen Beitrag zur Einigung Italiens im neunzehnten Jahrhundert für sich zu reklamieren. Überall schien er hineinzupassen, aber überall blieb auch ein Rest. Man entdeckte an diesem freiheitsliebenden, integren, heldenmütigen, klugen und nicht zuletzt auch schönen Mann plötzlich auch sperrige, widerspruchsvolle, rätselhafte Seiten. Eines allerdings blieb unbestritten: Garibaldi war und bleibt ein Held. Seine Taten begeisterten die Menschen seiner Zeit und entzünden noch heute die Phantasie; seine Reden, sein ganzes Auftreten, sein Charme und seine Heiterkeit, aber auch sein Zorn und seine Eitelkeiten gaben ihm eine Aura und zugleich ein politisches Gewicht, das selbst seine Gegner respektieren mußten.

Garibaldi verkörpert wie kein anderer die italienische Nationalbewegung – das *Risorgimento* – als Volksbewegung. Warum aber ließ er dann auf das Volk und die Bauern von Sizilien schießen? Er war einer der führenden Demokraten und Republikaner des Risorgimento. Warum stellte er sich dennoch dem piemontesischen König zur Verfügung? Er war ein Realist, der richtige, historische

Plakat der radikalen Partei zu Garibaldis einhundertstem Todestag 1982: Text: »Unrechtmäßige Aneignung – Objekt: Garibaldi«; unten sind der damalige Ministerpräsident Giovanni Spadolini und der sozialistische Politiker Bettino Craxi zu sehen; sie versuchen, in ein mit den italienischen Landesfarben bemaltes trojanisches Pferd zu klettern.

Kompromisse einzugehen verstand. Warum wurde er dennoch schließlich für die italienische Regierung so gefährlich, daß sie ihn auf Schritt und Tritt überwachen ließ, schließlich sogar einsperrte? Oder war Garibaldi einfach ein militärischer Haudegen, der sich politisch aufs Kreuz legen ließ? Wie aber konnte es ihm dann gelingen, die Pläne seiner gewieftesten Widersacher zu durchkreuzen?

Die vorliegende Biographie möchte zeigen, daß allein schon der zuweilen fast bizarr anmutende Lebenslauf und die abrupten politischen Wendungen des Freiheitskämpfers, Abenteurers, Militärstrategen und Politikers Garibaldi gradlinige und einfache Interpretationen seiner Figur verbieten. Die Gestalt Garibaldis wird in diesem Buch manchmal in den Hintergrund treten, um der Schilderung der Ereignisse sowie der politischen und gesellschaftlichen Hintergründe der italienischen Einigung in der Mitte des 19. Jahrhunderts zu weichen. Die Figur und die historische Rolle des italienischen Nationalhelden ist mit dem gesamten Risorgimento untrennbar verbunden, ohne dessen Geschichte die Bedeutung, die Giuseppe Garibaldi auch noch für das heutige Italien besitzt, nicht zu begreifen ist.

Garibaldi auf seiner Schimmelstute »Marsala«

Die Entdeckung Italiens

Land und Meer

In Florenz sagt man »meglio un morto in casa che un pisano all'uscio« (Lieber ein Toter im Haus als ein Pisaner an der Tür). Von den Piemontesen heißt es (außerhalb Piemonts), sie seien »höflich, aber falsch«, für die Norditaliener beginnt jenseits des Apennin eine andere Welt, spätestens aber südlich von Rom fängt die Welt der *terroni* an (von terra = Erde; verächtliche Bezeichnung für Süditaliener). Für die Sizilianer ist Italien ein anderer Erdteil, nämlich der Kontinent; in Sardinien ist »alles, was vom Meer kommt, von Übel« und für Venedig bedeutet Festland bloß soviel wie Hinterland. Heutzutage werden solche Abneigungen meist mehr scherzhaft formuliert, aber es bleibt doch immer eine kleine Schärfe im Tonfall, die aufhorchen läßt. Die Uneinigkeit Italiens geht weit über den sattsam bekannten Nord-Süd-Gegensatz hinaus. Die alte Zerrissenheit steckt noch tief in den Menschen, den Landschaften, dem Sozialgefüge, in allen Poren des Lebens.

Wie in vielen Krisen, die das Land seit seiner politischen Einigung 1860 erlebt hat, werden auch heute im Rahmen der weltweiten Veränderungen des ausgehenden Jahrhunderts die Risse wieder spürbar breiter. Der Rückzug in die vertraute geographische und soziale Umgebung bietet die Möglichkeit des Überwinterns oder auch des zähen, unprätentiösen Widerstandes. Nur bei seltenen – traurigen und freudigen – Anlässen geben sich Römer und Venezianer, Piemontesen und Sizilianer zum eigenen Erstaunen als Italiener zu erkennen, so etwa nach dem Attentat auf dem Bahnhof in Bologna, am 2. August 1981, oder nach dem Gewinn der Fußballweltmeisterschaft 1982. Als aber im Sommer 1983 durch den Ausbruch des Ätna ganze Ortschaften bedroht waren, konnte man in Friaul, einer der ärmsten Gegenden Italiens, Parolen lesen wie: »Forza Etna« (Weiter so, Ätna).

Dieser *municipalismo* (Kirchturmpolitik) hat tiefe historische Wurzeln. Daß sie aber nach wie vor so fest sitzen und immer wieder lebendig werden, hat viel zu tun mit der Art und Weise, wie die Einigung Italiens zustandegekommen ist, was in diesem Prozeß geleistet und versäumt wurde und heute noch seine Wirkung zeigt. Eine Symbolfigur dieses Einigungsprozesses war und ist Giuseppe

Garibaldi, und dennoch hat gerade die Mühseligkeit der Feiern zu seinem hundertsten Todestag 1982 deutlich gezeigt, wie widerspenstig und wie nahe der italienischen Gegenwart auch noch ein toter Nationalheld sein kann.

Giuseppe Garibaldis Leben spiegelt von Anfang an die ganze Misere Italiens, eines Landes, das für den arroganten Metternich lediglich »un nom géographique« war. Garibaldi war gebürtiger Franzose, oder genauer, seine Heimatstadt Nizza – wo er am 4. Juli 1807 geboren wurde – war seit 1793 Teil des revolutionären und dann des kaiserlichen Frankreich. Aber wie vorher, so blieb auch nach der nahezu lautlosen Wiedereingliederung in das Königreich Sardinien der französische Einfluß entscheidend. Piemont-Sardinien war wirtschaftlich und kulturell immer mehr auf Frankreich als auf seine südlichen Nachbarn ausgerichtet gewesen. Man sprach französisch und auch der noch heute von der piemontesischen Oberschicht demonstrativ gepflegte Dialekt der Region steht dem Französischen näher als dem Italienischen. Die rasch aufblühende Seidenraupenzucht, die einen großen Teil des relativen wirtschaftlichen Wohlstandes im Land ausmachte, arbeitete fast ausschließlich für die Seidenindustrie in Lyon. Auch die strenge Symmetrie in der spätbarocken Anlage der Hauptstadt Turin, mit ihren finstergrauen Häuserfassaden ist vielfach in Frankreich, aber in keiner anderen italienischen Stadt zu finden. Andererseits aber war Piemont-Sardinien der einzig »italienische« Staat auf der buntgefleckten politischen Landkarte Italiens, denn er wurde als einziger von einer einheimischen Dynastie, dem Hause Savoyen, regiert. Die seit Jahrhunderten dahinsiechenden Republiken Genua und Venedig wurden nach dem Wiener Kongreß nicht wieder ins Leben gerufen, sondern den größeren Nachbarstaaten zugeschlagen. Ansonsten wurde nach dem französischen Intermezzo der sogenannten italienischen Schwesterrepubliken der alte Zustand wiederhergestellt. Das hieß, das Land, das unter den geographischen Begriff »Italien« fiel, war und blieb wie seit dem Zusammenbruch des italienischen Staatensystems zu Beginn des 16. Jahrhunderts von fremden Dynastien beherrscht. Die Lombardei und Venetien gehörten direkt zum habsburgischen Österreich; in Mittelitalien regierten in den Herzogtümern Toskana, Parma und Modena habsburgische Nebenlinien; der Süden schließlich, das Königreich beider Sizilien, stand unter der Herrschaft einer Sekundogenitur der Bourbonen. Mittendrin dämmerte der Kirchenstaat.

Die Reaktion der Italiener auf diese traurig eintönigen Herrschaftsverhältnisse schien zunächst ebenfalls immer die gleiche: Dumpfer Groll und Resignation wechselten sich ab mit Schmuggel, Sabotage und kurzen chaotischen Aufständen, die regelmäßig an der eigenen Uneinigkeit zusammenbrachen. Aber die Bewegung, die sich seit der Französischen Revolution und in den Jahren der napoleonischen Kriege in Europa ausgebreitet hatte, fand auch in Italien Nahrung – und zwar nicht nur auf der Halbinsel selbst, sondern überall dort, wo sich – durch das Meer verbunden – Italiener aufhielten.

»Padron Domenico«, wie der Vater Garibaldis im Hafen genannt wurde, war Mitbesitzer und Kommandant einer Tartane, eines einmastigen leichten Bootes mit viereckigem Hauptsegel und mehreren Dreieckssegeln, wie sie als Fischerboote und Lastkähne die Häfen des Mittelmeeres bevölkerten. Bis seine »Santa Reparata« in einem Unwetter sank, erwarb Domenico Garibaldi im Küstenhandel einen bescheidenen Wohlstand, der es ihm erlaubte, ungeachtet der unruhigen Zeiten, für seine Söhne und insbesondere für den Peppino genannten Lieblingssohn Giuseppe eine Karriere als Arzt, Jurist oder Geistlicher anzupeilen, zu welchem Zweck er vor allem geistliche Privatlehrer engagierte. Dieser Unterricht fruchtete zwar soviel, daß Garibaldi später in Zeiten der Geldnot seinen Lebensunterhalt durch Mathematik- und Italienisch-Unterricht bestreiten konnte, aber aus der Bilderbuchkarriere in Amtsstuben und Salons wurde nichts: Peppino wollte zur See fahren. Die Garibaldis wohnten seit 1815 am Quai Lunel Nr. 3, und es hat wohl genügt, den Blick von den Büchern zu erheben, um das Leben im Hafen unmittelbar vor Augen zu haben.

Nizza war zwar kein bedeutender Hafen, aber es hatte Teil an der unermüdlichen Geschäftigkeit, die seit der Antike das Mittelmeer charakterisierte. Seine geographische Lage als Barriere zwischen dem westlichen und östlichen Mittelmeer und – über Sizilien und Malta – als Verbindung zwischen Europa und Afrika hat Italien immer von den spezifischen Bedingungen dieses Binnenmeeres abhängig gemacht. Anders als die Weltmeere, als die Nord- und Ostsee ist das Mittelmeer für die Segelschiffahrt freundlich anziehend und heimtückisch zugleich. Freundlich-anziehend durch die klimatischen Bedingungen, die Vielzahl der Inseln und rettenden Häfen und die Nähe der Küsten. Heimtückisch wegen der Unberechenbarkeit der Winde und der Piraten, die fast ebenso fest zum Mittelmeer und seiner Geschichte gehören wie der blaue Himmel. Obwohl sie über Kompaß und Sextanten verfügten und diese wichtigen nautischen Hilfsmittel ursprünglich sogar in Europa eingeführt hatten, waren es nicht die italienischen Seestädte, die die großen Weltmeere eroberten. Ihre Schiffe befuhren nicht in erster Linie die großen einsamen Routen unter den Passatwinden, sondern betrieben geschäftigen Verkehr von Hafen zu Hafen. Von der Konkurrenz der Überseeschiffahrt an den Rand des Weltgeschehens gedrängt, hatte sich in diesem Binnenmeer nicht viel geändert, die Schiffe bewegten sich von Hafen zu Hafen – »wie die Krabben von Klippe zu Klippe«[1] – die großen Routen führten lediglich bis auf die Balearen oder ins Schwarze Meer.

Garibaldi heuerte als Sechzehnjähriger auf einer russischen Brigg unter einem italienischen Kapitän an, eigentlich schon zu spät, wie er später meinte.[2] Vom Meer aus lernte er in den folgenden Jahren seine Landsleute kennen, hier wurde er für die Sache Italiens gewonnen, hier kam er zum ersten Mal mit den großen Bewegungen in Berührung, die Europa erschütterten.

Die Häfen des italienischen Festlandes außerhalb Piemonts: Livorno, der einzige »internationale« Hafen der habsburgischen Territorien, in dem regelmäßig holländische, spanische und englische Schiffe verkehrten. Ostia, der verschlafene und heruntergekommene Hafen der ebenso verkommenen Hauptstadt des Kirchenstaates, auf deren antiken Ruinenhügeln die Kühe weideten. Neapel, wo unter dem Druck der blutsaugerischen Bourbonenherrschaft der Schmuggel blühte. Dann die Häfen der italienischen Mittelmeerwelt: Konstantinopel, wo Garibaldi 1828 wegen einer Erkrankung abmustern mußte und pflegende Aufnahme bei einer Familie der italienischen Kolonie in der Hauptstadt des osmanischen Reiches fand. Rhodos, Drehscheibe für die Routen in den Nahen Osten und zum Schwarzen Meer, dessen Festungsanlagen an die venezianische Herrschaft im östlichen Mittelmeer erinnern. Und schließlich Taganrog, der Zielhafen der Schwarzmeerroute, seit alters Umschlagplatz für Holz, Leder und Getreide aus dem Osten im Tausch gegen handwerkliche, immer häufiger aber auch industriell gefertigte Produkte aus Europa. In dem vielsprachigen Wirrwarr des Hafens überwogen deutlich die italienischen Dialekte. Es gab zwar keine eindeutige gemeinsame Sprache, aber hier, in einer fremdvertrauten Umwelt fand und verstand man sich doch. Das »basta!« der schlechtbezahlten und erschöpften Matrosen war in den Hafenkneipen überall laut genug zu hören und wurde auch von den Einheimischen aufgegriffen: Es ist die Wurzel des russischen Wortes für »Streik«. Hier wurden Genuesen, Römer und

Sizilianer, Matrosen, Kaufleute, Abenteurer und politische Flüchtlinge einfach zu Italienern. Die Sehnsucht nach der Heimat und die Wut, daß es unter den erbärmlichen Verhältnissen dort keinen Platz zum Leben und keine Luft zum Denken und Atmen gab, vereinte sie.

In dieser bizarren Welt traf Garibaldi 1833 einen Mann, durch dessen Worte plötzlich vieles von dem, was er bisher auf seinen Fahrten erlebt hatte, einen Sinn zu erhalten schien. In seinen Memoiren gibt Garibaldi den Namen des Mannes nicht preis, vielleicht hat er ihn selbst nie erfahren, denn der Unbekannte gehörte einer subversiven Vereinigung an, die sich »Giovine Italia« nannte. Wahrscheinlich handelte es sich jedoch um einen Matrosen aus dem ligurischen Oneglia, nahe Genua, mit dem bürgerlichen Namen Giambattista Cuneo, besser bekannt als »il Credente«, der Gläubige. Garibaldi schrieb in seinen Memoiren über das Zusammentreffen: »Gewiß hat Columbus bei der Entdeckung Amerikas nicht soviel Freude empfunden wie ich bei der Erkenntnis, daß es um die Erlösung der Heimat ging.«[3] Was war das Geheimnis Italiens, was die Botschaft?

Logen und Geheimbünde

Geheimbünde gab es seit der Aufklärung in ganz Europa. Auch in Italien hatten sich Freimaurerei und ähnliche Geheimbünde in Opposition zum Ancien Régime gegen Ende des 18. Jahrhunderts rasch verbreitet.

Mit dem Ausbruch der Französischen Revolution wurden all diese Organisationen mit einer entscheidenden Frage konfrontiert: betrachtete man sich als jakobinisch-radikal-republikanisch oder als liberal-gemäßigt-konstitutionell? Blieb diese Frage in Italien zunächst rein theoretisch – deshalb natürlich um so heißer diskutiert – so gewann sie auch hier plötzliche Aktualität durch die außenpolitischen Entwicklungen seit Beginn der Koalitionskriege gegen das revolutionäre Frankreich. Sobald die Französische Revolution aufgrund innerer Widersprüche und äußeren Drucks ihre Aufmerksamkeit auf die Außenpolitik richtete, geriet naturgemäß auch Italien – das schwächste Glied innerhalb der politischen und sozialen Ordnung in Europa und zudem der westlichste Ausläufer der habsburgischen Monarchie – ins Blickfeld.

Freimaurerloge im 18. Jahrhundert

Es begann mit der Errichtung der sogenannten italienischen Schwesterrepubliken 1797-1799; die Entwicklung nahm sodann ihren Lauf mit der indirekten, später direkten französischen Herrschaft über die Königreiche von Napoleons Gnaden. Das Königreich Italien behielt sich Napoleon selbst vor, über das von Neapel regierte seit 1806 zunächst sein Bruder Joseph, von 1808 bis zum Zusammenbruch der französischen Herrschaft und der Restauration durch den Wiener Kongreß 1815 dann sein Schwager, der frühere General Murat.

Durch diese Ereignisse wurden die italienischen Geheimgesellschaften in einen Strudel gerissen, der ihren Charakter vollständig veränderte. Waren sie unter dem Ancien Régime ganz allgemein der Aufklärung verpflichtet und nur im weitesten Sinne politische Organisationen, so übernahm die Freimaurerei unter französischer Herrschaft eine klare politische Funktion: Von nun an spielten diese Art von Vereinigungen eine wichtige Rolle in der italienischen Nationalbewegung.

Die alte Freimaurerei verwandelte sich von einer oppositionellen und ständig von der Polizei verfolgten Geheimgesellschaft zu einer Art »Rotary Club« der französischen Herrschaft. Dagegen entstanden neue Geheimbünde, die sich schließlich in der Restaurationszeit mit der alten Freimaurerei wieder verbanden und zu einem riesigen Netz verwirrten.

Zunächst wurde die »Befreiung« von den italienischen Freimaurerlogen und den nach französischem Vorbild gebildeten jakobinischen Klubs sehnsüchtig erwartet und enthusiastisch begrüßt. Ihre Vorstellungen und Erwartungen waren dabei teilweise recht eigentümlich italienisch: Kaum waren die Franzosen im Land, schickten die meisten Städte Nord- und Mittelitaliens Delegationen nach Paris. Jede Stadt wollte sich als Republik konstituieren und das eigene Territorium zu Lasten ihrer »historischen« Feinde erweitern. Die Mailänder verlangten z. B., die Republik, deren Hauptstadt – aus politischen und wirtschaftlichen Gründen – natürlich Mailand sein sollte, müsse auch Mantua, Venedig und die dazugehörige Terraferma einschließlich Dalmatien sowie auf der anderen Seite Genua umfassen. Die Grenzen eines solchen Staates hätten dem Umfang des alten Herzogtums der Visconti-Sforza entsprochen. Die Bildung der italienischen »Schwesterrepubliken« durch das französische Direktorium, das diese Wünsche ignorierte, glich nicht zuletzt deshalb eher einer Invasion und militärischen Besetzung als einer Befreiung wie sie sich die Italiener vorgestellt hatten – dies vor allem auch, weil Napoleon Bonaparte Italien lediglich als Sprungbrett für seine weitere politische Karriere betrachtete.

Das Direktorium und Napoleon verstanden es von vornherein, die freimaurerischen Organisationen geschickt einzusetzen, um möglichst schnell eine neue straffe Verwaltung an die Stelle der verbrauchten Apparate zu setzen, dennoch alle Fäden fest in der Hand zu halten und gleichzeitig radikaljakobinische Strömungen einzudämmen. Dabei kam ihnen die Geheimniskrämerei und die hierarchische Struktur der Freimaurerorganisation zustatten.

Gemäß einem stillschweigenden Gebot mußte jeder höhere Offizier und Beamte Mitglied der Freimaurer sein. Durch die persönlichen Kontakte auf den verschiedenen nach Initiationsgraden streng voneinander getrennten Ebenen wurden politische Entscheidungen von oben nach unten informell vorbereitet, propagiert und personell realisiert.

Immer mehr stellte sich aber heraus, daß die Franzosen keineswegs vorhatten, Italien zu befreien, sondern – nicht anders als alle ihre Vorgänger – das Land lediglich als politisches Unterpfand zu benutzen gedachten. Ansonsten wollten sie vor allem Soldaten und Geld, Geld und nochmals Geld. Je deutlicher die »offizielle« Freimaurerei sich zum Instrument der neuen Fremdherrschaft machen ließ, desto zahlreicher entstanden – zum Teil aus den alten Logen und Zirkeln hervorgehend – neue selbständige Geheimgesellschaften.

Die organisatorische Struktur und die zum Teil abstrusen Symbolismen dieser neuen Gruppierungen lehnten sich an die Freimaurerei des 18. Jahrhunderts an, ebenso dienten der Aktivismus und die Verschwörertaktik der revolutionären Klubs der Revolutionszeit als Vorbild. Es existierte ein hochentwickeltes System von Erkennungszeichen zwischen den Eingeweihten, besondere Berührungen mit der Hand, Blicke, Schrittkombinationen, versteckte Zeichen in Briefen, Codewörter. Die politisch-ideologische Ausrichtung dieser neuen Gruppierungen, ob katholisch, patriotisch-liberal oder jakobinisch-revolutionär, war nicht nur höchst unterschiedlich, sondern auch vage und, aufgrund der absoluten Geheimhaltung zwischen den Ebenen der Hierarchie, meist in sich keineswegs homogen. Das einzig verbindende Element, das diese *neuen* Geheimgesellschaften zusammenhielt, war die Feindschaft gegen das napoleonische Regime. Gerade in dieser politisch-ideologischen Schwäche aber lag auch die Stärke der verschiedenen Organisationen, die sich, trotz ständiger polizeilicher Verfolgungen, immer wieder in neuer Zusammensetzung und unter neuen Namen regenerierten, miteinander verbündeten und selbst in die offizielle Freimaurerei einschleichen konnten.

In Norditalien wirkte die von Filippo Buonaroti organisierte *Adelfia* mit mehr oder weniger demokratisch-jakobinischer Tendenz, im Süden die *Carboneria*, die vielleicht mit den »Charbonniers« der Franche Comté in Verbindung stand. Man weiß wenig über die soziale Zusammensetzung und die Zahl ihrer Anhängerschaft vor der Restaurationszeit, aber es scheint, daß die *Carboneria* ihre Anhänger unter den kleineren Grundbesitzern, den Intellektuellen, auch Teilen des Adels und der Offiziere hatte, während in der *Adelfia* des Nordens wahrscheinlich der Anteil des Adels und der Handelsbourgeoisie überwog.

Die *Carboneria* wurde bald zum Inbegriff der neuen Geheimgesellschaften, die man als eine Art »Bastard« der Freimaurerei bezeichnen könnte.[4] Im Gegensatz zu den ursprünglichen Zielen der Freimaurer der Aufklärungszeit war die *Carboneria* von vorneherein eine politische Organisation, sie war nicht wie jene kosmopolitisch, sondern nationalistisch, nicht legalistisch, sondern revolutionär. Während der französischen Herrschaft waren die *Carboneria* und die anderen Geheimbünde zu schwach und politisch zu zersplittert, um wirksam Widerstand zu leisten. Erst in der Restaurationszeit nach 1815 wurden sie auch nach außen aktiv. Die Reste der Freimaurerei, die *Carboneria* und die übrigen Geheimgesellschaften verflochten und überlagerten sich immer enger. Der allein verhaßte Feind war jetzt das überall in Italien restaurierte Ancien Régime.

Die allgemein verbreitete Unruhe, die nie ganz verlöschenden Funken des Widerstands, flammten in den Jahren 1820/21 und 1830/31 von Sizilien bis Piemont zu regelrechten Aufständen auf, die allerdings untereinander isoliert blieben und bald wieder zusammenbrachen. Dies konnte den Eindruck erwecken, daß es nur eines gemeinsamen Losungswortes und einer festen, das ganze Land umfassenden Organisation bedurfte, um einen Flächenbrand auszulösen, der die Trümmer jahrhundertelanger politischer Ohnmacht beiseiteräumen könnte. Ein solcher Eindruck mußte um so mehr entstehen, wenn man die verwirrende Vielzahl von Einzelaktionen aus einer gewissen Distanz betrachtete.

Mazzinis »Giovine Italia«

Dies war der Ausgangspunkt für die Gründung des *Giovine Italia* (Junges Italien) durch den Genuesen Giuseppe Mazzini im französischen Exil. Auch diese Organisation war ein Geheimbund, Mazzini versuchte aber soweit wie möglich in der Öffentlichkeit für seine Ideen zu werben. Später gründete er ähnliche Organisationen unter verschiedenen Namen, seine Person stand immer im Mittelpunkt des demokratischen Flügels der italienischen Nationalbewegung, den man allgemein als *Partito d'Azione* bezeichnete.

Giuseppe Mazzini war nicht viel älter als Garibaldi. Herkunft und Werdegang schufen aber fast automatisch eine kaum zu überbrückende Distanz zwischen beiden Männern. Mazzinis Geburtsstadt Genua liegt nur etwa 150 Kilometer von Nizza entfernt. Es war unter Napoleon ebenfalls französisch, und nach 1815 waren beide Städte auch Teil des Königreichs Piemont-Sardinien geworden.

Dennoch lagen Welten zwischen dem friedlichen, halbfranzösischen Nizza und der Hauptstadt Liguriens, das seine Unabhängigkeit als Republik Genua erst durch die napoleonische Herrschaft verloren hatte. Genua hatte und hat immer noch den Beinamen »la Superba«, ein Attribut, dessen Bedeutung zwischen »hochmütig«, »stolz« und »großartig« oszilliert. Das Bild, welches die Stadt mit ihren steil an den Berghängen emporkletternden Häusern dem vom Meer nahenden Betrachter bietet, vermittelt einen Eindruck vom Selbstbewußtsein der Genuesen. Die Republik Genua war neben Venedig, der ewigen Rivalin, bis ins 16. Jahrhundert Beherrscherin des Mittelmeers. Im Gegensatz zu Venedig war Genuas Territorium auf dem italienischen Festland immer auf die Landschaft Ligurien beschränkt geblieben. Um so bedeutender waren die Stützpunkte und Besitzungen in »Übersee«, das heißt im Mittelmeer – unter anderem gehörte Korsika jahrhundertelang, bis 1768, zu Genua. Die Republik blieb zwar formell unabhängig, verlor in Wirklichkeit jedoch ihre außenpolitische Unabhängigkeit bereits im 16. Jahrhundert an das habsburgische Spanien. Die Stadt wurde freilich gerade deshalb mit ihrem Banco di San Giorgio zu einem der wichtigsten Finanzzentren Europas, in dem das neue Gold und Silber aus Amerika zusammenströmte. Mit dem Verlust der Großmachtstellung Spaniens Mitte des 16. Jahrhunderts ging in der Republik Genua der Zerfall ihres oligarchischen Systems einher, das nicht länger in der Lage war, sich den gewandelten wirtschaftlichen und politischen Verhältnissen Europas anzupassen. Um so hartnäckiger hielt sich der Stolz auf die große Vergangenheit. Schon durch ihre Sprache grenzten sich die Genuesen gegenüber ihren Nachbarn im Osten und Westen scharf ab: Das mit vielen »x« und »z« gespickte katalanische Idiom ist weder von den Franzosen noch von den Lombarden zu verstehen.

Der Verlust der politischen Eigenständigkeit an das damals noch eher provinzielle Piemont-Sardinien durch den Wiener Kongreß war um 1830 noch keineswegs verschmerzt, und Genua wurde deshalb wie selbstverständlich zum Zentrum republikanischer Bestrebungen. In dieser Umgebung begann der aus einer gutsituierten Familie stammende Mazzini seine Laufbahn als Verschwörer, publizierte in verschiedenen politischen Zeitschriften seiner Heimatstadt und nahm 1830 an den kläglich gescheiterten Aufstandsversuchen der genuesischen *Carbonari* teil. Nach Frankreich geflüchtet,

Giuseppe Mazzini (1805–1872)

schrieb er zunächst an den neuen König von Piemont, Carlo Alberto, einen Brief, in dem er ihn aufforderte, sich an die Spitze der Bewegung für die Freiheit und Einheit Italiens zu stellen. Carlo Alberto konnte natürlich nicht ermessen, wieviel Selbstverleugnung für einen Genuesen dazugehörte, im Interesse der höheren Sache auf die republikanische Tradition und auf die Selbständigkeit Genuas zu verzichten. Aber er hätte die romantische Begeisterung und die Kompromißlosigkeit spüren können, die aus den Worten Mazzinis sprach. Italiens Freiheit als oberstes Ziel und ein unbeugsamer Glaube an die Schlagfertigkeit der eigenen Ideen haben das ganze Leben Mazzinis als Verschwörer und Patriot begleitet, das bis auf kurze vielversprechende Anfänge nichts als eine Kette immer deprimierenderer Niederlagen mit sich brachte.

Nur kurz nach seinem Brief an Carlo Alberto gründete Mazzini die Vereinigung *La Giovine Italia*, die sich die Befreiung und die Vereinigung der Nation zur unitarischen Republik zum Ziel setzte. Diese Formel sollte jetzt nicht mehr bloß Diskussionsthema für verschworene Zirkel sein, sondern Propagandalosung, Kampfruf für das Volk, die Massen, die *multitudini*, verbreitet von den »Aposteln« des »jungen Italien«, die dann zur gegebenen Zeit das Zeichen zum allgemeinen Aufstand geben sollten. Mit dieser Konzeption ging Mazzini entschieden über die Grenzen der bisherigen Geheimbünde hinaus in Richtung auf eine Vereinigung aller Ebenen des Widerstandes, und er gewann rasch Anhänger in nahezu allen Volksschichten, freilich – soweit das heute noch rekonstruierbar ist – mit der gewichtigen Ausnahme der Bauern.

Der neue Schwung, der moralisch-religiöse Impetus und die griffige Losung vermochten es, selbst Seeleute am Schwarzen Meer zu begeistern und dafür zu gewinnen, einem Mann zu folgen, der so grundverschieden von ihnen war und Tausende von Meilen entfernt im Exil in fieberhafter Tätigkeit zwischen intellektuellen Zirkeln der Exilanten aus allen Teilen Europas und den Salons aristokratischer Damen lebte.

Mazzinis Apostel vermochten der allgemeinen Unruhe einen neuen Impuls und einen Namen zu geben. Etwas anderes aber war es, daraus wirklich den großen Aufstand entstehen zu lassen.

Kaum war die »Clorinda«, auf der er als zweiter Offizier diente, Ende 1833 wieder vom Schwarzen Meer zurück, beeilte sich Garibaldi, Mazzini, den Apostel der Apostel, von Angesicht zu Angesicht zu erleben. Weder er noch Mazzini haben in ihren Erinnerungen ein Wort über dieses erste Zusammentreffen verloren, so unwichtig erschien es dem einen zunächst, so enttäuschend muß es für den anderen verlaufen sein. Für Mazzini, der vom Volk sprach, es aber nicht kannte, den geistigen Aristokraten, dem alles, was nicht Kultur, Intelligenz und konsequentes Denken war, fremd und verachtenswert blieb, mußte sein Gegenüber wie eine Provokation erscheinen: strotzend vor Gesundheit, Kraft und Enthusiasmus, aber ohne den Schimmer einer Ahnung, mit welchen komplizierten Fragen und Problemen die Patrioten es zu tun hatten. Garibaldi war scheinbar einer der vielen jungen Männer, die darauf brannten, in die Reihen der *Giovine Italia* aufgenommen zu werden. Für sie genügte das Stichwort »Freiheit«, denn es stand für die unbedingte Entschlossenheit, der Enge, dem grauen und bedrückenden Einerlei, der beschämenden Bedeutungslosigkeit Italiens mit gewaltigen Taten ein Ende zu setzen und sich dem großen Aufbruch Europas anzuschließen. Mazzini war nur zwei Jahre älter als Garibaldi, aber mit 28 war er ein reifer, physisch bereits ein alter Mann, während Garibaldi mit seinen 26 Jahren einen jugendlichen Eindruck hinterließ. Beide trugen den Vornamen Giuseppe. Aber der eine war und blieb Peppino, während dem anderen der ehrwürdige biblische Name Giuseppe besser zu Gesicht stand. Es war kühne Vertraulichkeit, wenn die Mazzinianer untereinander von ihrem Meister als »Pippo« sprachen.

In der Haß-Liebe zwischen diesen beiden Persönlichkeiten, in die sowohl ihr sozialer und kultureller Hintergrund als auch ihr ganz persönlicher Charakter eingingen, entfaltete sich ein tragender Spannungsbogen der italienischen Einigungsbewegung. Denn Mazzini sollte sich mit seinem ersten Eindruck gewaltig täuschen – wie er überhaupt kein guter Menschenkenner war: Garibaldi war nur äußerlich einer der vielen. Peppino wurde in die *Giovine Italia* aufgenommen, erhielt die Weihe und den Auftrag, als Apostel zu wirken. Mit dem Geld, das er anscheinend ziemlich reichlich erhielt, ging er nun genau dahin, wo Mazzini nie auftauchte, nämlich in die Tavernen und Osterien Liguriens, wo er eine fröhliche Gesellschaft von Verschwörern um sich sammelte. Wer konnte – nachdem er zum Essen und Trinken eingeladen worden war – diesem Verschwörer all'italiana widerstehen, der nicht nur stolz darauf war, ein Verschwörer zu sein, sondern auch und vor allem darauf, es allen zu sagen und zu zeigen, daß er eine grandiose Verschwörung vorbereitete. Auf diese Weise waren viele Anhänger zu gewinnen: mit einem Teller der ligurischen Teigwarenspezialität *trenette* mit dem duftenden pesto alla genovese, dazu der Weißwein der cinque terre, und das ganze endete in Hochrufen auf die Revolution, deren Programm reichlich vage blieb, aber immer die Möglichkeit eröffnete, gegen Piemont, Carlo Alberto, die Pfaffen und überhaupt »die Reaktion« zu sein.[5] Mazzinis Wort schien sich zu bewahrheiten, daß ganz Italien ein schwelender Brand sei, dem nur durch einen Funken zum Ausbruch verholfen werden müsse.

Auch noch in der königlichen Marine, wo Garibaldi seinen Militärdienst ableistete, fuhr er unbeirrt fort, Anhänger zu werben. Dort erreichte ihn Anfang Februar 1834 die Nachricht, daß der Aufstand unmittelbar bevorstand: Er sollte von Genf, dem Exil Mazzinis ausgehen, von wo aus ein bewaffnetes Heer die Grenzen überschreiten würde. Durch Demonstrationen und Bewaffnung der Mazzinianer sollte dann von Ort zu Ort der Funke zum allgemeinen Aufstand zünden. Nun mußte Garibaldi aber bei näherem Nachfragen unter den von ihm gewonnenen Anhängern der großen Sache feststellen, daß außer seinem treuesten Freund Edoardo Mutru keiner seiner Kameraden wirklich an diese Möglichkeit glaubte und dazu bereit war, auf sein Wort hin Fahnenflucht zu begehen oder gar zur offenen Meuterei zu schreiten. Unter einem Vorwand verließen die beiden Freunde das Schiff, um wenigstens an dem Aufstand in der Stadt teilnehmen zu können. Aber in den Straßen Genuas, auf den Plätzen, wo sich die Mazzinianer versammeln sollten, um den Aufstand zu proklamieren und die Massen wachzurütteln, war weit und breit kein Mensch zu sehen. Die große Erhebung war zusammengebrochen, bevor sie eigentlich begonnen hatte. Die wachsende Unruhe, von der Mazzini durch seine Informanten wußte und die er zum allgemeinen Aufstand hatte ummünzen wollen, war zwar gegen die Fremdherrschaft gerichtet, aber gegen eine andere als die, die Mazzini meinte: sie richtete sich gegen die Engländer, Besitzer der großen Spinnereien des Landes, und gegen die Deutschen, die als Vorarbeiter, als *fileurs*, die einfachen Arbeiter antrieben. In diesen Spinnereien wurde von Sonnenaufgang bis Sonnenuntergang gearbeitet, und Kinder mußten ebenso mithelfen wie die Großmütter, um den Lebensunterhalt zu verdienen, während auf der anderen Seite der französischen Grenze die Arbeitsbedingungen schon ein bißchen besser waren. Diese Menschen wurden durch die Aufrufe Mazzinis kaum erreicht, weil ihm und seinen Anhängern der Wille fehlte, deren eigentliche Bedürfnisse zu erkunden und sich zu eigen zu machen.

Geradezu tragisch verlief später der Versuch, im Süden, unter den Bauern, den Funken des Aufstandes zu zünden. 1844 machten sich die Gebrüder Bandiera mit wenigen Gefolgsleuten auf den Weg nach Calabrien. Unmittelbar nach ihrer Landung wurden sie von aufgebrachten Bauern allesamt erschlagen.

Nach dem kläglichen Zusammenbruch der Erhebung verfiel nun die Polizei in fieberhafte Aktivität, um endlich derer, die sie schon lange auf ihrer Liste hatte, habhaft zu werden.

Der fahnenflüchtige Matrose der königlichen Marine von Piemont-Sardinien Garibaldi vertauschte deshalb in Panik die Uniform mit einfachen Zivilkleidern und begab sich, wie viele seiner »Kampf«-Genossen, auf die Flucht. Nicht zum ersten und nicht zum letzten Mal stob ein Schwarm politischer Flüchtlinge von Italien aus in alle Richtungen auseinander, nach Spanien, Frankreich, England, Malta. Einige wie Garibaldi verschlug es nach längerem Umherirren schließlich bis nach Südamerika. Zurück ließ er auch ein in Abwesenheit gegen ihn verhängtes Todesurteil.

Exil: Italien in Südamerika

Trotz der Hilfe von Verwandten und Brüdern der *Giovine Italia* flüchtete Garibaldi ohne wesentliche Geldmittel und ohne Vorstellungen über seine weitere Zukunft in ein fernes Land, von dem er nichts wußte und mit dem ihn nichts verband als das Meer.

Als das Schiff in Rio de Janeiro einlief, wurde er jedoch schon von einer ganzen Menschentraube erwartet und begeistert begrüßt. Die Kunde seiner »Heldentat« war ihm vorausgeeilt und von den Mazzinianern der italienischen Kolonie in Rio begierig aufgenommen worden.

In den Kreisen der italienischen Kolonie lernte Garibaldi das Leben des politischen Exils kennen. Er wurde mit offenen Armen im Hause eines wohlhabenden Mazzinianers aufgenommen und war eine Weile umworbener Mittelpunkt aller Versammlungen, die gewöhnlich mit ausgiebigen Mahlzeiten verbunden wurden. Hier in Rio war die Autorität Mazzinis noch gänzlich ungebrochen, während in Italien, auch aus den eigenen Reihen, allmählich Zweifel aufkamen über den Sinn von Aufständen, die bereits im Keim erstickten und lediglich die Zahl der Emigranten in beängstigende Höhen trieben. In diesem Kreis traf Garibaldi auch einen alten Bekannten wieder: Giambattista Cuneo, den »Gläubigen«, der ihn in Taganrog für die Mazzinianer gewonnen hatte.

Bald tat sich hinter dem Reiz des Neuen und der Begeisterung über die ungebrochene Freiheitsbewegung im fernen Italien, aus dem die Presse des *Giovine Italia* ermutigende Nachrichten schickte, der Alltag des Emigrantenlebens auf. Die hitzig geführten Diskussionen kreisten immer wieder um die gleichen Themen: Die Hoffnung und Erwartung, daß noch im selben Jahr, 1836, von Mazzini das Zeichen zum entscheidenden Aufstand gegeben werde. Kleinliche Eifersüchteleien und Zänkereien traten jedoch mehr und mehr in den Vordergrund. Man verfaßte Aufrufe und gab Zeitungen heraus, deren einzige neue Leser die Matrosen und Passagiere der wenigen aus Italien ankommenden Schiffe sein konnten. Höhepunkt des nichtsdestotrotz fieberhaften politischen Lebens waren gelegentliche Pöbeleien zwischen den Offizieren von Schiffen unter sardischer oder österreichischer Flagge und Mazzinianern, die mit kleinen Küstenbooten unterwegs waren und die italienische Trikolore gehißt hatten. Immer mehr Mitglieder des Kreises, der sich nunmehr getreu Mazzinis neuesten Weisungen als *Giovine Europa* konstituiert hatte, beschäftigte sich immer ausschließlicher damit, einen gehörigen Anteil am Wohlstand der aufblühenden Wirtschaftsmetropole Rio zu ergattern.

Nur ganz wenige konnten oder wollten sich nicht damit begnügen, unter ihnen Garibaldi. Seine Versuche, sich wirtschaftlich auf eigene Füße zu stellen und einen Getreidehandel aufzumachen, waren freilich wenig erfolgreich; im Gegensatz zu vielen seiner Gesinnungsgenossen hatte er nicht das Zeug zum guten Kapitalisten. So mußte es fast wie eine Erlösung wirken, als endlich ein Mann auftauchte, der mit dem Ruf »Kampf für die Freiheit« Garibaldi das passende Stichwort gab.

Der Mann war Gefangener in Santa Cruz, gegenüber von Rio de Janeiro. Er stammte aus Bologna und sein klingender Name, Tito Livio Zambeccari, ließ auf seine vornehme Abkunft aus einem gräflichen Geschlecht schließen. Zambeccari hatte in den Zwanzigerjahren an den revolutionären Bewegungen in Italien und Spanien teilgenommen und war dann als politischer Flüchtling nach Porto Alegre gekommen, wo er als erstes eine republikanische Partei gegen die kaiserliche Regierung von Brasilien gründete. Er wurde zum führenden politischen Kopf der Separatistenbewegung von Rio Grande do Sul, der südlichsten und seit jeher reichsten Provinz Brasiliens.

Für Garibaldi genügten die Worte Freiheit und Republik, um Zambeccari zu folgen und sich in den Dienst seiner Sache zu

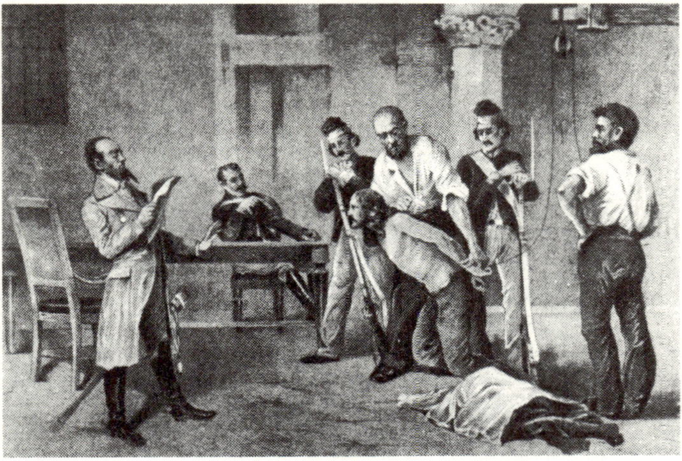

Garibaldi wird von argentinischen Militärs verhört

stellen. Ebenso wenig wie in Italien fragte er nach dem, was eigentlich dahinter steckte, wem die Bewegung eigentlich nützen sollte, wer ihre eigentlichen Träger waren. Ohne zu zögern stürzte er sich in einen Krieg, dessen Fronten schon bald immer undurchsichtiger wurden und der meist eher den Charakter einer Auseinandersetzung zwischen Viehdieben annahm.

Es begannen nun abenteuerliche Jahre, in deren Verlauf Garibaldi und Männer wie er zu gefürchteten und verehrten Kämpfern wurden – in ihrem eigenen Selbstverständnis Kämpfer für die Freiheit, für die Republik und gegen die Reaktion. In den Augen ihrer Gegner und jener Einheimischen hingegen, die wider Willen in diesen Krieg hineingezogen wurden, waren sie nichts anderes als *mercenari*, Söldner, angeworben, um einer Sache zu dienen, über die sie selbst nicht entschieden und die sie letztlich auch nichts anging, ja über deren wahre Natur sie überhaupt nicht Bescheid wußten. Neben Männern wie Garibaldi standen finstere Gestalten, eher auf Raub und Plünderung versessen als auf Freiheit und Republik. Selbst in seinen Memoiren, in denen eine nach Möglichkeit heroische Darstellung überwiegt, kam Garibaldi nicht umhin, von brutalen Plünderungen und Brandschatzungen zu berichten.

1841 zog sich Garibaldi aus dem Krieg zurück. In Laguna, einer Stadt, die ganz gegen ihren Willen »befreit« und Teil der kurzlebigen Republik von Santa Caterina geworden war, hatte er 1839 Anita Ribeiro kennengelernt und sich sofort leidenschaftlich in sie verliebt. Anita war die Frau eines Schusters, den sie drei Jahre später in Montevideo für tot erklären ließ, um der Kirche den Segen für ihre zweite Ehe abzuringen. Ein einigermaßen ruhiges Familienleben – sie gebar Garibaldi zwei Söhne und zwei Töchter – hat sie bis zu ihrem frühen Tod 1849 in Italien kaum kennengelernt. Auch jetzt konnte ihr neuer Ehemann nur für kurze Zeit Gefallen am geruhsamen Leben eines Lehrers und Handelsvertreters finden, und es dauerte nicht lange, bis ihn wiederum durch einen Landsmann, Francesco Anzani aus der Brianza nördlich von Mailand, die Aufforderung erreichte, im Namen der Freiheit zu den Waffen zu greifen. Diesmal ging es um Hilfe für die republikanische Partei Uruguays, die *Colorados,* die sich der Expansionsgelüste des argentinischen Diktators Rosas und seiner uruguayischen Verbündeten, der *Blancos,* zu erwehren hatte. Zur Verteidigung Montevideos wurde 1843 neben einer französischen auch eine italienische Legion gebildet, die alsbald unter Garibaldis Kommando stand; sie wurde *seine* Legion und trug eine Uniform, die berühmt werden sollte: das rote Hemd. Noch in der pervertierten Reminiszenz der Schwarzhemden Mussolinis wird deutlich, welch hohen emotionalen Wert diese »Uniform« nach fast einem Jahrhundert bei den Italienern immer noch hatte. Über den Grund für ihre Farbe gibt es verschiedene Versionen, aber die wahrscheinlichste ist die, daß die stets um Geld verlegene italienische Legion billig einen großen Posten Stoff hatte aufkaufen können, der ursprünglich für die wegen der Blutspritzer roten Schürzen der zahlreichen Metzger von Montevideo gedacht war.

Die Legion umfaßte selten mehr als ein paar hundert Mann, weil – abgesehen von den hohen Verlusten – Desertionen und Austritte aufgrund persönlicher oder politischer Meinungsverschiedenheiten an der Tagesordnung waren. Dennoch vollbrachten die Italiener Taten, wie die gegen eine vierfache Übermacht geführte Schlacht von San Antonio, die sie und vor allem Garibaldi berühmt und einmal mehr zu Helden der neuen Welt werden ließen, deren Ruhm auch nach Italien drang. In diesen Jahren ununterbrochener chaotischer Kämpfe erwarb Garibaldi auch Fähigkeiten wie sie nur auf diesem Kontinent und unter diesen Bedingungen zu erwerben waren. Er lernte den Kampf zu Schiff, mit Segel- und Dampfschiff, wenn es sein mußte auch mit Ruderbooten oder – für einen Seemann durchaus ungewöhnlich – schwimmend, auf hohem Meer, in gefährlichsten Küstengewässern und Flüssen. Ebenso eignete er sich unter den härtesten Bedingungen Strategie und Taktik des Guerillakampfes an – in den Städten, in den endlosen Ebenen, im Gebirge und in undurchdringlichen Wäldern, in Gebieten vor allem, die er noch nie gesehen hatte und die wohl zum Teil auch vor ihm noch kein Europäer betreten hatte.

Garibaldi und seine Legion konnten zwar nicht verhindern, daß der Krieg in Uruguay immer mehr in blutigen Fehden innerhalb der kämpfenden Parteien versank und schließlich ergebnislos endete. Aber schon bald erreichte sie ein neuer Aufruf zum Kampf um die Freiheit, der dieses Mal alles andere in den Hintergrund treten ließ: er kam aus Italien.

Unter den Italienern in Montevideo wurde eine Sammlung veranstaltet, um die Kosten für die Überfahrt der Freiwilligen zu finanzieren. Garibaldi rechnete mit 1000 Mann. Anita und die Kinder hatte er schon zu seiner Mutter vorausgeschickt. Als endlich das ganze Geld zusammengebracht, ein Schiff gechartert und auf den Namen »Speranza« getauft war[6], schifften sich statt der erwarteten 1000, ganze 63 Mann ein, darunter der von Garibaldi befreite Negersklave Aguyar und der Mulatte Costa, die von nun an für die Freiheit Italiens kämpften und dabei ums Leben kamen. Und schließlich war da auch noch der lahmende Hund, der Garibaldi in der Schlacht von San Antonio zugelaufen war und dem er den Namen »Guerello« gegeben hatte.

Mit dieser Mannschaft stach Garibaldi am 15. April 1848 in See, geplagt von der Angst, zu spät zu kommen und nicht zu erleben, wie in Italien der ersehnte Funke zündete. Diese Angst erwies sich als nicht ganz unberechtigt, denn die Überfahrt dauerte über zwei Monate. Anders als es Garibaldi damals möglich war, können wir uns inzwischen ausführlich mit den Ereignissen beschäftigen, die während seiner Abwesenheit in Italien eine ganz neue politische Lage geschaffen hatten.

Das Exil als Gepäck

Im Verlauf des Jahres 1847 und Anfang 1848 kehrten neben den Passagieren der »Speranza« viele der politischen Emigranten mehr oder weniger heimlich aus allen Himmelsrichtungen nach Italien zurück. Mazzini kam Ende März 1848 von London aus nach Mailand. Er wurde an der Grenze nicht einmal kontrolliert – selbst die Zollbeamten kannten inzwischen das Gesicht des Berufsrevolutionärs. Angesichts der revolutionären Wirren im Land ließen sie ihn ungehindert passieren. Der Einfluß der Emigranten wurde entscheidend für den Ablauf der Ereignisse der folgenden Jahre. Sie waren zurückgekommen, weil die Zeichen eines neu heraufziehenden revolutionären Sturmes in ganz Europa immer deutlicher wurden. Sie brachten großen Enthusiasmus und hochgespannte Erwartungen auf den endgültigen Sieg der Revolution mit, die ganze Hoffnung der vielen Jahre im Exil. Dort hatten sie sich dadurch verbunden gefühlt, daß sie Italiener waren. Jetzt waren sie allesamt ehemalige Emigranten, »Heimkehrer«. Das sicherte ihnen von vorneherein eine Ausnahmestellung, es gab ihnen Entschlossenheit und Kraft. Wozu sonst waren sie zurückgekehrt, wenn nicht, um jetzt alles zu wagen?

Österreichische Offiziere vor dem Dogenpalast von Venedig

Aber es zeigte sich schnell, daß dieses Exil nicht spurlos vorübergegangen war, daß die Dauer des Exils, das Land, die Stadt, wo jeder einzelne gelebt hatte, seine politischen Vorstellungen zutiefst geprägt hatten. Und es stellte sich auch heraus, daß die Heimkehrer in ein Land gekommen waren, dessen wirtschaftliche und politische Realität in keiner Weise den Vorstellungen entsprach, die sie mit diesem Land verbanden.

Die Redensart »fare un quarantotto« (ein'48 machen) bedeutet im heutigen Italienisch soviel wie: ein heilloses Durcheinander anrichten. Das ist eine etwas zugespitzte, aber nicht unzutreffende Charakterisierung der Revolution von 1848 in Italien.[7] Ursächlich dafür war nicht zuletzt eben der Einfluß der »Heimkehrer«, denn sie brachten ihr Exil gewissermaßen mit nach Hause.

Wie Garibaldi waren sich viele von ihnen zunächst überhaupt nicht darüber im klaren, wie sehr sich die politische Situation in Europa und Italien differenziert hatte, und schon gar nicht verstanden sie, inwieweit die verschiedenen zirkulierenden Schlagworte den realen Möglichkeiten des Landes und den Wünschen seiner Bewohner überhaupt entsprachen.

Die Nachrichten, die Garibaldi in Südamerika über die politische Entwicklung Italiens hatte erhalten können, waren nicht nur aufgrund der großen Entfernung unvollständig, ganz abgesehen davon, daß er sich über lange Zeit in Gegenden aufhielt, wohin bestimmt keine Zeitung aus Italien gelangte. Darüber hinaus waren die Informationen, die die italienischen Emigranten über die Vorgänge in Italien erhielten, meist durch die Brille Mazzinis und *seines* Exils gesehen, das heißt, sie hatten nicht nur den weiten Weg über den Atlantik zurückgelegt, sondern auch den Umweg über London.

Auch wenn die von Mazzini 1834 ins Leben gerufene Organisation *Giovine Europa* nur bis 1837 bestand, zählte sie doch einige der bedeutendsten europäischen Revolutionäre zu ihren Mitgliedern. In der britischen Hauptstadt versammelten sich zu dieser Zeit einige der besten Köpfe der europäischen Revolution, Wilhelm Kossuth aus Polen lebte hier, Max Ruge aus Deutschland, und 1848 erschien in London das Kommunistische Manifest des in Brüssel lebenden Karl Marx.

»Stammvater« und Vorbild der italienischen Emigranten in London war der Dichter Ugo Foscolo, der von 1813 bis zu seinem Tod 1827 freiwillig im Londoner Exil gelebt und dort Werke geschaffen hatte, die zu den großen Inspirationen des Risorgimento gehören. Über ihn sagte Carlo Cattaneo, einer der wichtigsten Vertreter des italienischen Vormärz, der sich jedoch scharf von den Mazzinianern abgrenzte: »Mit dem freiwilligen Verlassen seiner Heimat gab Foscolo Italien eine neue Institution: das Exil.«[8]

Die Wahl Londons als Exil war nicht beliebig und selten rein privater Natur. London und Paris stellten zwei nahezu entgegengesetzte Pole der politischen Emigration dar. Die Emigranten in Paris erstrebten die direkte Verbindung mit den radikal-demokratischen Strömungen Frankreichs. Für sie stand nicht die nationale Frage im Vordergrund, sondern das Problem der Demokratie, und sie verließen sich dabei fast automatisch auf die viel erfahreneren Franzosen. An die Möglichkeit einer eigenständigen Revolution in Italien glaubten diese Emigranten nicht. Allenfalls konnten sie sich eine solche Entwicklung als Folge einer französischen Initiative vorstellen, an der sie aktiv teilnehmen wollten.

London dagegen – in zweiter Linie auch Brüssel – war *das* Zentrum aller nationalen Bewegungen Europas. Zugleich war London aber auch die Hauptstadt eines Landes, in dem ein in der ganzen Welt beispielloser industrieller Fortschritt immer häufiger mit der Herausforderung durch eine sich formierende Arbeiterbewegung, die Chartisten, konfrontiert wurde. Welche Lehren aber waren aus dieser Entwicklung für ein künftiges unabhängiges und vereintes Italien zu ziehen? An diesem Punkt schieden sich auch die Geister der italienischen Emigranten.

Mazzini reagierte zögernd und verschwommen auf die Erfahrung der englischen Wirklichkeit. Er hatte weder den Willen noch verfügte er über das angemessene analytische Wissen, um die spezifischen Entwicklungsunterschiede zwischen England und Italien zu begreifen. Der Begriff des »Klassenkrieges« *(guerra di classe)* war Mazzini zuwider und das Wort »Arbeiter« hatte für ihn nicht den »Sinn, den es normalerweise im Sprachgebrauch besitzt«.[9] Gegenüber den krassen Unterschieden zwischen Proletariat auf der einen und Bürgertum und Adel auf der anderen Seite, wie sie in England und Frankreich zu beobachten waren, sah Mazzini in Italien eine relative Ausgeglichenheit zwischen Arm und Reich gegeben, von deren Dauer und Stabilität er überzeugt war.

Der Begriff Arbeiter war für Mazzini eine eher ästhetische Kategorie; der Arbeiter galt ihm als Träger der physischen Kraft der Revolution. Dieses Urteil reflektiert durchaus einen gewichtigen Unterschied zwischen italienischen Städten und nordeuropäischen Metropolen wie London, Paris oder Brüssel. In Italiens Städten gab und gibt es keine deutliche Trennung zwischen armen und reichen

Vierteln. In den historischen Stadtzentren wohnen in jeder Straße, ja in jedem Haus zuweilen Arm und Reich eng beeinander. »Straße« ging vor »Klasse«, und »Stadt« ging vor »Land« – im doppelten Sinne von Nation und bäuerlichem Lebensraum.[10] Mazzini selbst war blind für diese Tatsache. Hinter seiner Vorstellung von der unitarischen Republik Italien stand in Wirklichkeit das Bild einer Stadt, und zwar das idealisierte Bild seiner Vaterstadt Genua mit ihrer republikanischen Tradition. Das andere Italien, die Rückständigkeit großer Teile Mittel- und Süditaliens und die bäuerliche Welt kannte er kaum, zumindest nicht aus eigener Anschauung, denn er war mit fünfundzwanzig Jahren ins Exil gegangen, ohne Italien vorher bereist zu haben, und hatte seitdem nicht zurückkehren können. Die immer deutlicher hervortretende Inkongruenz zwischen der Situation in Italien einerseits und den Ideen Mazzinis und seiner Anhänger andererseits hatte zur Folge, daß in den Vierzigerjahren dem Mann aus Genua die Zügel der demokratischen Nationalbewegung allmählich entglitten. Die demokratische Bewegung Italiens zerfiel in verschiedene mehr oder weniger lose kooperierende Strömungen, von denen jedoch keine auch nur annähernd das Gewicht und die Geschlossenheit erringen konnte, die die *Giovine Italia* einst besessen hatte.

Bauern und Briganten

Auch die Kritiker Mazzinis, die wie er in den Zentren des liberalen Europa Zuflucht gefunden hatten, orientierten sich an den politischen und gesellschaftlichen Verhältnissen, die sie dort kennengelernt hatten, und blickten in erster Linie auf die Städte, wo die seit 1846 andauernde Hungersnot immer öfter die Menschen zu tumultartigen Ansammlungen auf die Straßen trieb. Nur wenige, wie Nicola Fabrizi, Giuseppe Ricciardi und Carlo Pisacane, versuchten, die spezifischen Bedingungen Italiens wahr- und ernstzunehmen. Wie schwierig dies war, zeigt das Schicksal des konsequentesten in dieser Gruppe, Carlo Pisacane, der bei einem Aufstand im süditalienischen Sapri, im Juni 1857, ebenso tragisch ums Leben kam wie die bereits erwähnten Gebrüder Bandiera.

Fixiert auf die Entwicklung in den Städten, übersahen die meisten Patrioten die immer bedrohlicher werdende Unruhe unter der bäuerlichen Bevölkerung Italiens. Sie wurde nicht ernst genommen, weil sie nicht neu und außerdem politisch schwerer faßbar war. Am ältesten und hartnäckigsten war der Widerstand in dem verrotteten bourbonischen Königreich beider Sizilien, aber auch im gesamten Kirchenstaat, der bis in die Romagna in der Poebene reichte. Getragen wurde er meist von den Banden der Briganten.

In Süditalien war das Banditenwesen ein altes, endemisches Phänomen, das nie gänzlich verschwand, sich aber je nach den politischen und sozialen Umständen immer wieder schnell zu einem Flächenbrand ausweitete. In »normalen« Zeiten waren die Banden klein und lösten sich schnell wieder auf. Sie entstanden meist aus ganz persönlichen Motiven des Anführers: ein Streit mit tödlichem Ausgang, ein Konflikt mit dem Grundbesitzer oder der Polizei, verletzte Ehre. In den menschenleeren und unzugänglichen Gebirgsgegenden Kalabriens und Siziliens konnten sich die Banden verstecken und dem Zugriff der Polizei entziehen.

Waren die Briganten gewöhnlich bestenfalls lokale Heroen im ständigen Grabenkampf zwischen den Bauern und ihren unmittelbaren und mittelbaren Unterdrückern, so wurden sie zu einem politischen Faktor, sobald sie mit anderen Bewegungen in Verbindung traten. Dies geschah freilich in durchaus ambivalenter Form. So kämpften die Banditen unter dem Ancien Régime gegen die bourbonische Polizei, deren Steuereintreiber und gegen die Großgrundbesitzer. Als aber die Franzosen im Jahre 1796 als »Befreier« kamen und in Italien die sogenannten Schwesterrepubliken ausriefen, da waren es die Bourbonen selbst, die Kirche, und sogar Engländer und Österreicher, von denen sich die Briganten mit Waffen, Geld und guten Ratschlägen versorgen ließen.

In diesen Jahren nahm das Brigantenwesen erstmals die Ausmaße einer *guerriglia* an. In Kalabrien und der Basilicata bot Süditalien ein Bild, das einer massenhaften revolutionären Erhebung und einem Befreiungskrieg unter Führung von Sozialrebellen sehr nahe kam.[11] Unter den Fahnen des Kardinals Ruffo sammelten sich die Sanfedisten zur Verteidigung des heiligen Glaubens (santa fede), und unter der Führung bekannter Briganten mit klangvollen Namen wie Fra' Diavolo, Mammone, Sciabolone, Panzanera, Bizzarro, Parafante (etwa: Bruder Teufel, Riesenbaby, Säbelrassler, Schwarzwanst, Sonderling, Bauernfänger), vertrieben die Bauern sengend und brennend die Franzosen. Erschrocken über die Parallelen zum gegenrevolutionären Bauernaufstand von 1793 schrieb der französische General Girardon: »C'est absolument la Vendée!« Es wäre aber verfehlt, in dieser Massenbewegung nur den religiösreaktionären Charakter zu beachten. Wieviel mehr dahinter steckte, zeigt allein schon die Tatsache, daß die Bewegung mit dem Rückzug der Franzosen keineswegs beendet war. Ein Bauer aus Kalabrien beschrieb die Motive der Aufständischen mit den Worten: »Wir wollen keine Republik, wenn wir genauso zahlen müssen wie vorher:«[12]

Wie unter dem Ancien Régime und unter den Franzosen, so stand auch jetzt hinter den massiven Überfällen, Gewaltakten und wutentbrannten Menschenansammlungen der Zorn der landarmen Bauern und Tagelöhner, der von Steuern und Abgaben erdrückten *terroni*, kurz, die ganze Misere der italienischen Landwirtschaft. Die alten Formen des wirtschaftlichen und sozialen Lebens auf dem Lande brachten immer größere Teile der Bevölkerung an den Rand des Verhungerns. Die neuen dagegen versprachen zwar reichere Ernten, hatten aber traumatische soziale Veränderungen zur Folge. Die Einführung neuer Produktionsmethoden und -verhältnisse hatte die Landwirtschaft Mitteleuropas seit dem 17. Jahrhundert von Grund auf verändert. Die Verbesserungen waren recht unscheinbar, hatten aber revolutionäre Auswirkungen: So trat an die Stelle des Brachfeldes der Anbau von stickstoffreichen Futterpflanzen wie Klee und Lupinen. Auf dieser Basis war zunächst eine verbesserte Viehzucht, das heißt Stallhaltung, möglich, die wiederum ihrerseits die Düngung der Felder und damit die Intensivierung und Diversifizierung der Kulturen und eine profitorientierte Landwirtschaftsführung überhaupt erst denkbar machte. Dieser Prozeß hatte zwar auch Italien erreicht, blieb hier jedoch auf ganz wenige Gebiete beschränkt. Das hat zum Teil klimatisch-geographische Gründe. Zunächst ist Italien ein in großen Teilen gebirgiges Land. Darüber hinaus konnten die landwirtschaftlichen Neuerungen unter den klimatischen Bedingungen der sonnenverbrannten Ebenen Mittel- und Süditaliens kaum Anwendung finden. Sie waren auf die gemäßigten Klimazonen zugeschnitten und ohne maschinelle und chemische Hilfsmittel nicht leicht zu übertragen. Da Europa zu Beginn des 19. Jahrhunderts in wirtschaftlicher und sozialer Hinsicht längst kein Ensemble voneinander isolierter Staaten mehr war, wurden die Auswirkungen der gesamteuropäischen Agrarentwicklungen auch in Italien spürbar. Für die Landwirtschaft und die Bauern waren sie katastrophal.

Nach einer langen Phase der »Agrarkonjunktur« wurde die Landwirtschaft ganz Europas in der ersten Hälfte des 19. Jahrhunderts von einer Dauerkrise in Form ständig sinkender Preise erfaßt, die sich in den Jahren der Mißernte – 1811/12, 1816/17 und 1846/47 – zu den letzten großen Hungersnöten der Neuzeit zuspitzte. Dabei wuchs in Italien die ländliche Bevölkerung stetig, während die Städte erst allmählich neue Beschäftigungsmöglichkeiten boten. Am geringsten waren die Auswirkungen der Agrarkrise in der Poebene, der Lombardei, Venetien und in Teilen von Piemont. Hier förderten eher tieferliegende strukturelle Veränderungen die sozialen Unruhen. Äußerlich boten die Reisfelder um Vercelli und Novara, die Weizen- und Maisfelder der Bassa Lombarda und des Veneto ein Bild blühenden Reichtums und erregten die Bewunderung ausländischer Agronomen; in dieser Gegend war der landwirtschaftliche Fortschritt seit jeher zu Hause. Hier setzte sich der kapitalistische Wirtschaftsbetrieb auf der Basis von Pachtverträgen und Lohnarbeit durch. Das förderte die Einführung neuer Anbaumethoden, neuer industriell nutzbarer Pflanzen und die Tierhaltung.

Diese Entwicklung machte aus vielen Pächtern reiche Leute, die sich politisch zur demokratischen und liberalen Opposition gegenüber der Reaktion und der habsburgischen Herrschaft rechneten. Viele ehemalige Kleinbauern hingegen konnten finanziell nicht mithalten und wurden dadurch zu einem Dasein als Landarbeiter, Tagelöhner oder sogar Bettler verurteilt. Das zeigt schon allein die Verbreitung zweier für Armut und Überarbeitung typischer Krankheiten. Abgesehen von den großen Epidemien, dem Typhus 1817 und der Cholera 1835 und 1847, war die Sterblichkeitsrate auf dem Lande extrem hoch. Im Gebiet der Rieselfelder in der Lombardei und in Piemont starben die Menschen an der Malaria, und im Osten der Poebene an der Pellagra. Die Pellagra ist eine Vitamin-B-Mangelkrankheit, die auf die ausschließliche Ernährung mit Mais zurückzuführen ist, weil er das einzige Nahrungsmittel ist, das dieses Vitamin nicht enthält.[13]

In den Hügelzonen des Nordens und Mittelitaliens war die Lage der Bauern durch den Anbau von Maulbeerbäumen für die Seidenraupenzucht nicht ganz so dramatisch. Erleichternd hinzu kam die saisonale Emigration nach Frankreich oder in die Städte der Poebene. Vor allem in den Hügelzonen Nord- und Mittelitaliens herrschte das System der *mezzadria* oder *colonia parziaria* – Halbpacht –, bei der der Eigentümer den Hof und den Grund gegen die Hälfte der Ernte »auf dem Halm« verpachtet; der Bauer bringt Vieh und Gerätschaften, die beweglichen Produktionsmittel, ein. Diese

Form der Produktionsverhältnisse wurde von den toskanischen Aufklärern und Liberalen als ein Verhältnis von Lehrer und Schüler, von väterlichem Beschützer und arbeitsamem Schützling gepriesen, das die grauenvollen Auswüchse des englischen Pauperismus verhindern helfe. Tatsächlich blieb die Toskana eines der ganz wenigen Gebiete Italiens, das weder Briganten noch Bauernunruhen kannte. Einerseits war die *mezzadria* ein reines Vertragsverhältnis und insofern durchaus modern, ohne jene feudalen Relikte, mit denen die Bauern in den Ländern nördlich der Alpen zu kämpfen hatten. Die Güter einiger Großgrundbesitzer mit klingenden Namen – der Barone Ricasoli zum Beispiel – schienen zu beweisen, wie sehr die *mezzadria* für moderne, intensive Anbauweisen geeignet war. Andererseits gingen die kurze Vertragsdauer und der Pachtzins in Form eines Anteils der Ernte ganz zu Lasten der Bauern und verhinderten, daß sie aus Eigeninteresse die Kulturen intensivierten. Statt teuerem und schwer zu unterhaltendem Vieh legten sich die Bauern für die Arbeit lieber mehr Kinder zu, die notfalls auch anderswo ihr Auskommen finden konnten. So herrschte ein äußerst labiles Gleichgewicht zwischen den notwendigen Armen, die die schwere Arbeit verrichten konnten, und den hungrigen Mäulern, die zu stopfen waren. Der Ausfall auch nur eines einzigen Familienmitglieds konnte dieses Gleichgewicht ins Wanken bringen und eine ganze Familie ins Unglück stürzen.

Von den Grenzen des Kirchenstaates nach Süden bot sich ein Bild unbeschreiblicher Rückständigkeit und Verelendung. Die vom Halbrund des Apennin umschlossenen Ebenen Latiums, die Maremmen an der Grenze zur Toskana, der Agro Romano und im Süden der Agro Pontino waren malariaverseucht. Die Bauern lebten als Kleinsteigentümer oder -pächter im Gebirge, wo sie eine kärgliche Subsistenzwirtschaft betrieben. Zum Pflügen, zur Aussaat und zur Ernte strömten sie zu tausenden auf die in den Ebenen gelegenen Latifundien herab. In langen Reihen von 600-800 Mann mähten sie unter der sengenden Sonne, von berittenen Aufsehern angetrieben, das Getreide. Nachts schliefen sie auf dem Feld, wo sie sich leicht mit Malaria infizieren konnten und dann als Kranke zu ihren Familien zurückkehrten. Ohne Düngung konnte allerdings nur alle vier oder fünf Jahre Getreide angebaut werden; in der Zwischenzeit diente das Land riesigen wandernden Schafherden als Weide. Der Boden war in der Hand weniger sogenannter *mercanti di campagna*, die genug Geld hatten, um diese Form extensiver Landwirtschaft vorfinanzieren zu können.

Mit Ausnahme der nicht ganz so weit verbreiteten Malaria war die Situation in Süditalien und Sizilien, im Königreich beider Sizilien, womöglich noch schlechter. Die Grundbesitzer – Barone und Angehörige des aufstrebenden Bürgertums – waren *assenteisti*, das heißt, sie lebten in der Stadt und überließen die Verwaltung ihrer Güter den Verwaltern, den sogenannten *gabellotti*, die die eigentliche Macht auf dem Lande ausübten. Auch wer heute durch den Süden fährt, wird merken, daß es eigentlich weder Bauernhöfe noch Dörfer gibt. Die Bauern lebten und leben in stadtähnlichen Siedlungen zusammengedrängt. Sie verfügten nicht einmal über genügend eigenes Land für ein Minimum an Subsistenzwirtschaft. Im Süden war der Bedarf an Weideland für die Viehhaltung etwa drei bis fünf Mal so groß wie im Norden, es war also nahezu unmöglich, ausreichend Land für die Viehhaltung zu pachten, und das bedeutete Mangel an Arbeitstieren und Mangel an Dünger. Der »Hunger nach Land«, *la fame di terra*, war deshalb das Grundmotiv der verzweifelten Revolten der süditalienischen und sizilianischen Bauern, die ebenso regelmäßig ausbrachen wie sie schnell wieder zusammenbrachen. Mit der immer schlimmere Ausmaße annehmenden Agrarkrise spitzte sich die Auseinandersetzung zu.

Die Agrarreform der Jahrhundertwende hatte den Bauern Versprechungen gemacht, in Wirklichkeit waren sie aber erst recht betrogen worden. Die Gesetze zur Abschaffung der Feudalrechte, die von den Franzosen 1806 auf dem Kontinent und in ähnlicher Form später auch in Sizilien in Kraft gesetzt wurden, sahen die Aufteilung des Großgrundbesitzes in zwei Teile vor. Ein Teil sollte den Baronen – das war die Bezeichnung für die alteingesessenen adeligen Grundbesitzer – verbleiben, der andere als *terre demaniali* (Gemeindeland) den Gemeinden zufallen und von diesen an die landlosen Bauern verteilt werden. Diese Landverteilung galt als Ausgleich für das Verbot der traditionellen Weide- und Nutzungsrechte auf dem Großgrundbesitz (z. B. Ährenlesen, Holzsammeln, Schafweide). Die *terre demaniali* gelangten aber, soweit sie überhaupt abgeteilt wurden, selten in den Besitz der armen Bauern, eher in den des ländlichen Bürgertums, das mit allerlei zweifelhaften Rechtstiteln seinen Grundbesitz beträchtlich erweiterte. Wenn ein Bauer tatsächlich ein Stück Land erhalten hatte, mußte er es unter der Last der Verschuldung häufig bald wieder aufgeben, weil er sich für den Kauf von Saatgut, Vieh usw. zu Wucherzinsen Geld leihen mußte. So sahen sich die Bauern in doppelter Weise beraubt: Die alten Grundbesitzer und ihre *gabellotti* verweigerten die traditionellen Nutzungsrechte, und das Land, das man ihnen versprochen hatte, verwandelte sich erneut in Großgrundbesitz oder blieb überhaupt unangetastet in der Hand der alten Eigentümer. Bei jeder Gelegenheit schritten die Bauern deshalb zur Besetzung der Ländereien, die sie zu Recht als usurpiert betrachteten.

Es war hier in Sizilien, wo die italienische 48er Revolution eigentlich ihren Anfang nahm. Im Januar, also einen Monat vor der Pariser Februarrevolution, die zum Signal für die allgemeine Erhebung in ganz Europa wurde, fegte die Wut der Sizilianer die Bourbonen von der Insel.

Es schien sich zu bewahrheiten, was Mazzini immer gepredigt hatte. Die Tumulte der demokratischen Verschwörer lösten quer durch alle Klassen und Schichten den allgemeinen Aufstand aus, und das bourbonische Regime wurde unerwartet schnell aus den Angeln gehoben.

Die Tumulte der Mazzinianer brachen in den Städten Palermo, Trapani, Caltanisetta und Messina aus und erhielten schnell von »Banden« aus der ländlichen Umgebung Zulauf. Bald übernahmen die aus den Gefängnissen befreiten Oppositionellen die Führung. Im Sinne Mazzinis hatte die Revolution in Sizilien aber von Anfang an einen Schönheitsfehler: Von der Republik war wenig die Rede und noch viel weniger von Italien. Das, was die Sizilianer gemeinsam handeln ließ, war der Haß auf die bourbonische Fremdherrschaft, der traditionelle Separatismus Siziliens, die Erinnerung an das Normannenreich und das des Stauferkaisers Friedrich II. mit seiner glänzenden Hauptstadt Palermo.[14] Die Einigkeit währte exakt so lange, wie die Kämpfe gegen die Bourbonen andauerten. Mitte Februar waren die Truppen Neapels bis auf die Festungen Messina und Syrakus von der Insel vertrieben, Polizei und Verwaltung spurlos verschwunden. Da brach die politische Einheit auseinander und der darunter verborgene soziale Konflikt kam zutage. Die bewaffneten Bauern stürmten jetzt die Katasterämter in den Städten und gingen dann zurück, um das Land zu besetzen. Die Demokraten – nicht selten Grundbesitzer – packte heilloser Schrekken und sie wandten sich – vertraut zwar mit dem Anzetteln von Verschwörungen, nicht aber mit der Organisierung einer Polizeitruppe und einer straffen Verwaltung – an diejenigen, die damit besser umzugehen gewohnt waren, die Liberalen. Diese ergriffen nun die Initiative in der provisorischen Regierung, schufen eine Nationalgarde unter Ausschluß der Besitzlosen, die schnell mit den Banden aufräumte, und setzten politisch die Festlegung auf eine konstitutionelle Monarchie mit weitreichender Autonomie für Sizilien durch.

Die einzige Maßnahme, die den Forderungen der Bauern Rechnung trug, war die Abschaffung der *tassa sul macinato*, der Mahlsteuer, einer besonders verhaßten Abgabe, die den Armen auch noch das bißchen Getreide, das sie für sich behalten konnten, belastete. Die Einführung dieser Steuer unter der französischen Herrschaft auf dem Festland war um die Jahrhundertwende der Auslöser für die »Jahre der Briganten« gewesen. Die Bourbonen hatten es nach ihrer Rückkehr auf den Thron nicht für nötig befunden, wenigstens diese Steuer abzuschaffen, im Gegenteil, sie dehnten diese bequeme Einnahmequelle auch auf Sizilien aus. So war es wenigstens eine Geste politischen Feingefühls, daß die provisorische Regierung, in der die Liberalen bald die Oberhand hatten, dieses Symbol der Unterdrückung beseitigte. Dabei blieb es aber auch. Ende März 1848, als in Europa die revolutionären Wellen hochschlugen, war man in Sizilien bereits an einem toten Punkt angelangt: Die Demokraten hatten sich unfähig erwiesen, die Initiative zu ergreifen, und die Liberalen als unwillig, die Verhältnisse wirklich zu ändern. Und es sollte noch schlimmer kommen.

Die Stunde der Liberalen

Die aus dem Exil nach Italien Heimgekehrten waren sich anfangs keineswegs vollständig darüber im klaren, wieweit die Liberalen in Italien inzwischen an Boden gewonnen hatten und wo genau die Trennungslinie zwischen demokratischer und liberaler Nationalbewegung verlief oder verlaufen sollte. Da war es dann wenig hilfreich, und eher bezeichnend für die allgemeine Konfusion, daß Mazzini 1848 verkündete, es komme in erster Linie auf die nationale Einigung an, die Frage der politischen Beschaffenheit eines vereinigten Italien – ob Republik oder Monarchie – habe deshalb in den Hintergrund zu treten. Mazzini trug damit freilich der Tatsache Rechnung, daß es in den Vierzigerjahren den Gemäßigten, die für eine konstitutionelle Monarchie eintraten, gelungen war, die Nationalbewegung weitgehend für sich zu reklamieren. Bis dahin hatten die Liberalen große Schwierigkeiten gehabt, über die Grenzen der einzelnen Staaten hinaus zu einem gemeinsamen Programm zu finden. Ihr Interesse ging, anders als bei den Demokraten, von ganz konkreten Problemen aus. Sie beschäftigten sich ausführlich mit wirtschaftlichen Fragen und – als die künftigen Kapitalisten Italiens – mit der von England ausgehenden industriellen Herausforderung. Sie erkannten das Hindernis der alten unbeweglichen Strukturen der italienischen Staaten, das einem raschen ökonomischen Fortschritt im Wege stand. Ihr Ziel war die Einführung des Freihandels, der Bau von Eisenbahnen und die Verbesserung der Produktionsmethoden auch in der Landwirtschaft, deren vorrangige Bedeutung für Italien sie – vor allem die Grundbesitzer unter ihnen – deutlich erkannten. Einige von ihnen, Camillo Cavour zum Beispiel, von dem noch die Rede sein wird, prophezeiten der italienischen Landwirtschaft gar eine besondere Rolle im Rahmen einer zukünftigen internationalen Arbeitsteilung.

Da sich die aus solchen Überlegungen abgeleiteten Reformen zunächst immer auf den jeweiligen Einzelstaat bezogen und an das entsprechende Staatsoberhaupt richteten, von dem man nicht mehr als diese Reformen und eine Verfassung verlangte, gab es zunächst nur vage Lippenbekenntnisse zugunsten eines als Bundesstaat geeinten Italien unter dem Schirm einer konstitutionellen Monarchie. Wer aber sollte die Führung übernehmen, welcher Monarch an der Spitze stehen, welcher Staat als Vorbild für die Gestaltung des künftigen Italien dienen? In allen diesen Punkten gab es die widerstreitendsten Ansichten, die natürlich in erster Linie auf eifersüchtiger Wahrung der Interessen der einzelnen Staaten beruhten. Nur in einem einzigen Punkt bestand Klarheit und in diesem Punkt war man auch mit den Demokraten einer Meinung: Die Österreicher mußten Italien verlassen. Einige Liberale, wie Cesare Balbo, hofften sogar, daß dies Problem im Rahmen eines europäischen Abkommens durch Kompensationen auf dem Balkan friedlich gelöst werden könne. Diese Lösung erwies sich nicht deshalb als illusionär, weil die Völker auf dem Balkan etwas dagegen hatten, sondern weil Österreich selbst daran überhaupt kein Interesse zeigte. Die reiche Lombardei, Venetien, die Toskana und Modena, die unter einer habsburgischen Nebenlinie ja auch noch fast dazugehörten, waren den Österreichern verständlicherweise lieber als jede nur denkbare Kompensation auf dem Balkan. Damit aber stand fest, daß die Österreicher mit Gewalt vertrieben werden mußten. Wie in Sizilien das alle politischen Richtungen einende Band das Streben nach Unabhängigkeit vom Kontinent war, so einte Nord- und Mittelitalien die Losung »Österreicher raus«.

Pius IX.

Ein über diesen einen gemeinsamen Nenner hinausgehendes nationales »Programm« der Liberalen wurde erst durch einen ehemaligen Apostel Mazzinis geschaffen: 1843 veröffentlichte der katholische Priester Vincenzo Gioberti ein Buch, das in ganz Italien wahre Begeisterungsstürme auslöste. Es trug den Titel »Del primato morale e civile degli italiani« (»Über den moralischen und politischen Primat der Italiener«). Seine mit nicht enden wollenden historischen Beispielen belegten Thesen erscheinen dem heutigen Leser auch bei größtem Wohlwollen unglaublich verquast und absurd, dem begeisterten italienischen Publikum aber sprachen sie ganz offenbar aus tiefster Seele.

Nach Auffassung Giobertis hatte Italien in der Geschichte vor allem deshalb eine außerordentliche Rolle gespielt, weil es Sitz des Papsttums gewesen war. Die schützende Hand und die geistig-moralische Kraft der Kirche seien es gewesen, die das Italien der Stadtstaaten hätten aufblühen lassen. Genau diese Rolle sollte das Papsttum endlich wieder übernehmen: Ein neuer Bund italienischer Einzelstaaten sollte unter der Führung des Papsttums entstehen, und als militärischer Arm des Papstes sollte sich nun Piemont zur Verfügung stellen, um die Freiheit Italiens zu verteidigen. Obwohl Gioberti hier recht allgemein blieb, wußte doch jeder, was damit gemeint war: die Vertreibung der Österreicher.

Diese Konzeption, so absurd sie erscheinen mag, versprach dennoch die Lösung gleich mehrerer Probleme, die mit der komplizierten nationalen Frage verbunden waren, und sie erlaubte ein Zusammenströmen der verschiedenen Gruppierungen unter diesem Banner.

Zunächst gab Gioberti endlich eine Begründung, wieso Italien mehr als »un nom géographique« war, inwiefern es sich als Nation von anderen Nationen abhob, sich vor ihnen auszeichnete. Das Erwachen des Nationalgefühls trug als Nationalstolz – nicht nur in Italien – von vorneherein den Keim des Nationalismus in sich. Das aber, was die besondere Faszination der Thesen Giobertis ausmachte, war der Rückgriff auf die guelfische Tradition Italiens, die Erinnerung an die große Zeit der italienischen Stadtstaaten. Gioberti verwendete den Begriff der Nation für etwas, das es in Italien schon immer gegeben hatte: die Städte mit ihrer eifersüchtig gehüteten eigenständigen historischen Tradition. Daß nun Piemont eine besondere Rolle spielen sollte, betraf insofern niemanden direkt, als Piemont in der Geschichte niemals in nennenswerter Weise aufgefallen war. Schließlich war Giobertis Konzept auch noch in der

Lage, den einigermaßen aufgeschlossenen Klerus zu gewinnen, und konnte deshalb auch auf Zustimmung in breiten Teilen der ländlichen Bevölkerung rechnen, die unter dem Einfluß der Kirche standen.

Wie aber konnte es glaubhaft wirken, ausgerechnet den Papst zum Bannerträger der Freiheit Italiens zu erklären, in dessen eigenem Staat die finsterste Reaktion herrschte, wo die Miliz der *centurioni* wie eine Art Todesschwadron ante litteram hauste? Papst Gregor XVI. starb 1846. In die Wahl des Nachfolgers wurden so große Hoffnungen gesetzt, daß das Scheitern des eigentlichen liberalen Kandidaten gar nicht auffiel. Die Wahl eines Kompromißkandidaten, Pius IX., löste in ganz Italien einen Freudentaumel aus, der gar nicht mehr enden wollte, als Pius IX. nach wenigen Wochen eine Amnestie für politische Häftlinge erließ, was übrigens gewissermaßen zum Protokoll jeder Papstwahl gehörte. Die allgemeine Stimmung war so aufgeheizt, daß Pius IX. einfach der von Gioberti beschriebene Retter der italienischen Freiheit sein *mußte*, zumal sich der neue Papst von den Erwartungen, die in ihn gesetzt wurden, zu einer vorsichtigen politischen Öffnung bewegen ließ: er milderte die Zensur und richtete einen Staatsrat *(Consulta di Stato)* aus Laien ein.

Ähnlich verhielt es sich mit der militärischen Seite der Vision Giobertis. Carlo Alberto von Piemont zeigte sich von den Hoffnungen der neoguelfischen Bewegung geschmeichelt, blieb aber im Grunde unbeweglich. Gegen Ende des Jahres 1847 fanden fast täglich Kundgebungen in Turin statt, die Carlo Alberto aufforderten, sich als konstitutioneller Monarch an die Spitze der nationalen Bewegung gegen die Österreicher zu stellen. Vergessen war offenbar die brutale Repression nach den Aufstandsversuchen in den Zwanziger- und Dreißigerjahren, keiner dachte mehr daran, daß es Carlo Alberto war, dessentwegen unzählige Flüchtlinge das Land hatten verlassen müssen. Schließlich gab der König dem Drängen insoweit nach, als er endlich seine Polizei bei den Kundgebungen nicht mehr für Unordnung sorgen ließ und ebenfalls einige politische Konzessionen machte.

Für Carlo Alberto bestand zwar das Risiko, durch die Reformen den Liberalen, mehr noch den Demokraten den Mund wässrig zu machen. Dieses Risiko wurde aber mehr als aufgewogen durch die Aussicht, an der Spitze der Nationalbewegung den Einfluß und die territoriale Basis des Hauses Savoyen gewaltig zu erweitern. Trotz dieser verlockenden Aussicht blieben die Reformen minimal: eine

Lockerung, keine Aufhebung der Zensur, Öffentlichkeit der Strafprozesse. Nicht umsonst hieß Carlo Alberto *re tentenna* (der Zauderer). Obwohl aber diese Reformen selbst denjenigen Liberalen gering erschienen, die dem Hause Savoyen bedingungslos ergeben waren, trat keineswegs Ernüchterung ein. Zu groß war inzwischen die Hoffnung. Alle, Liberale, Demokraten, ja selbst unpolitische Italiener waren davon überzeugt, daß wirklich große Ereignisse bevorstanden. Deshalb wirkten die Nachrichten von der französischen Februarrevolution wie die ersten großen Tropfen eines von fern herannahenden Unwetters.

Falsche Hoffnungen – faule Kompromisse

Marschall Radetzky

Wieder war es Paris, von wo aus der Funke der Revolution nach ganz Europa übersprang, und diesmal führte er auch in Italien zur allgemeinen Erhebung. Genauer gesagt, in Nord- und Mittelitalien, denn in Süditalien und Sizilien war bereits alles wieder vorbei; und eben darin lag ein grundlegendes Dilemma der Revolution von 1848 in Italien. Zwar hatte der Aufstand von Sizilien auf das Festland übergegriffen, und der Bourbonenkönig Ferdinand II., der verbohrteste unter den Fürsten Italiens, sah sich am 29. Januar gezwungen, eine Verfassung zu versprechen. Die Nachrichten aus dem Süden wurden in Nord- und Mittelitalien als weiterer Beweis für die Unausweichlichkeit großer Umwälzungen interpretiert. Im Kirchenstaat, in der Toskana und in Piemont wurden hastig Verfassungen verkündet. Aber der große Aufstand, der die Österreicher aus Italien vertreiben und die Vereinigung des Nordens mit dem Süden ermöglichen sollte, blieb aus. Die Lombardei und Venetien reagierten nicht als Teile Italiens, sondern des habsburgischen Reichs. Nicht die Nachrichten aus Süditalien, sondern die erfolgreichen Aufstände in Wien und Budapest und der Sturz Metternichs wirkten als Initialzündungen der Aufstände von Mailand (18. März) und Venedig (27. März). Die führenden Demokraten in Mailand wie Carlo Cattaneo (Mazzini und die anderen Emigranten trafen erst Ende März in der Stadt ein) waren der Meinung gewesen, es seien nicht ausreichend Waffen und Kämpfer vorhanden, um die massive österreichische Garnison niederzuringen. Die Österreicher hatten immerhin ca. 14 000 Mann in Mailand stehen; im Vergleich dazu hatten beispielsweise die Bourbonen in Palermo lediglich 6000 Soldaten. Auf den Kundgebungen der ersten Märztage tauchten aber immer mehr Waffen auf, es wurden Barrikaden errichtet, und schließlich brach die gesamte Wut des Volkes gegen die Truppen des uralten, aber zähen und erfahrenen Marschalls Radetzky los. Die Kämpfe während der »Fünf Tage von Mailand« wurden vor allem von den Handwerkern und Arbeitern getragen. Die Gefallenen der Barrikaden stammten in erster Linie aus den unteren Schichten, während die meisten Bürgerlichen und liberalen Adligen sich erst danach wieder blicken ließen und deshalb als die »Herren vom sechsten Tag« verspottet wurden. Hilfe kam dagegen von außen: Bauern und Bewohner der benachbarten Städte, durch Ballons über die Lage in Mailand informiert, vereinigten sich mit den Mailändern im Kampf gegen Österreich. Nach fünf Tagen war Mailand frei.

Fast gleichzeitig mit Mailand erhob sich die venezianische Bevölkerung. Hier war es der bekannte Demokrat Daniele Manin, der die Parole ausgab: »Viva la repubblica, viva San Marco!«. In Venedig ging die Revolte von den Arbeitern des Arsenals aus, der großen Schiffswerft, dem einstigen Stolz der Serenissima. Entscheidend für den raschen Erfolg der Aufständischen war auch, daß die – italienischen – Soldaten der in Venedig stationierten habsburgischen Truppen überliefen. Die Österreicher räumten praktisch kampflos die Stadt.

Die österreichische Militärmacht war so innerhalb kurzer Zeit aus den Hauptstädten der italienischen Provinzen vertrieben. Radetzky begann den Rückzug in die Festungen des Quadrilatero, des Vierecks zwischen Mincio und Etsch mit den Festungen Verona, Peschiera, Mantua und Legnago. Der Quadrilatero lag wie eine gewaltige Barriere zwischen der Lombardei und dem Veneto und garantierte eine weitgehende Kontrolle der unteren Poebene und der venezianischen Terraferma. Um zu verhindern, daß sich Radetzky dort festsetzte und die Befreier des Landes zu einer schwierigen und langwierigen Belagerung der Festungen zwang, war etwas anderes notwendig als Barrikadenkämpfe von Haus zu Haus und Straße zu Straße, nämlich eine großangelegte militärische Aktion, die Radetzky den Rückzug abschnitt und ihn zur offenen Feldschlacht zwang. Es mußte unter allen Umständen verhindert werden, daß Radetzky Gelegenheit erhielt, das Gros des in Oberitalien unter seinem Kommando stehenden Heers (70 000 Mann) zusammenzuziehen und zum Gegenangriff zu formieren. Am 23. und 25. März zogen 3000 Freiwillige von Mailand aus los, ohne Artillerie, ohne Kavallerie und zum Teil sogar ohne Feuerwaffen.

Hilfe kam unerwartet aus Piemont. Es schien sich nun doch zu bewahrheiten, was Gioberti prophezeit hatte: Piemont sei der militärische Arm der unter dem Schutz der Kirche stehenden Nationalbewegung. Und tatsächlich: Die Bauern, die nach Mailand geeilt waren, wurden nicht selten von einem Priester angeführt und auch aus dem Kirchenstaat kamen offizielle Freiwilligenkontingente in die Lombardei. Am 24. März, dem Tag der endgültigen Vertreibung der Österreicher aus Mailand, überschritt Carlo Alberto mit seinem Heer den Ticino, die Grenze zwischen Piemont und der Lombardei. Es begann der sogenannte Erste Unabhängigkeitskrieg. Sogenannt deshalb, weil *re tentenna* alles tat, was den militärischen Mißerfolg von vornherein garantierte: Statt Radetzky schnell zu verfolgen und noch auf dem Rückzug anzugreifen, bevor er den Quadrilatero erreicht hatte und bevor sich die Soldaten von dem Schock der Fünf Tage erholt hatten, ließ er die Österreicher entkommen. Zwar gelang sogar die Einnahme der Festung Peschiera, wieder aber ließ Carlo Alberto Radetzky Zeit, seine Kräfte zum Gegenangriff zu sammeln: Am 25. Juli wurde das piemontesische Heer bei Custozza vernichtend geschlagen, und Radetzky konnte bereits am 6. August wieder in Mailand einziehen.

In der jammervollen Art der piemontesischen Kriegsführung kam nicht nur die militärische Unfähigkeit des Königs und seiner Umgebung zum Ausdruck, sondern auch die Tatsache, daß Carlo Alberto in erster Linie in der Lombardei war, um zu verhindern, daß die Initiative in die Hände der Demokraten überging.

Bereits im April hatte sich Pius IX. deutlich von der Nationalbewegung abgesetzt mit dem Argument, der Papst sei Hirte *aller* Völker und könne deshalb nicht einzig als Schutzherr der Italiener auftreten. Am 15. Mai hatte Ferdinand II. in einer Art Staatsstreich das Parlament Neapels aufgelöst. So war die neoguelfische Hoffnung auf ein Bündnis der italienischen konstitutionellen Monarchien unter der schützenden Hand des Papstes schon nach kürzester Zeit zerronnen. Kaum ein halbes Jahr war seit den aufregenden und hoffnungsvollen Ereignissen der Februartage vergangen, und alles schien verloren. Mehr noch: Viele Hoffnungen waren ein für alle mal zunichte. Von einer auch nur teilweisen nationalen Einigung war man weiter entfernt als je zuvor, und die provisorischen Regierungen waren zerrissen zwischen Demokraten und Liberalen. Die Demokraten, und ganz besonders Mazzini, hatten sich angesichts der großzügig angebotenen Hilfe Piemonts und der aus allen italienischen Staaten herbeigesandten Expeditionskorps in den

Hintergrund drängen lassen. Sie hatten nicht verhindert, daß Arbeiter und Bauern aus den Bürgergarden ausgeschlossen wurden, sie hatten keinerlei konkrete Gesetzesinitiativen für die arme städtische und ländliche Bevölkerung ergriffen – eine Ausnahme bildete einzig Venedig mit der Abschaffung des *testatico*, der Kopfsteuer. Auf dem flachen Land wurden immer häufiger Proteste laut unter dem Ruf »Viva Radetzky! Viva Metternich! Morte ai signori!« Schließlich ließen sich die Demokaten politisch sogar soweit in die Defensive drängen, daß die Gemäßigten im Mai 1848 ein Plebiszit zum »freiwilligen« Anschluß Venetiens und der Lombardei an Piemont veranstalten konnten, das haushoch zugunsten des Anschlusses ausging.[15] Das Plebiszit war ein raffiniertes Instrument der Gemäßigten in den provisorischen Regierungen der Lombardei und Venedigs, mit dem man einerseits dem Druck Piemonts nach schnellem Anschluß nachkam und gleichzeitig durch den demokratischen Anstrich die Republikaner ins politische Abseits manövrieren konnte. Alle volljährigen männlichen Bürger durften wählen, aber sie mußten sich in offene Listen eintragen. Wenn der böse Blick der Beamten oder der Bürgergardisten nicht genügte, so war es die im Raum stehende Drohung, daß bei negativem Wahlausgang Piemont seine militärische Unterstützung zurückziehen würde, die die Entscheidung der Bürger bestimmte. Nach dem »Verrat« des Papstes und des Bourbonenkönigs klammerten sich die Gemäßigten selbst immer verzweifelter an die letzte Hoffnung Piemont. Die Demokraten waren untereinander zerstritten und hatten sich noch keineswegs aus der Umgarnung durch die Gemäßigten gelöst. Die endgültige Niederlage der Revolution von 1848 in Italien konnten auch sie nicht mehr abwenden.

Ein moralischer Sieg

Dies war in Umrissen die Situation, die Garibaldi vorfand, als er mit seiner Legion nach über zwei Monaten Fahrt am 21. Juni in Nizza landete. Man war unterwegs in Südspanien von der Besatzung eines italienischen Schiffes über die Ereignisse flüchtig unterrichtet worden. Aber wie gewöhnlich blieb Garibaldi keine Zeit, sich ausführlich zu orientieren. Die enthusiastische Begeisterung seiner Landsleute schleifte ihn statt dessen von Bankett zu Bankett.

In seiner ersten Rede, die er am 26. Juni in seiner Muttersprache Französisch hielt, bezeichnete sich Garibaldi nun als Realist und forderte seine Zuhörer auf, mit Carlo Alberto für die Einheit Italiens zu kämpfen. Das italienische Wort für Realist ist übrigens doppeldeutig: als *realista* kann sich auch ein Monarchist bezeichnen. Vielen Demokraten war die Umstandslosigkeit, mit der sich Garibaldi in die Arme der Piemontesen warf, nicht geheuer. Auch Garibaldis väterlicher Freund Francesco Anzani versuchte ihn noch vom Sterbebett aus zu den republikanischen Idealen zurückzurufen. Anzani hatte nach den Jahren der Kämpfe in Südamerika mit letzter Kraft Italien erreicht und starb nach wenigen Wochen an Tuberkulose. Carlo Albertos Unterschrift hatte unter dem Todesurteil gegen Garibaldi gestanden. Aber das war vor vierzehn Jahren gewesen, und die politische Landschaft hatte sich inzwischen gründlich verändert. Garibaldi indessen war nach wie vor vertrauensselig, ein leicht entflammbarer Enthusiast und der Sache Italiens ergeben wie zu jener Zeit, als er in den Osterien gegen Carlo Alberto, die Pfaffen und die ganze Reaktion agitiert hatte. Aber auch an Carlo Alberto waren die vierzehn Jahre anscheinend spurlos vorübergegangen: Er war immer noch kleinmütig, ängstlich, einzig auf die Interessen des Hauses Savoyen fixiert und von grenzenloser Furcht vor den Demokraten besessen. Kaum eine Episode ist bezeichnender für die Theatralik und Scheinheiligkeit dieser ersten Phase der italienischen Revolution als das Treffen mit Garibaldi, zu dem sich der König gezwungen sah und in dessen Verlauf der Freiheitskämpfer dem wankelmütigen Monarchen die Dienste seiner Legion anbot.

Natürlich war Carlo Alberto nicht bereit, Garibaldi einen Posten im piemontesischen Heer anzubieten, schon gar nicht, was Garibaldi wie selbstverständlich erwartet hatte, den eines Generals. Angesichts der circa 95 000 Mann, die der König unter seinem Oberbefehl hatte, schien das kleine Häufchen der *camicie rosse* – inzwischen durch Freiwillige auf 168 Mann angewachsen – militärisch absolut wertlos und lächerlich. Gerade das sollte sich freilich als eine fundamentale Fehleinschätzung erweisen. Zunächst jedoch ließ sich Garibaldi vom Hauptquartier des Königs in Roverbella bei Mantua – wo er außer einer Malariaerkrankung, die ihm für den Rest seines Lebens zu schaffen machte, nichts erreicht hatte – wie ein braver Untertan seiner Majestät nach Turin schicken, dreihundert Kilometer vom Kriegsschauplatz entfernt, damit man dort Verwendung für ihn fände. Der piemontesische Innenminister gab ihm den Rat, in der Adria für die Republik Venedig als Korsar tätig zu werden, sicherlich mit dem Hintergedanken, Garibaldi könne auf diese Weise in sicherer Entfernung von den regulären Truppen gehalten werden. Dieser Ratschlag war aber dennoch weitsichtiger als der Minister womöglich selbst gedacht hatte. Denn mit dem Versagen der piemontesischen Kriegsführung sah sich auch Venedig bald von den Österreichern bedrängt und auf freien Zugang zum Meer angewiesen. Garibaldi empfand dieses Ansinnen als eine Zumutung und verlangte einen offiziellen Auftrag. Den erhielt er schließlich widerwillig von der provisorischen Regierung der Lombardei, die ängstlich darauf bedacht war, keine Unstimmigkeiten zu den piemontesischen Wünschen aufkommen zu lassen. Garibaldi konnte man ebensowenig beiseiteschieben wie Mazzini, der auch in Mailand war, denn dazu war seine Popularität zu groß. Der Auftrag, den er schließlich erhielt, lautete, er solle in der Gegend von Bergamo ein Freiwilligenheer anwerben.

Dort erreichte Garibaldi die Nachricht von der vernichtenden Niederlage des piemontesischen Heeres bei Custozza. Aber es kam noch schlimmer. Carlo Alberto hatte sich nach Mailand zurückgezogen mit dem Versprechen, die Stadt gegen die anrückenden Österreicher zu verteidigen, in Wirklichkeit jedoch, um zu verhindern daß ein zweites Mal das Volk zu den Waffen griff. Statt Mailand zu verteidigen kapitulierte er schon am ersten Tag unter dem wütenden, jetzt aber natürlich ohnmächtigen Protest der Mailänder. Das piemontesische Heer zog sich über den Ticino zurück, und der General Salasco vereinbarte einen Waffenstillstand mit den Österreichern, der seinen Namen trägt. Für Carlo Alberto war das Ergebnis des Krieges damit unter dem Strich zwar kein Sieg, aber es enthielt auch Vorteilhaftes: Er hatte verhindert, daß aus den antiösterreichischen Aufständen in Mailand und Venedig eine demokratisch-republikanische Bewegung entstand, die auch auf Piemont hätte übergreifen können. Mit dem – vorläufig zwar hinfälligen – Ergebnis des Plebiszits war ein Instrument geschaffen, das Piemont bei der Lösung der nationalen Frage auch in Zukunft eine Schlüsselrolle garantierte. Gegenüber diesem eindeutig positiven Ergebnis war es weniger tragisch, daß Piemont keine territorialen Zugewinne erreicht hatte. Das einzig wirklich Schmerzhafte am Verlauf dieses Krieges war die Tatsache, daß Carlo Albertos persönliches Ansehen als Heerführer doch erheblich gelitten hatte.

Anders sah die Situation natürlich für die lombardische und venezianische Bevölkerung aus, gleichgültig auf welcher Seite sie politisch stand. Mehr als jede militärische Niederlage, über deren Ursache – Unfähigkeit oder Pech – sich streiten ließ, war der Rückzug nach Mailand und die fast kampflose Kapitulation der Piemontesen ein eindeutiger Verrat. Die Politik der Gemäßigten war damit endgültig gescheitert, und die Hoffnung, das Haus Savoyen werde die Interessen Italiens vor die Piemonts stellen, hatte sich als haltlose Wunschvorstellung entpuppt. Auch für die Demokraten schien alles verloren: Die ganze Lombardei und die *terraferma* Venedigs befanden sich wieder in österreichischer Hand, in Süditalien herrschte wieder rücksichtslose Unterdrückung, im Kirchenstaat und in den mittelitalienischen Herzogtümern ängstliches Schweigen.

Daß die Demokraten dennoch – und jetzt ganz besonders die heimgekehrten Exilanten – die Initiative ergriffen, brachte zwar nicht mehr den Sieg, aber es trug zu ihrer Ehrenrettung bei. Gegenüber dem jämmerlichen Abschneiden der Liberalen standen die Demokraten wenigstens moralisch als Sieger da, obwohl die Spaltung in den eigenen Reihen immer tiefer wurde. Es ist dies der Grund, warum – anders als in Deutschland – die Demokraten aus der 48er Revolution zwar geschlagen, aber nicht endgültig besiegt hervorgingen.

Dazu trugen in vorderster Front Garibaldi und Mazzini bei, jeder auf seine Weise und keineswegs immer in voller politischer Übereinstimmung mit dem jeweils anderen. Sie zogen am gleichen Strang und entfernten sich gleichzeitig immer mehr voneinander.

Mazzini wurde, nachdem er in Mailand mehr taktiert als eine klare politische Linie verfolgt hatte, noch einmal, zum letzten Mal, zum Kristallisationspunkt und zur treibenden Kraft der demokratischen Bewegung. Er blieb sich selbst treu, und er wurde endlich, nach dem Rausch der letzten Monate, in denen er geglaubt hatte, die Einheit Italiens um jeden Preis erzwingen zu können, wieder der radikale Organisator und Agitator. Nachdem er zuerst einige Tage an der Seite Garibaldis mühselig Soldat gespielt hatte, ging er zurück ins Exil, nach Lugano in die Schweiz. Zusammen mit anderen Flüchtlingen gründete er eine neue Organisation, das *Comitato nazionale italiano*, und rief die Italiener zur allgemeinen Erhebung im Namen der einen und unteilbaren Republik Italien auf. Mit der Losung »la guerra regia è finita; la guerra del paese incomincia« (Der Krieg des Königs ist zu Ende; der Krieg des Landes beginnt) propagierte er die Wahl einer Nationalversammlung. Dieser Aufruf formulierte endlich eine klare Alternative zu der Plebiszittaktik der Liberalen. Sie kam freilich spät, zu spät, um in ganz Italien wirken zu können. Aber sie gab den Demokraten immerhin einen Anstoß, noch einmal unter einer gemeinsamen Losung aktiv zu werden.

Garibaldi hatte zum Zeitpunkt der Kapitulation Mailands in der Nähe von Bergamo ein etwa 1500 Mann starkes Freiwilligenkorps zusammengestellt (die Zahlenangaben schwanken wie immer sehr). Der »offizielle« Auftrag, dem er so lange zwischen dem Quadrilatero, Turin und Mailand hinterhergelaufen war, erwies sich nun als sinnlos und hinfällig. Es hätte sich in dieser Situation als die vernünftigste Lösung angeboten, die Truppe wieder nach Hause zu schicken und über die nahe Grenze in die Schweiz ins Exil zu gehen wie Mazzini – alles kaum sechs Wochen nach seiner Rückkehr aus Südamerika.

Ähnlich wie Mazzini kam Garibaldi jetzt plötzlich wieder zur Besinnung und erinnerte sich an das, was er war und was er gelernt hatte: er organisierte die Guerilla zu Wasser und zu Land, die *guerra di bande* (Bandenkrieg). Diese Guerilla dauerte zwar nur zwei Wochen, aber doch stand der Erfolg der schlecht ausgerüsteten Männer gegen ein überlegenes österreichisches Heer in so eklatantem Gegensatz zu der Unfähigkeit der militärischen Führung Piemonts, daß Garibaldis Ansehen ins Unermeßliche wuchs. Am 13. August erließ er in Castelletto Ticino einen Aufruf, der bis nach Florenz und Rom geschmuggelt und begierig gelesen wurde. Dem König gegenüber, den er noch vor kurzem wegen dessen Ergebenheit für die nationale Sache so sehr gelobt hatte, bezeichnete er sich stolz als »Führer (duce) von Menschen, die sich nichts Geringeres als die Unabhängigkeit Italiens zum Ziel gesetzt haben«. Für den König findet der Aufruf nur noch die verächtlichen Worte: »Auch wenn der König von Sardinien zur Rettung seiner Krone zu feigem Verrat bereit ist, so wollen ich und meine Gefährten unser Leben nicht um den Preis der Schande erhalten, wir bringen dieses Opfer, denn es gilt, unsere heilige Erde der Willkür dessen zu entreißen, der sie unterjocht und quält.«[16]

Nach diesem Aufruf gehörten nicht nur die Österreicher, sondern jetzt auch das piemontesische Heer zu seinen Verfolgern. Garibaldis Taktik war ebenso einfach wie durchschlagend. Er wollte die nahe Grenze zur Schweiz nutzen, um sich den österreichischen Truppen schnell zu entziehen und dort wieder aufzutauchen, wo sie es am wenigsten erwarteten. Zu diesem Zweck hatte er auf der piemontesischen Seite des Lago Maggiore zwei Dampfschiffe des Linienverkehrs samt drei piemontesischen Offizieren, die ihn verhaften wollten, gekapert. Damit konnte er sich und seine Männer schnell außer Reichweite der österreichischen Kanonen bringen.

Der habsburgische General D'Aspre konnte sich demgegenüber nicht derartig umstandslos ein Boot verschaffen, um Garibaldi und seine Leute damit zu verfolgen. Die österreichische Flotte befand sich in der Adria und nicht auf dem Lago Maggiore. Der General verfiel jedoch auf eine andere Idee: D'Aspre schritt zu Repressalien gegen die Bevölkerung, die den Guerilleros Unterschlupf und Verpflegung gewährt hatte. Das Dorf Morazzone beispielsweise, wo die Österreicher Garibaldi überrascht hatten, wurde von den Soldaten in Schutt und Asche gelegt.

Diese Taktik D'Aspres machte zwar die Österreicher bei ihren italienischen Untertanen nicht beliebter, aber sie war erfolgreich. Garibaldi hatte weder mit seinem Aufruf von Castelletto noch mit seinem Bandenkrieg das bewirken können, was er eigentlich erhofft hatte: die Entfesselung eines allgemeinen Aufstandes gegen die Österreicher durch das fortgesetzte Auftauchen immer neuer Banden. Während im fernen Florenz die Begeisterung über seine Heldentaten hochschlug, ließ sich die Bevölkerung der Gegend nicht aus der Reserve locken. Mehr als tausend Mann mit Lebensmitteln zu versorgen, war für die armen Gebirgsdörfer eine Zumutung, zumal gewöhnlich auf Garibaldi die Österreicher folgten und ebenfalls Verpflegung forderten. Waren die Sympathien anfangs noch ganz automatisch auf Seiten der Garibaldiner gewesen, so betrachteten die Dorfbewohner mit der Zeit beide Seiten als räuberische Störenfriede. Dazu kamen die vielen Desertionen der Freiwilligen, die sich den heroischen Krieg weniger qualvoll und erbärmlich vorgestellt hatten.

Als Garibaldis Gefolgschaft Ende August 1848 auf siebzig Mann zusammengeschmolzen war, gab er den Kampf auf und flüchtete in die Schweiz. Vorher jedoch schickte er die beiden Dampfschiffe zurück, zusammen mit den darauf gefangengehaltenen österreichischen Soldaten kroatischer Nationalität und den drei piemontesischen Offizieren, und erreichte den Austausch der gefangenen Garibaldiner. Mit dieser Geste zwang Garibaldi die Österreicher immerhin zu dem Eingeständnis, daß man am Lago Maggiore nicht lediglich Banditen gejagt hatte, sondern in regelrechte Kriegshandlungen verstrickt worden war. Von der Schweiz aus, wo er seine Malaria zu kurieren versuchte, kehrte er über Frankreich nach Nizza zurück. Dort wurde er zwar von der Polizei beobachtet, aber man getraute sich nicht, etwas gegen ihn zu unternehmen, obwohl er noch wenige Wochen zuvor drei piemontesische Offiziere als Geiseln auf seinen gekaperten Schiffen gefangen gehalten und den König öffentlich als Feigling bezeichnet hatte.

Die römische Republik

Auch wenn Garibaldi jetzt wirklich – wie es die piemontesischen Behörden erhofften – sich seiner Gesundheit und seiner Familie hätte widmen wollen, es wäre ihm nicht möglich gewesen. Aus aller Herren Länder strömten Heimkehrer herbei, immer mehr seiner Legionäre aus Uruguay konnte Garibaldi begrüßen, und wiederum wurde er bedrängt, im Kampf um die Freiheit das Kommando zu übernehmen. Alle waren gekommen, um Italien befreit und geeint zu sehen. Die Österreicher aber standen noch im Land, die Bourbonen waren dabei, Sizilien erneut zu unterwerfen. Man konnte und durfte nicht untätig bleiben. Die Frage blieb freilich: wie, mit welchen Waffen, und vor allem: wo?

Im Oktober 1848 schließlich setzte sich Garibaldi an der Spitze einer neuen Legion von ungefähr hundert Freiwilligen in Bewegung. Nachdem der ursprüngliche Plan, Sizilien zu Hilfe zu kommen, aufgegeben worden war, irrten die Soldaten eine Weile durch die Toskana und den schneeverwehten Apennin, zunächst nach Süden, dann nach Norden in Richtung Venedig. Die Mitglieder der konstitutionellen Regierung in Florenz, an deren Spitze jetzt die Demokraten Montanelli und Guerrazzi standen, ließen sich gern auf festlichen Banketten und patriotischen Feiern mit Garibaldi sehen, sie versprachen eifrig Geld und Waffen, zahlten aber in Wirklichkeit keinen Scudo und hofften insgeheim die »Heuschrekkenplage«[17] so schnell wie möglich loszuwerden. Ebensowenig erreichte Garibaldi in der Romagna, obwohl sich dort ein alter Freund aus Südamerika für ihn stark machte: Livio Zambeccari, der aus dem Gefängnis von Santa Cruz rechtzeitig zur Revolution in seine Heimatstadt Bologna zurückgekehrt war. Endlich jedoch trafen Nachrichten ein, die alle Unsicherheit beendeten und dem Häuflein halberfrorener Freiheitskämpfer ein neues Ziel bescherten – Rom.

Dort war seit der Ansprache des Papstes vom 29. April, mit der er sich von der nationalen Bewegung distanziert hatte, die Unruhe ständig gewachsen. In Rom war Giobertis neoguelfische Zukunftsvision auf besonders fruchtbaren Boden gefallen. Der Mythos von Rom als der Hauptstadt eines Weltreichs war hier ebenso lebendig wie das Bewußtsein von der Doppelrolle des Papstes als weltlichem Herrscher und Oberhaupt der katholischen Christenheit. Um so tiefer wirkte die Enttäuschung, als sich Pius IX. zurückzog.

Diese Doppelrolle des Papstes bestimmte das wirtschaftliche und soziale Gefüge der Stadt und seine politischen Erscheinungsformen. Die Päpste verschwendeten für Bauten, Festlichkeiten und Repräsentationszwecke gewaltige Geldsummen, die nicht nur aus der Stadt und dem Kirchenstaat, sondern aus der gesamten katholischen Welt in ihre Kassen geflossen waren. Um die Kurie drängten sich wenige uralte römische Familien, die die wichtigsten und einflußreichsten Ämter in der Verwaltung des Kirchenstaats unter ihre Sprößlinge verteilten. Diese sorgten dann dafür, daß die Steuern regelmäßig erhöht wurden, die Justiz bestechlich blieb und die Spitzel der Polizei gut bezahlt wurden.

Die Masse der Bevölkerung waren kleine Handwerker und Gewerbetreibende, deren ökonomische Existenz fast ausnahmslos direkt oder indirekt an die Kurie gebunden war. Fast ebenso groß wie die Zahl der Einheimischen war die der Ausländer, die ständig in Rom lebten. Die Römer litten unter der päpstlichen Herrschaft, dem *malgoverno;* sie profitierten aber andererseits von der Verschwendungssucht der Päpste, von der Schwerfälligkeit und Bestechlichkeit der kirchlichen Bürokratie und vom religiösen Massentourismus, der besonders zu hohen kirchlichen Feiertagen die Stadt überschwemmte. Da die verschiedenen Päpste aus allen Teilen Italiens kamen, fehlte in Rom die dynastische Kontinuität eines Königshauses, aber vielleicht galt aus eben diesem Grunde das Papsttum für die Römer mehr als jede Dynastie.

Die politischen Begriffe der Zeit erhielten daher in Rom eine ganz besondere Prägung. Die politischen Gegensätze radikal – reaktionär waren erst in zweiter Linie gleichbedeutend mit den Begriffen republikanisch und monarchisch, in erster Linie entsprachen sie dem Gegensatz zwischen laizistisch-antiklerikaler und päpstlicher Gesinnung, gingen quer durch die römische Gesellschaft und wurden mit dem traditionellen Hang der Römer zu Parteienhader und politischen Intrigen ausgetragen. Deutlich wird dies an den beiden führenden Köpfen der demokratischen Partei Roms: Ciceruacchio und Carlo Bonaparte. Carlo Bonaparte, Fürst von Canino, war als Sohn von Lucien Bonaparte ein Neffe Napoleons I. und Vetter Napoleons III. Ciceruacchio dagegen – mit richtigem Namen Angelo Brunetti – gehörte als Weinhändler und Fuhrunternehmer zu einer Art plebeischer Aristokratie in Trastevere, die Stendhal anschaulich beschrieben hat: »Die Trasteveriner behaupten, direkt von den alten Römern zu stammen; nichts ist weniger nachgewiesen; doch dieser große Name gibt ihnen Herz: noblesse oblige. Mein Barbier ist, obwohl noch sehr jung, sehr dick, was in Rom öfters vorkommt; er kocht über vor Energie. Für Leute dieses Schlages wäre es der Gipfel der Lächerlichkeit, sich im Dienst ihres Herrschers, des Papstes, eine Schramme zu holen; sie betrachten den Herrscher, wer es auch sei, als ein mächtiges, glückliches und boshaftes Wesen, mit dem man einige Beziehungen unterhalten muß. Man redet stets von seinem Tode, erwartet ihn und freut sich darüber, ausgenommen einige finstere Leute, die sagen: ›Der Nachfolger wird noch schlimmer.‹«[18] Heftige politische Ausbrüche und Stimmungsumschwünge waren in Rom an der Tagesordnung. Es ist deshalb nicht verwunderlich, daß zeitgenössische Beobachter in der ersten Hälfte des 19. Jhs. die politische Haltung des römischen Volkes fast gleichzeitig völlig gegensätzlich beschreiben: Für den Dialektdichter Belli waren alle Römer »papalini«, für Stendhal hingegen »reif für die Republik«.

Ebenso heftig wie die Freudenkundgebungen in den ersten Monaten der Herrschaft Pius' IX. war der Begeisterungstaumel nun, als am 15. November 1848 der Ministerpräsident der päpstlichen Regierung, Pellegrino Rossi, beim Betreten seines Amtssitzes im Palazzo della Cancelleria am hellichten Tag ermordet wurde. Das Attentat war sorgfältig als Tyrannenmord nach dem Vorbild der Ermordung Caesars inszeniert: Im Vestibül des Palastes wurde Rossi von einer Gruppe junger Leute umringt – alle in der Uniform des päpstlichen Heeres, das an der Kampagne in der Lombardei teilgenommen hatte – und von mehreren Dolchen gleichzeitig durchbohrt. »Ein junger Römer hat zum Dolch des Marcus Brutus gegriffen«, schrieb Garibaldi später in seinen Memoiren.[19] Mit dem jungen Römer war vermutlich der Sohn von Ciceruacchio gemeint. Rossi war einer der bedeutendsten Verfassungsrechtler Italiens in der ersten Hälfte des 19. Jahrhunderts gewesen und gewiß kein grausamer Tyrann, kein *boia* (Henker), wie ihm nachgeschrieen wurde. Er hatte zum rechten Flügel der Gemäßigten gehört und versucht, im Rahmen der Verfassung so weit wie möglich die Reformen zu begrenzen, mit den Österreichern wieder in normale diplomatische Beziehungen zu treten, und dies alles, ohne die Demokra-

Angelo Brunetti, genannt Ciceruacchio

ten allzu sehr zu reizen. Nach seiner Ermordnung stellte sich nun die Alternative: eisernes Durchgreifen oder Öffnung nach links. Der Papst floh nach Gaeta bei Neapel in die schützenden Arme Ferdinands II., der seit der Bombardierung Messinas den Beinamen *re bomba* trug. Dem Papst folgte im Februar 1849 auch Leopold II., der Großherzog der Toskana, der trotz der Erfolge seiner Verwandten in Wien die Nerven verloren hatte.

Nur wenige Monate nach der Niederlage von Custozza, dem Scheitern der von den Gemäßigten dominierten Phase der Revolution, schien plötzlich alles wieder offen. Die Flucht des Papstes und des toskanischen Großherzogs zeigte, wie schwach die »Reaktion« in Italien in Wirklichkeit war. Wieder aber stellte sich das grundlegende italienische Problem: Die Ereignisse blieben in ihren Auswirkungen auf eine bestimmte Region beschränkt und fanden kein Echo im übrigen Italien. Rom, die Toskana und Venedig blieben isoliert, und das nicht nur in Italien, denn inzwischen war auch nördlich der Alpen, in Paris, Wien und Berlin, die Revolution niedergeschlagen und besiegt.

Es war aber nicht allein die Bedrohung von außen, sondern auch Uneinigkeit und mangelndes Durchsetzungsvermögen, was die Demokraten auch in Rom zu Fall brachte. Trotz der Flucht des Papstes behielten zunächst diejenigen Gemäßigten die Oberhand, die an der Verfassung festhalten und mit dem Papst verhandeln wollten. Der Zustrom von Patrioten aus ganz Italien gab aber schließlich den einheimischen Radikalen das Übergewicht.

Mazzini half – vorläufig noch von fern – den römischen Demokraten mit der Autorität seiner Sprache: »Pius IX. ist geflohen. Seine Flucht ist eine Abdankung; als gewählter Herrscher hinterläßt er keine Dynastie. De facto ist Rom eine Republik, denn außer dem Volk existiert keine Quelle der Autorität mehr.«[20]

Für den 5. Februar 1849 wurden schließlich Wahlen zu einer verfassunggebenden Versammlung des Kirchenstaates ausgeschrieben. Es waren die ersten gleichen und geheimen Wahlen Europas, an denen jeder männliche Bürger über einundzwanzig teilnehmen konnte. Diese Versammlung, in der Garibaldi als – eher zufälliger – Abgeordneter der Stadt Macerata in den Marken auftrat, rief die Republik aus. Feierlich wurde Mazzini nach Rom gerufen und bildete nach einigen Wochen zusammen mit zwei lokalen Führern der Demokraten ein »Triumvirat«. Die demokratischen Regierungen der Toskana und Venedigs gingen schon bald auf Distanz zu dieser raschen Entwicklung, denn beide fürchteten, dem doppelten Druck Österreichs und Piemonts nicht standhalten zu können. Venedig war auf die Hilfe der piemontesischen Flotte in der Adria angewiesen.

Die kaum geborene Republik hatte jedoch wenig Zeit, sich den zahlreichen innenpolitischen Problemen zu widmen. Mehr als eine Reihe hastiger Reformgesetze ohne inneren Zusammenhang kam nicht zustande, denn die Innenpolitik mußte bald in den Hintergrund treten angesichts der Bedrohung von außen. Sie kam von drei Seiten gleichzeitig, aus dem Norden von den Österreichern, aus dem Süden von den Bourbonen und übers Meer von den Franzosen. Nicht zuletzt in der Absicht, die katholische Wählerschaft Frankreichs für sich zu gewinnen, mischte sich der erst im Dezember 1848 gewählte französische Präsident Louis Bonaparte in Rom ein und schickte etwa 10 000 Soldaten – angeblich mit der Aufgabe, zwischen dem Papst und der römischen Republik zu vermitteln. Die Flucht des Papstes war ein willkommener Anlaß.

Angesichts dieser Bedrohung kam in Rom ein Freiwilligenheer von ca. 20 000 Mann zusammen, für drei Fronten war das freilich viel zu wenig. Innerhalb der Führung der Republik kam es zudem zu Unstimmigkeiten und Eifersüchteleien. Mazzini verhinderte, daß Garibaldi, dessen Eigenmächtigkeit er mißtraute, der militärische Oberbefehl übertragen wurde. Dieser selbst vermutete, Mazzini wolle sich in eigener Person an den militärischen Entscheidungen beteiligen. Die Verteidigung Roms besiegelte den persönlichen Bruch zwischen beiden. Den Garibaldinern gelang es zwar, einen ersten Angriff der französischen Truppen unter der Führung des Generals Oudinot abzuwehren, und sie konnten auch in einem Scharmützel bei Velletri südöstlich von Rom bourbonische Truppen zurückdrängen. In beiden Fällen wollte Garibaldi nachstoßen, wurde aber von der politischen und militärischen Führung der Republik daran gehindert, weil man sich ganz auf die Verteidigung Roms konzentrieren wollte. Oudinot hatte inzwischen Verstärkung angefordert und konnte – nach einigen vorangegangenen Gefechten – am 29. Juni mit einem 20 000 Mann starken Heer den entscheidenden Angriff beginnen.

An diesem Tag rüstete sich die Stadt zum Fest des heiligen Petrus. Die Straßen waren mit Lampions und Girlanden geschmückt, auf den Plätzen wurde getanzt und man bewunderte das Feuerwerk. Unter Führung Ciceruacchios wurden unter den Girlanden Barrikaden gebaut, die Mauern des Gianicolo verteidigten die Garibaldiner.

Trotz erbittertem Widerstand – gerade auf dem Gianicolo – mußte das Parlament am 2. Juni die bedingungslose Kapitulation beschließen. Obwohl schweizerische, englische und amerikanische Pässe freigiebig verteilt wurden, gelang nicht allen die Flucht ins erneute Exil: Mazzini ging wieder in die Schweiz – Ciceruacchio und einer seiner Söhne dagegen gerieten in die Hände der Österreicher und wurden erschossen.

Garibaldi versammelte die Soldaten auf der Piazza S. Pietro und stellte sie vor die Wahl: »Ich verlasse Rom. Wer den Krieg gegen die Fremdherrschaft fortführen will, der kann mit mir kommen. Ich biete weder Bezahlung noch Quartier noch Verpflegung; ich biete Durst, Hunger, Gewaltmärsche, Schlachten und Tod. Wer den Namen Italiens nicht nur auf den Lippen, sondern auch im Herzen trägt, der folge mir!«[20a] Vier- oder fünftausend Soldaten folgten ihm, darunter Anita mit rotem Hemd, blaß und schwanger – sie war Garibaldi unter Lebensgefahr nach Rom gefolgt. Aguyar war bei der Verteidigung Roms gefallen. Ziel sollte Venedig sein, das – als letzte Bastion der 48er-Revolution in Europa – noch nicht kapituliert hatte.

Es begann eine zweimonatige Verfolgungsjagd, die wie so oft in Garibaldis Leben gerade deshalb zu seinem Ansehen beigetragen hat, weil sie zwar von vorneherein ohne jede Aussicht auf Erfolg, aber heroisch war. Es gelang den Flüchtlingen, deren Zahl schnell zuammenschmolz, der Verfolgung durch drei Armeen zu entkommen: 30 000 Franzosen, 15 000 Österreicher und 12 000 Bourbonen waren hinter ihnen her. Bei Magnavacca, nördlich von Ravenna, das heute Porto Garibaldi heißt, erlag Garibaldis Frau den Anstrengungen der maßlosen Märsche, den Entbehrungen, der sinkenden Hoffnung. Allein, mit nur noch einem Getreuen, irrte Garibaldi noch eine Weile umher und wurde schließlich am 5. September von dem piemontesischen General La Marmora in »ehrenvolle und freie Bewachung« genommen. Wieder war er in Piemont, wieder wußte er nicht weiter, wieder wußte man nicht, was man mit ihm anfangen sollte.

In der Zwischenzeit hatte Carlo Alberto versucht, seinen militärischen Ruf doch noch aufzubessern und den Waffenstillstand gekündigt. Nach drei Tagen allerdings war schon wieder alles vorbei. Bei Novara erlitt das piemontesische Heer am 23. März eine derart vernichtende Niederlage, daß Carlo Alberto noch auf dem Schlachtfeld zugunsten seines Sohnes Vittorio Emanuele II. abdankte. Dieser ließ sofort erkennen, daß er keineswegs ein Zauderer wie sein Vater war. Als in Genua gegen den Waffenstillstand ein Aufstand ausbrach, ließ der neue Herrscher die Stadt belagern und gab sie dann wie Feindesland zur Plünderung frei.

Das zwar konnte sich Vittorio Emanuele leisten, nicht aber konnte er umstandslos den Helden zweier Welten einsperren lassen. Der einzige Ausweg, der blieb, war es, ihn auf ein Schiff zu setzen und dem Meer anheimzugeben.

Villa Borghese nach dem Sturm durch die Franzosen

Garibaldi ließ sich treiben. Er konnte und wollte nicht nach Paris, Genf oder London gehen – ein Exil, das Mazzini geradezu heimatlich vertraut war, der auch bald wieder eine neue Organisation gegründet hatte, das *comitato democratico europeo.* Garibaldi hatte in dieser Art Exil nichts zu suchen. Seine Zeit, die Zeit der Freiheitskriege, die Leute wie ihn, Zambeccari und Anzani in Atem gehalten hatte, war offenbar vorbei. Seine Ideale hatten sich theoretisch und praktisch als unrealistisch erwiesen. Von seinen engsten Freunden waren die meisten entweder tot, verschwunden oder zum Feind übergelaufen. Seine Frau war nicht ohne sein Verschulden auf die kläglichste Weise ums Leben gekommen, seine Kinder lebten von der Hilfsbereitschaft von Freunden und Verwandten, Geld hatte er keines und überdies war er krank. Nicht nur das Fieber von Roverbella kehrte mit entnervender Regelmäßigkeit zurück, auch eine Arthritis, die ihn schon in Rom behindert hatte, wurde inzwischen so unerträglich, daß er zuweilen vor Schmerzen nicht laufen konnte und getragen werden mußte. Es schien, als sollte Garibaldi auf den sieben Weltmeeren verschwinden und sich aus der Geschichte verabschieden. Sein Name wäre von der Nach-

welt vielleicht irgendwo unter den über die ganze Welt verstreuten Italienern aufgespürt worden – als Kapitän, als Reeder oder als schlichter Hausbesitzer. Vielleicht hätte man irgendwo sein Grab entdeckt, vielleicht aber nicht einmal das.

Zwei Dinge bewirkten, daß dieses nicht geschah. Er wurde nicht vergessen: Wann immer er in den fünf Jahren, in denen er auf eigenen und fremden Schiffen zwischen Amerika, Asien, Afrika und Australien hin- und herfuhr, in einer Stadt mit italienischer Kolonie an Land ging, wurde er von Kundgebungen und patriotischen Feiern empfangen, ganz besonders aber in Europa.

Außerdem ließ sich Garibaldi nicht auf einer Südseeinsel nieder, sondern im Mittelmeer: Er kaufte 1855 die halbe Insel Caprera, die, als Teil des Arcipelago della Maddalena, zwischen Sardinien und Korsika liegt und wegen ihrer Einsamkeit und kargen Schönheit schon seit langer Zeit ein bevorzugter Aufenthaltsort für Freibeuter und Banditen gewesen war. Ohne Hafen, aber für einen geschickten Seemann dennoch leicht zugänglich, weitab von jeder größeren Stadt, war die Insel Italien zugleich unendlich fern und dennoch, wenn Garibaldi wollte, ganz nah. Caprera war kein Exil – es gehörte mit Sardinien zu Piemont –, es war auch nicht die Heimat seiner Kindheit, sondern nach all den Jahren der Kämpfe und des Umherirrens eher die Heimat seiner Träume, die Wahlheimat eines Bandenführers und Korsaren. Auch wenn er jetzt bevorzugt auf Schnepfenjagd und zum Fischfang ging, war Garibaldi doch in seinem Schlupfwinkel stets bereit zum Sprung auf das italienische Festland. Vorläufig jedoch trafen dort andere die Entscheidungen.

Cavour und das neue Piemont

Um die politische Situation in Italien nach den Ereignissen der Jahre 1848/49 zusammenzufassen, könnte man den berühmten Satz aus Lampedusas »Leopard« in sein Gegenteil verkehren: Nichts hatte sich geändert und doch war nichts mehr wie zuvor.

Die politische Landkarte Italiens war noch unverändert: Die Österreicher hatten keine Handbreit an Boden verloren, die Bourbonen hatten ihr gesamtes Reich zurückerobert, in allen Staaten Italiens – mit Ausnahme Piemonts – waren die Verfassungen sang- und klanglos verschwunden. Zu allem Überfluß behaupteten die Franzosen, zum »Schutz« des Papstes wie sie es nannten, ein Expeditionskorps im Kirchenstaat halten zu müssen.

Die »Reaktion« herrschte nach 1848 eher milder als nach dem Wiener Kongreß 1815 und vielleicht war gerade das ein bedenkliches Zeichen für die politische Atmosphäre im Europa der Fünfzigerjahre des 19. Jahrhunderts. Obwohl immer noch viele Demokraten glaubten, sie erlebten nur die Ruhe vor dem Sturm, war die Zeit der bürgerlichen Revolution in Italien und in Europa vorbei. Die Gründe dafür sind in den Ländern nördlich der Alpen und in Italien verschieden und dementsprechend die weitere Entwicklung. In Frankreich, Deutschland und bis zu einem gewissen Grad auch im habsburgischen Reich hatte das demokratisch gesinnte Bürgertum das Gespenst der sozialen Revolution mit eigenen Augen gesehen. In Italien dagegen hatten die Demokraten ihre einzig möglichen Verbündeten, die Bauern, erst gar nicht richtig als solche wahrgenommen. In ihrem Versuch, den Kampf um demokratische Freiheiten und nationale Unabhängigkeit als ein und dieselbe

Sache zu verwirklichen, waren sie deshalb als kleines Häuflein heroisch gescheitert. Während jedoch die Demokraten nördlich der Alpen aus Angst auf Grundprinzipien ihres Programms verzichteten, schien es in Italien nach wie vor nur eine Frage der richtigen Taktik, der richtigen Reihenfolge, wie Unabhängigkeit *und* Freiheit zu verwirklichen seien. Welche Prioritäten zu setzen, welche unverzichtbaren Bedingungen zu stellen waren, darüber allerdings herrschte bei den Demokraten Italiens tiefste Zerstrittenheit.

Weit über die Halbinsel hinaus aber war deutlich geworden, daß das Pulverfaß Italien nicht mehr lange unter Kontrolle gehalten werden konnte und daß die Veränderungen dort unweigerlich in ganz Europa spürbar sein würden. Die mythische und heroische Ära des italienischen Unabhängigkeitskampfes, dessen Leitfiguren Gioberti und Mazzini gewesen waren, ging unwiderruflich zu Ende; die pathetischen Visionen eines vereinigten demokratischen Italien hatten sich als unrealistisch erwiesen. Nun mußte man es mit Flickwerk versuchen. Es begann die »realistisch-politische Ära«.[21]

Kein anderer Name steht in ähnlicher Weise für diese neue Epoche wie der des seit 1852 amtierenden Ministerpräsidenten von Piemont, Graf Camillo Benso di Cavour. Er betrat ungefähr zu demselben Zeitpunkt die politische Bühne wie Bismarck in Preußen, und er sollte für Italien eine ähnliche Rolle spielen. Beide entstammten dem alten Adel ihres Landes, und der piemontesische Adel war auch insofern dem märkischen Adel Preußens verwandt, als es sich auch hier um eine eher bäuerliche Aristokratie handelte. Cavour aber war mehr als ein typischer Vertreter seines Standes, er wies diesem die Zukunft, und die sah in Piemont anders aus als in Preußen. Cavour war kein Landedelmann, sondern ein moderner Gutsbesitzer, Geschäftsmann und Spekulant. 1810 geboren, hatte er bis in die Vierzigerjahre seine Zeit hauptsächlich mit Reisen in die europäischen Hauptstädte und mit der Anhäufung eines beträchtlichen Vermögens verbracht. Sein Horizont reichte über Italiens Grenzen hinaus – er hatte die politisch und wirtschaftlich fortgeschrittenen Länder nördlich der Alpen genau studiert –, zugleich aber beschränkte er sich, was Italien betraf, auf Piemont und flüchtige Reisen durch die Lombardei und Venetien – ein Manko, das er freimütig eingestand. Als Piemontese sprach Cavour fließend französisch. Sein Italienisch blieb – mehr noch als das Garibaldis, dem man es als Seemann und nach den langen Jahren des Exils in der ganzen Welt nachsah – »gespickt mit Unreinheiten und Fehlern, halb französisch und halb piemontesisch«.[22]

In seiner Jugend haßte Cavour die düstere, bigotte Enge Turins. Nicht Rom, nicht Neapel, nicht Palermo, sondern ausgerechnet London war für ihn die »Stadt der Sonne« – natürlich im geistigen Sinne, wie er meinte. Als sich aber abzeichnete, daß die Hauptstadt des neugegründeten Italien von Turin nach Florenz und eventuell sogar nach Rom verlegt werden sollte, wollte er lieber zurücktreten als Turin verlassen. Es entsprach völlig den Tatsachen, wenn er vor dem piemontesischen Parlament von sich sagte, er habe sein ganzes Leben unter seinen Mitbürgern in Turin verbracht. Präzisierend könnte man hinzufügen, Cavour hat nicht nur sein ganzes Leben in der gleichen Stadt, sondern auch in der gleichen Straße, im gleichen Haus, im Stadtpalast der Cavour in der heute nach ihm benannten Straße im Herzen Turins verbracht. Er ging jeden Tag den gleichen Weg und aß jeden Tag im selben Restaurant: Sein Tisch im »Cambio« an der Piazza Carignano wird angeblich auch heute noch für ihn freigehalten.

Cavours Auslandsaufenthalte vor 1848 waren trotz ihrer Länge immer Reisen; das Exil hat er nie kennengelernt. Bis 1848 trat Cavour, trotz einiger Bemühungen, politisch kaum in den Vordergrund. Seine kritische Intelligenz, seine weltoffene Art und seine modernen Anschauungen machten ihn Carlo Alberto und dem piemontesischen Adel zutiefst suspekt. Es gingen schreckliche Gerüchte um: er sei Mitglied der *Carboneria*, er habe sogar an den Verschwörungen der Dreißigerjahre teilgenommen. Den Demokraten hingegen galt er als verkappter Reaktionär, als »milord Camillo, der größte Reaktionär im ganzen Königreich, der schlimmste Feind der Revolution, durch und durch anglophil«.[23]

Seit 1847 bediente sich Cavour deshalb einer eigenen Zeitschrift, um seine politischen Ansichten öffentlich zu machen. Ihr Name wurde der einer ganzen Epoche: *il risorgimento.* Damit errang er im Laufe der nächsten Jahre die Anerkennung der gemäßigten Partei, trat 1850 als Minister für Landwirtschaft, Handel und Marine in die Regierung ein und hatte bald dem eigentlichen Ministerpräsidenten d'Azeglio politisch den Rang abgelaufen. Von da an häufte Cavour Ministerium auf Ministerium, bis er 1852 Ministerpräsident wurde, was er – mit selbstgewählten Unterbrechungen – bis zu seinem Tod am 6. Juni 1861 blieb. Mit einer Arbeitswut, die alle Widerstände mit Zahlen, Daten und Fakten überrannte, ging er daran, das kleine, in selbstgenügsamer Beschränktheit erstarrte Königreich am Fuße der Alpen (pes montis) zu einem modernen Staat von europäischem Niveau umzugestalten. Dabei kam ihm in der ersten Hälfte des Jahrzehnts die günstige wirtschaftliche Konjunktur in ganz Europa, vor allem in Frankreich, entgegen. Cavour seinerseits tat alles, um auch in Piemont dem Staat zur Rolle eines »ideellen Gesamtkapitalisten« zu verhelfen und versuchte zusätzlich alles nachzuholen, was bisher versäumt worden war.

Schon sein Vorgänger d'Azeglio hatte damit begonnen, diejenigen traditionellen Privilegien der Kirche abzuschaffen, die nicht einmal mehr in den anderen italienischen Staaten – mit Ausnahme des Kirchenstaates natürlich – existierten, zum Beispiel die besondere kirchliche Gerichtsbarkeit, das Asylrecht der Kirche, das Unterrichtsmonopol. D'Azeglio hatte diese Politik den Sessel des Ministerpräsidenten gekostet. Cavour jedoch schritt auf diesem Wege gegen den massiven Widerstand der Kirche und das ängstliche Zaudern des Königs unbeirrt fort.

Dann krempelte er das völlig veraltete und undurchsichtige Rechnungswesen des Staates um und setzte eine Haushaltssanierung in Gang, die trotz der hohen kriegsbedingten Schulden und der weiterhin extrem hohen Militärausgaben eine größere Finanzkrise verhinderte. Er ordnete zugleich das Steuerwesen, indem er die Steuern beträchtlich erhöhte und neue Steuern, zum Beispiel die Einkommensteuer, einführte; Maßnahmen, die natürlich auf den Widerstand besonders der Besitzenden stoßen mußten. Diesem Widerstand nahm Cavour aber den Elan, indem er die noch vorhandenen Steuerprivilegien des Adels und der Geistlichkeit aufhob und so die Bourgeoisie auf seine Seite zog. Neben diesen grundlegenden Reformen des Staatsapparates widmete sich Cavour ganz den Interessen der Wirtschaft. Eines seiner Lieblingsprojekte war der Ausbau des Eisenbahnnetzes, für den er – dank seiner vorzüglichen Beziehungen – einen Kredit beim Londoner Bankhaus Hambro erhielt. Ganz allgemein sorgte er dafür, daß Piemont und seine Wirtschaft die ausschließliche Abhängigkeit von dem französischen Haus Rothschild allmählich abstreifen konnten und größeren finanziellen Spielraum gewannen. Diesem Zweck diente auch die Einrichtung einer Zentralbank, der *banca nazionale*, durch die – zumindest in Ansätzen, soweit das damals theoretisch und praktisch überhaupt möglich war – der Geldumlauf und das Kreditwesen nach den Bedürfnissen der Wirtschaft und nicht, wie bisher, nur der Staatskasse reguliert wurde. Kernstück der wirtschaftspolitischen Konzeption Cavours aber war die Durchsetzung des Freihandels mit Hilfe einer Reihe von Handelsverträgen mit den wichtigsten Handelspartnern, Frankreich, Großbritannien und Belgien.

Nicht erst heute hat der Streit zwischen Vertretern des Freihandels und des Protektionismus den Charakter eines politischen Glaubenskrieges angenommen. Wie nach dem zweiten Weltkrieg Amerika, so war Mitte des 19. Jahrhunderts England die absolut führende Industriemacht, der Apostel der Handelsfreiheit, die gleichgesetzt wurde mit der Freiheit an sich. Cavour war ein persönlicher Freund des englischen Freihandelspapstes Cobden und dessen Theorie mit Leib und Seele ergeben. Abgesehen von irrationalen Ängstlichkeiten standen der Einführung des Freihandels in Piemont aber durchaus handfeste Interessen in der Textilindustrie und in der Schwerindustrie – in Ligurien und Sardinien zum Beispiel – entgegen. Cavour begegnete diesen Hindernissen, indem er als Konsequenz des Protektionismus das Gespenst des Sozialismus an die Wand malte. Ergänzung und Gegenstück der Freihandelspolitik war eine massive Unterstützung der metallverarbeitenden und Werftindustrie, vor allem Liguriens, durch Staatsaufträge und Subventionen. Durch diese Vorteile wurde das genuesische Bürgertum erstmals für Piemont gewonnen. Ganz allgemein schuf Cavours Wirtschaftspolitik ein Klima der Euphorie und weitgespannter Hoffnungen, das bald auch ausländisches Kapital ins Land strömen ließ. Nach der Hochkonjunktur in der ersten Hälfte der Fünfzigerjahre ergaben sich durch den massiven Druck der englischen und französischen Konkurrenz jedoch auch bald Schwierigkeiten für die einheimischen Produzenten. Kaum betroffen davon wurde jener Produktionszweig, auf den sich nach Ansicht Cavours die piemontesische Wirtschaft im Rahmen einer internationalen Arbeitsteilung vor allem spezialisieren sollte: die kapitalistisch organisierte Landwirtschaft. Weil aber das einheimische Getreide gewinnbringend exportiert wurde, kam es im europäischen Krisenjahr 1853 zu Aufständen der hungernden Bevölkerung in Stadt und Land. Besondere Empörung lösten Berichte aus, Cavour selbst habe, um auf höhere Preise zu spekulieren, die Speicher seines Landguts Leri voll, während das Volk hungerte.[24]

Welche langfristigen Auswirkungen die Freihandelspolitik für die wirtschaftliche Entwicklung Piemonts gehabt hätte, läßt sich nur vermuten, denn durch die Einigung Italiens entstand eine völlig neue Situation. Zunächst jedenfalls benötigte Cavour für seine Wirtschafts- und Finanzpolitik – die keineswegs den ungeteilten Beifall der Bourgeoisie und schon gar nicht den des Adels fand – eine solide parlamentarische Basis. Nach der oktroyierten Verfassung von 1848, dem sogenannten *Statuto*, war er eigentlich dem

Parlament gegenüber keinerlei Rechenschaft schuldig und einzig dem König verantwortlich, den er jederzeit durch sein Fachwissen in seinem Sinne beeinflussen konnte, was er auch tat. Gegen den Einfluß des reaktionären Adels und der Geistlichkeit mußte jedoch trotzdem ein Gegengewicht geschaffen werden. Dazu war das *Statuto* geeignet, denn es war keine detailliert ausgearbeitete Verfassung, sondern eher ein Grundgerüst, das durch einfache Gesetze präzisiert werden konnte und sollte. Carlo Albertos Intention war es gewesen, dieses Gerüst in seinem Sinn restriktiv auszulegen, wenn sich die revolutionären Wogen wieder geglättet hätten. Cavour hingegen suchte im Parlament nach Rückhalt, er fand dort das Instrument, um sich Öffentlichkeit und damit Macht zu verschaffen. Ohne daß der Buchstabe des Statuts geändert worden wäre, etablierte sich allmählich eine Verantwortlichkeit der Regierung gegenüber dem Parlament, das heißt, es fand ein Übergang von einer konstitutionellen zu einer parlamentarisch-repräsentativen Monarchie statt. Und das in einem Italien, in dem sogar die oktroyierten Verfassungen zurückgezogen worden waren. Ganz abgesehen von sachlichen Gründen sprach auch Cavours persönliche Vorliebe für handfeste Diskussionen für diese Art der Politik. Ebenso wie das Glücksspiel liebte er die öffentliche Debatte, nicht umsonst trug er den Spitznamen »coq du combat«[25], und es war sicher nicht nur die gute Küche des »Cambio«, sondern auch seine Lage gegenüber dem Parlament, weswegen Cavour dort an einem Fensterplatz stets zu essen pflegte. Aber auch das Parlament war nicht allein durch Worte zu gewinnen. Um es gefügig zu machen, entwickelte Cavour eine Taktik, die ebenso revolutionär wie hintersinnig war, nahm sie doch nicht länger Rücksicht auf bisher gültige politisch-ideologischen Trennungslinien.

Cavours Politik war zu neu und zu mutig, als daß sie die ungeteilte Zustimmung der Liberalen Piemonts – die sich immer durch ganz besondere Vorsicht und Ergebenheit gegenüber der Monarchie auszeichneten – hätte finden können, ganz zu schweigen von Cavours eigenen konservativen Standesgenossen. Seine idealen Verbündeten fand Cavour im gemäßigten Flügel der Demokraten. Ratazzi, der parlamentarische Führer der Demokraten und Cavour einigten sich auf eine Zusammenarbeit, die den Namen *connubio*, »Ehebund«, erhielt.

Diesem *connubio*, das sich durch vage und taktische Formulierungen sowie durch seine nicht programmatische, sondern rein persönliche Charakterisierung formal von einer Koalition unterschied, wurde nicht zu Unrecht bescheinigt, es sei der »größte politische Erfolg Cavours im piemontesischen Parlament« gewesen.[26]

Es wurde und wird ihm aber zum Vorwurf gemacht, daß durch das *connubio* die Ausbildung eines Zweiparteiensystems, überhaupt die Bildung von Parteien im eigentlichen Sinn, verhindert worden sei. Mehr noch: Zwar verwandelte Cavour die konstitutionell monarchische Verfassung Piemonts in ein parlamentarisch-repräsentatives System, aber er mißbrauchte diese parlamentarische Repräsentation auch als ein Instrument für undurchsichtige Manipulationen. Der Vorwurf unterstellt jedoch, daß das Zweiparteiensystem als Grundmuster bürgerlicher Demokratie überall anwendbar sei und eine entsprechende soziale Basis finden könne. Der Erfolg des *connubio* und die Wiederaufnahme dieser Taktik unter späteren Regierungen zeigen dagegen, daß Cavour mit dieser Form auf der Ebene politischer Institutionen eine geniale Lösung gefunden hatte, die der sozialen Struktur Piemonts und später auch Italiens in idealer Weise entsprach. Die politischen Leitbegriffe der bürgerlichen Revolution waren in Italien weder zuerst theoretisch formuliert noch praktisch erprobt worden. Wie alle anderen Länder auch, ließ sich Italien von den Vorbildern Großbritannien und Frankreich leiten und inspirieren. Begriffe wie Volk, Nation, Klasse, Souveränität, Partei suchten nach Inhalten, die den tatsächlichen besonderen Entwicklungsbedingungen Italiens angemessen waren. Cavours Bündnis zwischen linker Rechten und rechter Linken konnte in Italien auf Dauer funktionieren, weil hier eine – im wesentlichen selbst grundbesitzende – Bourgeoisie immer auch aristokratische Lebens- und Denkformen anpeilte, während gleichzeitig die Aristokratie wenig von den sozialen Berührungsängsten ihrer Kollegen jenseits der Alpen kannte. Selbst der in Nordeuropa als Reizwort empfundene Begriff Republik konnte in Piemont und Italien einen einigermaßen aufgeklärten Aristokraten kaum erschrecken, war ihm doch das Beispiel der altehrwürdigen Republiken von Genua und Venedig bestens vertraut, in denen das Patriziat über Jahrhunderte in demokratischer Form die Macht ausgeübt und behalten hatte. Auch in Piemont galt: Straße geht vor Klasse, und Stadt vor Land. Die Grenzen zwischen Adel und Bourgeoisie waren undeutlich und mehr eine Frage der Umgangsformen und des Besitzes als der Geburt. Cavours eigentliche Gegner auf der Rechten waren die »Munizipalisten«, die die Vorrechte Turins gegenüber Genua verteidigen und lieber ganz auf Italien verzichten wollten, als auch nur einen Zipfel piemontesischer Souveränität herzugeben.

Die soziale Basis seines *connubio* verkörperte Cavour auch in seiner eigenen Person: »Er besaß gleichzeitig die Tugenden des Bürgers und des Aristokraten: geistige Beweglichkeit und sichere Fähigkeit des Befehlens, Geschäftssinn und Freude am Geldausgeben, die unverbrauchten Energien einer neuen und den Stil einer alten Klasse.«[27]

Die »Società Nazionale Italiana«

Mit dem *connubio* hatte Cavour vor aller Öffentlichkeit bewiesen, daß er die durch politisch-ideologische Etiketten gesetzten Grenzen souverän zu überschreiten vermochte.

Unter Ausschluß der Öffentlichkeit ging er noch sehr viel weiter und verwirklichte »ein zweites *connubio*«[28], das den weiteren Verlauf der italienischen Geschichte womöglich noch nachhaltiger beeinflußt hat als das »offizielle« *connubio:* Cavour ließ sich, seiner Vorliebe für hohe Einsätze folgend, auf ein riskantes Spiel ein und trat heimlich in engen Kontakt zu den linken Gruppierungen bis hin zu den Verschwörern Mazzinis, um sie für seine Zwecke einzusetzen; diese wiederum wiegten sich dadurch im Glauben, sie hätten Cavour und damit die politische und militärische Führung Piemonts in der Hand. In Piemont war auch nach 1848 die Verfassung in Kraft geblieben. Dadurch war schon vor der Regierungszeit Cavours der Staat ein Zufluchtsort für politische Flüchtlinge aus allen anderen Staaten Italiens geworden. Unter Cavour traten Genua und Turin allmählich an die Stelle der traditionellen Zentren des Exils, London und Paris, zumal Napoleon III. den Emigranten das Leben schwer zu machen begann.

Die wichtigsten politischen Unruhestifter im eigenen Land zu beherbergen, mochte zwar riskant erscheinen, hatte aber doch unbestreitbare Vorteile für einen trickreichen Politiker wie Cavour. Die piemontesische Polizei behielt die Exilanten sorgfältig im Auge. Ein Mazzini, der im fernen London seine Umtriebe organisierte, war viel schwerer unter Kontrolle zu halten, als ein Mazzini, der die stillschweigende Gastfreundschaft seiner Heimatstadt Genua genoß. Genua wurde zu einer Art Hauptquartier der demokratischen Kräfte. Nicht zuletzt die ungewohnte Nähe zu den italienischen Angelegenheiten aber ließ die Kontraste zwischen den Demokraten immer stärker werden, und die Zahl der Kritiker Mazzinis, die nach neuen Wegen für die Revolution und die nationale Befreiung suchten, wurde immer größer.

Obwohl er persönlich Mazzini für einen gefährlichen politischen Wirrkopf hielt, nahm Cavour über Rattazzi heimlich Kontakt zu ihm auf und unterstützte ihn bei dessen – wie immer erfolglosem – Versuch, 1856 in der Lunigiana, dem Armutsgebiet um Massa und Carrara in der benachbarten Toskana, einen Aufstand zu entfachen. Die Vorteile waren nicht zu unterschätzen: Wie andere Politiker in Europa das Gespenst des Kommunismus, so benutzte Cavour Mazzini und seine Revolten. Obwohl sie immer wieder ergebnislos zusammenbrachen, erregten diese Aufstände doch genug Angst und Schrecken in den übrigen Staaten Italiens und machten diese geneigter, sich unter die schützenden Fittiche Piemonts zu begeben. Und im Ausland konnte man mit Fug und Recht darauf pochen, daß die italienische Frage jetzt endlich einer Lösung unter maßgeblicher Beteiligung des Ordnungsfaktors Piemont zugeführt werden mußte, wollte man nicht unkontrollierbare Explosionen mit möglichen Auswirkungen auf Europa riskieren.

Cavour blieb aber dabei nicht stehen. Wichtiger und langfristig wirksamer noch war sein behutsames, selektives Wirken unter den politischen Flüchtlingen. Die piemontesische Polizei gewährte beileibe nicht allen Patrioten unterschiedslos Asyl. »Gefährliche« Elemente, die meinten, auch in Piemont sei eine Revolution vonnöten, wurden ausgewiesen, oder man machte ihnen das Leben so schwer, daß sie schließlich das Land von selbst verließen. Als beispielsweise Mazzini 1857 in Genua selbst zum Aufstand aufrief, mußte er schnellstens das Land verlassen, und ein Todesurteil zwang ihn wiederum für viele Jahre ins Exil. Die anderen aber stattete man nicht nur großzügig mit Aufenthaltsgenehmigungen und eventuell sogar der Staatsbürgerschaft aus, man gab ihnen auch Stellen in der Verwaltung und an den Hochschulen. Nicht wenige wurden dank ihrer Einbürgerung obendrein auch noch Abgeordnete im Turiner Parlament.

Ob die Emigranten nun in öffentlicher Funktion oder bloß privat in den Salons und politisch-kulturellen Zirkeln tätig waren, Piemont wurde plötzlich ein geistig-kultureller Anziehungspunkt. Neben Genua wurde zum ersten Mal der Name Turin über die Grenzen Piemonts und Italiens hinaus bekannt. Das allein schon genügte den verbohrtesten Munizipalisten, die politischen Flüchtlinge als fürchterliche Plage zu hassen.

Die Politik Cavours gegenüber den Flüchtlingen profitierte von den immer schlimmeren Mißerfolgen Mazzinis; die von diesem direkt oder indirekt initiierten Aufstandsversuche, die in den Fünfzigerjahren nicht abrissen – 1853 in der Lombardei, 1856 in der Lunigiana, 1856 und 1857 in Sizilien und Kalabrien – waren eine Kette von Niederlagen. Das schlimmste Desaster war die bereits erwähnte Landung bei Sapri in Kalabrien, die, von Mazzini mitverantwortet, in einem sinnlosen Opfer bekannter Revolutionäre unter der Führung Carlo Pisacanes endete.

Diese Mißerfolge brachten jenen politischen Flüchtlingen Zulauf, die die Meinung vertraten, ein Erfolg der Patrioten im Kampf gegen die Österreicher sei nur mit Hilfe Piemonts möglich. Treibende Kraft in dieser Gruppe waren der Marquis Pallavicino-Trivulzio und Daniele Manin. Der Lombarde Pallavicino hatte bereits 1820 an den Aufständen gegen die Österreicher und dann an den Fünf Tagen von Mailand teilgenommen. Nach der berüchtigten österreichischen Gefängnisfestung, auf der er von 1821 bis 1836 an Stelle des Todesurteils in Haft gehalten worden war, nannte er sich »Märtyrer vom Spielberg«.[29] Der Venezianer Manin hatte 1848 unter der Losung »Viva la repubblica! Viva San Marco!« den venezianischen Aufstand gegen die Österreicher organisiert.

Beide hatten aus den Ereignissen seit 1848 eine Reihe grundlegender Schlüsse gezogen, die die Lage so illusionslos und realistisch zusammenfaßten, daß sie allmählich immer mehr Demokraten überzeugten.

Der Grundgedanke war die klare Entscheidung für den Vorrang der nationalen Unabhängigkeit vor der Demokratie. Die Ereignisse der Revolution von 1848 hatten für Pallavicino und Manin gezeigt, daß unter den spezifischen Bedingungen Italiens eine gleichzeitige Entwicklung von demokratischer Revolution und nationalem Unabhängigkeitskampf nicht möglich war. Die Verwirklichung demokratischer Freiheiten ohne nationale Unabhängigkeit aber war noch weniger vorstellbar, angesichts österreichischer und französischer Besatzungstruppen und der Bourbonenherrschaft im Süden. Also mußte endlich eine klare Entscheidung getroffen werden, die der nationalen Unabhängigkeit alle anderen politischen Ziele zunächst einmal unterordnete. Da auch die Versuche der Liberalen, aus den italienischen Einzelstaaten heraus Italien als Bündnis entstehen zu lassen, sich als pure Illusion erwiesen hatten, blieb bei vorurteilsfreier Betrachtung nur ein Weg: Einigung unter der Fahne Piemonts. Damit wurde auch der Tatsache Rechnung getragen, daß man an dem modernen liberalen Piemont Cavours nicht mehr vorbeikam, wollte man sich die Einigung Italiens nicht von vorneherein als Bürgerkrieg vorstellen.

Was gab es dann aber für die demokratischen Patrioten überhaupt noch zu tun? Genügte es nicht, die Hände in den Schoß zu legen und zu warten, daß Piemont unter der Führung Cavours Italien schuf? Pallavicino und Manin verwiesen an diesem Punkt auf den verhängnisvollen Fehler der Liberalen von 1848, die geglaubt hatten, die Einigung Italiens liege selbstverständlich im Interesse Piemonts und der piemontesische König werde sich entsprechend uneigennützig zur Verfügung stellen. Wahrscheinlich übertrieb Pallavicino noch nicht einmal, wenn er meinte, *alle* Piemontesen – von ganz rechts bis ganz links – würden allemal einem Oberitalien mit zwei Hauptstädten – Turin und Mailand – gegenüber einem vereinigten Italien mit der Hauptstadt Rom den Vorzug geben[30], und Cavour sei durch und durch Piemontese. Aufgabe der Demokraten sollte es nun sein, die Regierung in Turin zu zwingen, die engen Grenzen ihrer machtpolitischen und dynastischen Überlegungen selbst zu sprengen. Piemont sollte gar nicht anders können als bis zur Einigung Italiens voranzuschreiten. Dies geeinte Italien – so hoffte man – wäre dann in jedem Fall mehr als ein vergrößertes Piemont, und unter dem Druck der geschaffenen Tatsachen müßte Piemont dann wie von selbst ins Glied zurücktreten.

Breitere Wirkung unter den Demokraten und darüber hinaus gewann die Gruppe um Pallavicino und Manin, als es gelang, Garibaldi für ihr Programm zu gewinnen. Der Beitritt Garibaldis war nicht allein dadurch motiviert, daß ihm alles recht war, was Mazzinis Einfluß schwächen konnte. Seinem militärisch geschulten Denken und seinem praktischen Verstand leuchteten die einfachen Überlegungen Pallavicinos ein, und ebenso schlicht formulierte er seine eigene Haltung in seinen Memoiren: »Ich kann mit Stolz behaupten: Ich war und bin Republikaner. Aber gleichzeitig hielt ich dieses volkstümliche System nicht für so unverzichtbar, daß man es der Mehrheit einer Nation mit Gewalt aufzwingen müßte.«[31] Unter der Losung »Italia e Vittorio Emanuele« wurde im Juli 1857 die *Società Nazionale Italiana* gegründet.

Gegenüber Mazzinis Organisationen – für den mit dem Abfall einst treu ergebener Anhänger die wohl bittersten Jahre seines

Verschwörerlebens begannen – unterschied sich diese neue Organisation nicht allein durch ihr Programm. Die verschiedenen Organisationen, die Mazzini ins Leben gerufen hatte, waren stets auf seine Person zugeschnitten. Welche Namen auch immer sie trugen, sie waren Geheimbünde mit Mazzini als spiritus rector und glichen in ihrem fanatischen Sendungsbewußtsein zuweilen eher religiösen Sekten. Darüber hinaus hielten sich Mazzini und viele wichtige Mitglieder meistens im Exil auf, weitab von den Plätzen, wo die geplanten Aufstände losbrechen sollten, so daß ein Großteil der organisatorischen Arbeit in der mühseligen Übermittlung von Informationen und in endlosen brieflichen und publizistischen Auseinandersetzungen bestand. Die *Società Nazionale* dagegen besaß eher den Charakter einer modernen politischen Partei, deren Mitglieder sich nicht an einer Person, sondern an einem Programm orientierten, mit dem sie an die Öffentlichkeit traten. Ihre Initiatoren konnten auf diese Weise nicht nur viele ehemalige Mazzinianer gewinnen, es gelang vor allem, neue Schichten zu erschließen; besonders in den kleinen Städten, in Kreisen der örtlichen Notabeln, konnte die Organisation schnell Fuß fassen. Innerhalb kurzer Zeit hatte die *Società Nazionale* ihr organisatorisches Netz über Piemont hinaus auf die Herzogtümer Parma, Modena und Toskana, auf die Lombardei und die Romagna ausgedehnt. Ihre Losung lautete: »Vittorio Emanuele, re d'Italia!« (Vittorio Emanuele, König von Italien), abgekürzt »Verdi«. Der Name des Komponisten, dessen Opern trotz aller von der Zensur erzwungenen Entstellungen und Veränderungen das Lebensgefühl des Risorgimento zum Ausdruck brachten, wurde zum Codewort der Patrioten. Die Mauern Italiens bedeckten sich mit der Parole »Viva Verdi!«. Das ohnehin reiche Arsenal der Italiener an geheimen Verständigungen und kleinen politischen Sticheleien gegenüber der Polizei wurde um ungeahnte Möglichkeiten erweitert. Der Beifall des Opernpublikums galt nun nicht allein der Aufführung, nicht allein dem Komponisten, sondern auch dem, wofür sein Name stand. Ein auf der Straße geträllertes »La donna è mobile ...« konnte nur harmloser Ausdruck guter Laune, vielleicht aber auch gezielte Provokation einer nahenden Streife der österreichischen Polizei sein. Das patriotische Italien war allgegenwärtig.

Wie von selbst war so auf dem Humus der liberalen Reformen Cavours eine Partei entstanden, in der sich zwar führende Demokraten zusammenfanden, in deren Programmatik jedoch kaum noch etwas von den demokratischen Ideen aus der Zeit vor 1848

übriggeblieben war. An die Stelle der großen Fragen nach dem woher und wohin Italiens, die Mazzini bewegt hatten, ging es jetzt nur noch um das praktische Problem der Vereinigung des Landes auf dem schnellstmöglichen Wege.

Cavour zögerte keinen Augenblick, mit dieser neuen politischen Gruppierung in Kontakt zu treten. Öffentlich konnte er dies nicht tun, nichtöffentlich dagegen tat er es um so ausgiebiger. Häufig empfing er Pallavicino, einmal – am 13. August 1856 – sogar Garibaldi, bei welcher Gelegenheit er ungeniert versicherte, daß, sollte von irgendeiner Seite die Öffentlichkeit auf diese Kontakte hingewiesen werden, er selbstverständlich alles abstreiten werde. Über den Verlauf seines Zusammentreffens mit Cavour hat sich Garibaldi in seinen Memoiren ebenso ausgeschwiegen wie über sein erstes Zusammentreffen mit Mazzini. Im selben Augenblick, in dem das stets spannungsgeladene Verhältnis zu Mazzini auseinandergebrochen war, traf Garibaldi auf einen neuen Verbündeten, mit dem sich ein noch viel schärferes Duell entspinnen sollte, als dies mit Mazzini je der Fall war. Er setzte in das Treffen mit Cavour sicher nicht die gleichen Hoffnungen wie einst in das Treffen mit dem ersten Apostel des jungen Italien. Um so angenehmer war der Verlauf dieses ersten Gesprächs, wenn man dem Bericht seines Freundes und Begleiters Foresti glauben darf. Obwohl beide Männer einander in ihrem Innersten wohl zutiefst mißtrauten, obwohl sie, was ihre soziale und politische Herkunft, sowie ihre Ziele betraf, unendlich weit voneinander entfernt waren, besaßen doch beide den gleichen Sinn für die Realität und das gleiche Vergnügen an geselliger Freundlichkeit. Garibaldi, so schreibt Foresti – den er übrigens in New York kennengelernt hatte – »verabschiedete sich vom Ministerpräsidenten wie von einem Freund, der eine in Aussicht genommene Unternehmung unterstützt und ermutigt«.[32]

Seinen eigentlichen Gesprächspartner bei der *Società Nazionale* aber fand Cavour in Giuseppe La Farina, einem der führenden Demokraten der 48er-Revolution auf Sizilien, der zum wichtigsten und unermüdlichsten Organisator der *Società Nazionale* wurde. Vier Jahre lang – von 1856 bis 1860 – suchte er Cavour jeden Tag in den frühen Morgenstunden auf und verließ das Haus des Ministerpräsidenten über eine Geheimtreppe vor Tagesanbruch. Diese Besuche hörten erst auf, als La Farina mit Garibaldi nach Sizilien ging, von wo aus er jedoch weiterhin in ständigem Kontakt mit Cavour blieb. Cavour wollte durch diese geheimen Kontakte die *Società Nazionale* für seine politischen Zielsetzungen einspannen, während die Mitglieder der *Società Nazionale* Cavour soweit in der Hand zu haben glaubten, daß sie ihm ihre Richtung aufzwingen konnten. Die Frage, wer recht behalten sollte, blieb zunächst offen.

»Un petit acte bien agressif«

Cavours strategisches Ziel war nicht so fest umrissen wie die Programmatik der *Società Nazionale* und daher schwerer auszurechnen. Schon allein deshalb verfügte er über größeren Aktionsspielraum und die Möglichkeit, die unterschiedlichsten Bündnisse einzugehen, sie aber im rechten Augenblick zu lösen. Seine Strategie für die Außenpolitik Piemonts basierte auf wenigen Grundüberlegungen. Eine war das bedingungslose Festhalten an der Regierungsform der repräsentativen Monarchie für den oder die in Italien zu schaffenden Staaten. Zum zweiten war Cavour fest davon überzeugt, daß die Lösung der »italienischen Frage« absolut überfällig sei. Wie auch immer die Lösung ausfallen würde – Piemont sollte dabei unter allen Umständen der größtmögliche Einfluß vorbehalten bleiben. Cavour glaubte im Grunde bis zuletzt nicht an die Möglichkeit eines vereinigten Italien als Nationalstaat. Bis zu einem gewissen Grad fürchtete er diese Perspektive sogar. Ihm erschien ein solcher Staat zu groß. Es war allzu unwahrscheinlich, daß Piemont, daß die Gemäßigten in einem solchen Staat eine ausgewogene Mittellinie würden halten können. Der Süden mit seinen verrotteten politischen und halbfeudalen gesellschaftlichen Verhältnissen blieb ein gefährlicher Unruheherd, und daran würde sich so schnell nichts ändern.

Auch in der Außenpolitik bewährte sich Cavours Gespür für wechselnde, der Situation entsprechende Bündnisse mit größtmöglichem Gewinn bei gleichzeitig in Grenzen gehaltenen Verpflichtungen. Sein erstes außenpolitisches Anliegen war es, Piemont im »Konzert der europäischen Mächte«, von dem man damals so gern sprach, um die bestehenden tiefgreifenden Kontraste zu beschönigen, einen festen Platz zu sichern. Die Gelegenheit dazu bot der Ausbruch des Krimkrieges im Jahre 1853. Auf diesem fernen Kriegsschauplatz ging es um eine neue Machtverteilung in Europa. Die russischen Pressionen gegenüber der Türkei waren für England und vor allem für den neuen französischen Kaiser Napoleon III. ein willkommener Anlaß, um Rußlands Stellung als europäische Großmacht zu schwächen. Als auch Österreich nicht an der Seite Rußlands – wie in Petersburg erwartet – in den Krieg eintrat, sondern in einer Art parteilicher Neutralität verharrte, die England und Frankreich über ein Bündnis mit der Türkei offen begünstigte, wurde der Erfolg der Alliierten nur noch durch die verlustreiche Belagerung von Sewastopol sowie durch die schwierigen klimatischen und geographischen Bedingungen des Krieges verzögert – allein an der Cholera starben 118 000 Menschen.

Durch die Entsendung auch eines piemontesischen Kontingents – das über einen englischen Vorzugskredit finanziert wurde – hatte Cavour erreicht, daß Piemont auf der Seite der Sieger an der Friedenskonferenz in Paris teilnehmen konnte. Der piemontesische Ministerpräsident war als Delegationsleiter von vorneherein darauf bedacht, vor allem außerhalb der offiziellen diplomatischen Wege Terrain zu gewinnen. Er setzte alles daran, ein vertrautes Verhältnis zu Napoleon III. zu gewinnen und zu diesem Zwecke benutzte er den Clan der Bonaparte und dessen vielfältige Verbindungen zu Italien. Napoleon III. nämlich war keineswegs der einsame Nachkomme des großen Kaisers. Um ihn versammelte sich – geschlossen nach außen, ewig zerstritten nach innen – die zweite Generation dieser turbulenten korsischen Großfamilie. Da war der Sohn der polnischen Geliebten Napoleons I., Walewski, der neue Außenminister. Da war Prinz Napoleon, der Sohn von Jérome, einst König von Westfalen. Für Plon-Plon, wie er wegen seiner Neigung zur Flasche allgemein genannt wurde, war der neue Kaiser bald auf der Suche nach der Einheirat in eine alte europäische Dynastie und nach einem Königreich. Italien, das schon einmal gute Dienste geleistet hatte, bot sich geradezu an. Interessen in Italien hatte auch Lucien Murat zu vertreten, der Sohn des Generals Joaquin Murat, dem Napoleon I. einst seine Schwester Caroline und das Königreich Neapel anvertraut hatte. Lucien war Großmeister der französischen Freimaurerei. Es ist sicher kein Zufall, daß gerade gegen Ende der Fünfzigerjahre, als Lucien sich intensiv darum bemühte, den Thron seines Vaters wieder zurückzuerobern, in Italien die Freimaurerei organisatorisch wieder auf eine feste Grundlage gestellt wurde. Ihre Stellung als keineswegs bloß elitärer Verein, sondern als schwer faßbare, aber um so einflußreichere Kraft im politischen Leben Italiens hat sie bis auf den heutigen Tag nicht mehr verloren. Nahezu alle Mitglieder des Clans der Bonaparte – mit Ausnahme des austrophilen Walewski – hatten engste familiäre Beziehungen und politische Interessen in Italien. Auch Napoleon III. selbst hatte sich in jungen Jahren in Italien aufgehalten und an den republikanischen Aufstandsversuchen Anfang der Dreißigerjahre teilgenommen, bevor er selbst mehrere gescheiterte Putschversuche in Frankreich unternahm. Über italienische Emigranten in Paris war es daher für Cavour ein Leichtes, inoffizielle Treffen in die Wege zu leiten und den Kaiser unter vier Augen dafür zu erwärmen, sich der »italienischen Frage« anzunehmen.

An der Konferenz selbst, die Anfang 1856 stattfand, war Piemont immerhin als gleichberechtigtes Mitglied beteiligt, wobei Cavour vorher hatte versprechen müssen, sich nur zu Italien direkt betreffenden Fragen zu äußern. Um die italienische Frage zur Sprache zu bringen, entwickelte er die abenteuerlichsten Kombinationen zwischen dem eigentlichen Diskussionsgegenstand der Konferenz, der Balkanfrage, und Italien. So sollte Piemont die mittelitalienischen Fürstentümer Modena und Parma erhalten, deren entthronte Fürsten auf dem Balkan entschädigt werden sollten. Mit all seinen Vorschlägen, die den Balkanländern die Rolle zugewiesen hätten, die bisher Italien spielte, fand Cavour keinerlei Gehör, und das einzig greifbare Ergebnis, das dieser erste Ausflug Piemonts in die große Politik brachte, blieb, daß in der Schlußsitzung der Konferenz die Vertreter Englands und Frankreichs im Rahmen einer europäischen Gesamtübersicht über die Mißwirtschaft im Kirchen-

Die Teilnehmer der Pariser Friedenskonferenz; ganz links: Cavour

staat und im Königreich Neapel als Bedrohung für Ruhe und Sicherheit in Europa beredte aber folgenlose Klage führten. Ein vielversprechender Anfang war allein durch das freundliche Interesse gesetzt, das Napoleon gegenüber den Problemen Italiens zeigte.

Das mühsam geknüpfte Band des Vertrauens zwischen Napoleon und Piemont schien jäh zu zerreißen, als am 14. Januar 1858 ein Bombenattentat auf den Kaiser verübt wurde. Es gab vier Tote und über hundert Verletzte; der Kaiser und die Kaiserin, die auf dem Weg in die Oper waren, blieben unverletzt. Obwohl es sich bei den Attentätern ausgerechnet um Italiener aus den Reihen der Mazzinianer handelte, sollten sich Cavours schlimme Befürchtungen als unbegründet erweisen. Der führende Kopf der Verschwörer, Felice Orsini, stammte aus einer angesehenen Familie in der Romagna im Kirchenstaat. Seit seinen Jugendjahren hatte er mit rücksichtslosem Einsatz und Mut in den Reihen der *Carbonari* und dann der Mazzinianer gekämpft. Als zum äußersten entschlossener italienischer Patriot von brillanter Intelligenz erwies er sich auch während des Prozesses, der durch ihn zu einer Sensation und zu einem Wendepunkt für die Beziehungen zwischen Frankeich und Italien wurde.

Orsini, der in kritischer Distanz zu Mazzini stand, hatte Napoleon III. treffen wollen als den Zerstörer der römischen Republik, als denjenigen, der entgegen den Idealen, die er in seinen Jugendjahren in Italien verfolgt hatte, nun die konservative Ordnung in Europa aufrechterhalten wollte. Der Attentäter stand zu seiner Tat und nutzte den Prozeß zu einem leidenschaftlichen Plädoyer für seine geplagte Heimat. Schon zum Tode verurteilt schrieb er – vielleicht auf Veranlassung des Kaisers selbst – aus dem Gefängnis einen Brief, in dem er sich von der Methode des Attentats distanzierte und noch einmal, wie schon während des Prozesses, den Kaiser aufforderte, seine schützende Hand über Italien zu halten, um die Befreiung und Einigung des Landes zu ermöglichen. Diesen Brief schickte Napoleon III. an Cavour, damit dieser ihn veröffentliche, und ließ damit indirekt seine Zustimmung erkennen.

Je nach Interessenlage wurde diese Geste in ganz Europa mit heimlicher Freude oder mit Entsetzen registriert. Was aber beabsichtigte der Franzosenkaiser wirklich? War er, dessen Grundsatz lautete: »pas des grandes nations à nos frontières«[37], plötzlich zum uneigennützigen Geburtshelfer für das geeinte Italien bekehrt oder sah er nur eine günstige Möglichkeit, die ehrgeizigen Wünsche seiner Verwandtschaft auf diesem Wege zu verwirklichen? Zielte das französische Interesse, den Einfluß Österreichs in Italien zu brechen, auf die Befreiung Italiens oder darauf, Frankreich an die Stelle Österreichs zu setzen? Und welche Rolle war dabei Piemont zugedacht?

Um diese Fragen entspann sich ein diffiziles Verhandlungsspiel zwischen Cavour und Napoleon, das über die bereits in Paris bewährten Kanäle abgewickelt wurde. Höhepunkt war ein geheimes Treffen im Thermalbad Plombières in den Vogesen am 20. Juli 1858 – Walewskis Spione erkannten Cavour erst am Bahnhof, als es schon zu spät war –, bei dem die Grundlage für ein gemeinsames Vorgehen festgelegt wurde.

Nach der Vertreibung der Österreicher wurde die Bildung eines Staatenbundes unter dem Vorsitz des Papstes geplant – eine Idee, die keineswegs neu war. Die Herrschaft im Königreich Oberitalien, das bis zum Apennin reichen sollte, war für das Haus Savoyen reserviert, für das neu zu bildende mittelitalienische und süditalienische Königreich war noch niemand vorgesehen. Über diesen Plan berichtete Cavour begeistert seinem König: »Als König des reichsten und stärksten Teils Italiens werden Sie Herrscher über die ganze Halbinsel sein.«[34] Napoleon sah das vermutlich anders, denn für das mittel- und süditalienische Königreich standen immerhin zwei französische Thronprätendenten bereit: Plon-Plon, für den die Heirat mit Vittorio Emanueles Tochter Klothilde vereinbart wurde, und Lucien Murat. Als kleine Aufmerksamkeit sollte Frankreich auch noch Nizza und Savoyen bekommen.

Ein gewisses Problem bot die Frage, wie Österreich zum Angriff zu bewegen sei, wobei man sich schließlich auf eine Reihe koordinierter plumper Provokationen einigte. Diese Vereinbarungen waren die Grundlage für den Abschluß eines französisch-piemontesischen Bündnisvertrags für den »Fall eines österreichischen Angriffs«, der anläßlich der Hochzeitsfeierlichkeiten zwischen Plon-Plon und Klothilde Ende Januar 1859 unterzeichnet wurde.

Die für alle Zwischentöne und geheimen Winke geschulten Ohren der Italiener waren schon durch die Neujahrsrede des Königs vor dem Parlament aufmerksam geworden, wo er – auf ausdrücklichen Wunsch Napoleons III. – von dem »grido di dolore«, dem Schmerzensschrei, gesprochen hatte, der ihn aus allen Teilen Italiens erreichte.

Was jetzt noch fehlte, war der »bon petit acte bien agressif« Österreichs, auf den Cavour so sehnlichst wartete[35]. Die Spannung stieg, in Piemont wurde das Heer in Kriegsbereitschaft versetzt, Freiwillige strömten aus ganz Italien herbei. Der Krieg zur Vertreibung der Österreicher war in aller Munde. In Mailand kam es bei einer Aufführung der Oper »Norma« von Bellini zu Tumulten, als die italienischen Zuschauer bei dem Chorlied »guerra, guerra« begeistert von den Sitzen sprangen und die österreichischen Offiziere dagegen schrien: »den sollt ihr haben, Hunde«.[36] Erst Ende April aber war es soweit: Mit einem Ultimatum, das die sofortige Beendigung der Mobilmachung in Piemont forderte, war der ersehnte Anlaß für den Zweiten Unabhängigkeitskrieg da.

Dieser Zweite Unabhängigkeitskrieg spielte sich fast an denselben Schauplätzen ab wie elf Jahre früher der erste, und auch sonst zeigen sich frappante Parallelen, aber auch Unterschiede; beide lassen das Stück Weges erkennen, das die italienische Nationalbewegung inzwischen bewältigt hatte, sie zeigen aber auch, wie beschwerlich dieser Weg immer noch war.

Partner des ca. 60 000 Mann starken piemontesischen Heeres (nach Vertrag 100 000) war diesmal nicht die aufständische Bevölkerung der österreichischen Territorien, sondern, mit seinem doppelt so großen Heer, der Kaiser der Franzosen, der gemäß den Vereinbarungen auch den Oberbefehl über die vereinigten Truppen führte. Die Regierung in Turin hatte also im eigenen Land von vorneherein die Rolle des Gehilfen akzeptiert. Mit seinem patriotischen Verstand erkannte Mazzini diese zentrale Schwäche der Cavour'schen Diplomatie sofort und rief dazu auf, den Krieg zu »italianisieren«.[37] Anders als im Ersten Unabhängigkeitskrieg war

Vittorio Emanuele, Cavour und Garibaldi

Vittorio Emanuele II; um 1857

auch die Stellung der Freiwilligenformationen. Ihre Existenz war plötzlich von außerordentlicher Wichtigkeit. Durch sie konnte am besten gegenüber Frankreich und den aufmerksamen Beobachtern ganz Europas unter Beweis gestellt werden, daß Piemont wirklich die Interessen des ganzen unterdrückten Italien vertrat. Wenn es aber darum ging, möglichst viele Freiwillige zu sammeln, dann gab es nur einen Namen: Diesmal war es nicht Garibaldi, der dem König seine Dienste anbot und ihn um eine Unterredung bat, sondern Cavour stellte ihn dem König vor.

Vittorio Emanuele war – anders als sein Vater – kein *re tentenna*, sondern trug den Beinamen *re galantuomo*, weil er sich angeblich bei den Friedensverhandlungen nach der Katastrophe von Novara, 1849, den Österreichern gegenüber standhaft geweigert hatte, in Piemont das *Statuto* außer Kraft zu setzen. Er war vielleicht nicht der Gescheiteste und ganz sicher ein leidenschaftlicher Intrigant, der gern auf eigene Faust Politik machen wollte, womit er seinem Ministerpräsidenten Kummer bereitete, indem er sich zum Beispiel weigerte, eine anständige langweilige Prinzessin zu heiraten, durch die man politische Allianzen aufbauen konnte, um statt dessen heimlich seine Geliebte Rosina, die Tochter eines Tambourmajors, zur Frau zu nehmen. Überhaupt war er ein lebensfroher Mensch, der den einfachen Genüssen zugetan war und ausgezeichnet mit Menschen umgehen konnte, wobei er manchmal ein erstaunliches Fingerspitzengefühl entwickelte. Als Cavour 1855 während des Krimkrieges mit ihm nach Paris und London reiste, um den Herrscher dieses Königreichs im Süden Europas überhaupt auf der internationalen Bühne bekannt zu machen, gelang Vittorio Emanuele das Kunststück, sowohl die puritanische Queen Victoria durch seinen Charme zu bezaubern als auch die Hofgesellschaft Napoleons III. mit anzüglichen Witzen und eindeutigen Avancen an die Damenwelt in Verzückung zu versetzen. Ohne Schwierigkeiten gelang es ihm, auch einem Mann wie Garibaldi gegenüber den richtigen Ton zu finden. Obwohl dieser nicht mehr ganz so vertrauensselig wie einst war und sehr wohl erkannte, daß man ihn lediglich als nützliches Aushängeschild zu benutzen dachte, war er von der Begegnung äußerst angetan und fühlte sich »mit der Herzlichkeit eines alten Waffengefährten aufgenommen«.[38]

Diesmal wurde Garibaldi auch tatsächlich zum Generalmajor der Armee des königlichen Heeres ernannt. Wie schwer man sich damit aber immer noch tat, zeigt die Kleinigkeit, daß seine Ernennung nicht wie im Normalfall vom König selbst, sondern von Cavour unterschrieben wurde. Trotz vieler bitterer Erfahrungen der kommenden Monate und Jahre hat sich Garibaldi immer an den Treueid, den er bei dieser Gelegenheit der Befreiung seines Vaterlandes zuliebe dem König geleistet hatte, gehalten.

Garibaldis Truppe erhielt den Namen »Cacciatori delle Alpi«. Der piemontesische Heeresminister – Cavour höchstpersönlich – sorgte aufmerksam dafür, daß dieser Abteilung nur die jüngsten und unerfahrensten oder die ältesten und untauglichsten Freiwilligen, die Deserteure und wer sonst nicht ins reguläre Heere paßte, zugeteilt wurden. Mehr als 3000 Mann durfte Garibaldi nicht befehligen.

Und doch wurde gerade Garibaldis Truppe eine der ersten schwierigen Aufgaben übertragen. Der Krieg kam trotz der langen Vorbereitungszeit nur langsam in Gang, und gerade die erste Zeit war für Piemont äußerst riskant, denn das französische Heer brauchte geraume Zeit, um nach Oberitalien zu gelangen. Wäre die österreichische Seite mit ihrem überlegenen, in Oberitalien stationierten Heer schnell und konsequent vorgegangen, dann wäre Piemont in Bedrängnis geraten. Garibaldis Aufgabe war es nun, den Anmarsch der österreichischen Vorhut im Grenzgebiet zwischen Piemont und der Lombardei zu begegnen. Das Operationsgebiet befand sich exakt dort, wo er vor elf Jahren dem Verrat Piemonts seinen Guerillakrieg entgegengesetzt hatte, nämlich zwischen Lago Maggiore und Comer See. Von Castelletto am Ticino aus hatte er als »duce« seinen berühmten Aufruf zum Bandenkrieg veröffentlicht. Dort erließ er jetzt als königlicher General einen neuen Aufruf zum Kampf in den Reihen Piemonts.

Bei Varese gelang den Cacciatori einer jener unerwarteten Siege – über ein mit 5000 Mann hoch überlegenes Heer –, die für Garibaldis Ruhm sorgten. Hartnäckige Gerüchte behaupteten immer wieder, Cavour habe Garibaldi bewußt in diese riskante Unternehmung geschickt, um ihn loszuwerden.

Von da an konnte Garibaldi, fast ohne auf Widerstand zu stoßen, vorrücken. Bis nach Bergamo und Brescia hatten sich die Städte am Alpenrand selbst befreit und so konnte er von einem Jubelfest mit anschließendem Bankett zum nächsten ziehen. Vom eigentlichen Kriegsgeschehen in der nördlichen Poebene jedoch wurde er sorgfältig ferngehalten.

Ähnlich wie seinerzeit der *re tentenna* ging Napoleon III. nur zögernd vor. Nachdem er erst fast einen Monat nach Kriegsausbruch den italienischen Verbündeten die versprochenen Truppen

Der Friedhof von Solferino nach der Schlacht am 25. Juni 1859

zugeführt und das Kommando übernommen hatte, nützte er die Stärke dieses Heeres keineswegs und ließ den Österreichern nach der ersten gewonnenen Schlacht bei Magenta am 4. Juni 1859 Zeit, sich auf den Quadrilatero zurückzuziehen. Dennoch nahm der Krieg jetzt einen anderen Verlauf als im Frühjahr 1849: Nach den italienisch-französischen Siegen von Solferino und San Martino am Quadrilatero war die Lombardei praktisch befreit. Es kam nur noch darauf an, die demoralisierten Österreicher aus Venetien zu vertreiben und ganz Oberitalien war frei.

Nun aber geschah etwas, das in fast lächerlicher Weise an den unglücklichen Ausgang des Ersten Unabhängigkeitskrieges erinnerte. Hinter dem Rücken seiner Verbündeten schloß Napoleon III. am 11. Juli mit den Österreichern kurzerhand den Präliminarfrieden von Villafranca, in dem er Frankreich zunächst die Lombardei sicherte und im übrigen der Aufrechterhaltung des status quo zustimmte. Cavour trat zurück und vergrub sich verbittert auf seinem Landgut Leri.

Was hatte den Kaiser zu diesem unfreundlichen Schritt veranlaßt? Ihm war klargeworden, daß es mit diesem Krieg niemals gelinge würde, in Italien den französischen Einfluß an die Stelle des österreichischen zu setzen, sondern daß im Gegenteil gerade das im Begriff zu entstehen war, was er am meisten fürchtete, »une grande nation à nos frontières«.

Es zeichnete sich jetzt nämlich ab, daß eine Bewegung in Gang gekommen war, die eine kaum noch zu bremsende Eigendynamik besaß. Diese Bewegung war keine Guerilla wie nach dem Ersten Unabhängigkeitskrieg, sondern das Zusammenströmen von Initiativen aus verschiedenen Richtungen.

Während des Krieges in der Lombardei waren unter maßgeblicher Beteiligung der *Società Nazionale* in den mittelitalienischen Herzogtümern und in den sogenannten Legationen, den Provinzen des Kirchenstaats, die Regierungen in unblutigen Revolten gestürzt worden, und überall wurde immer lautstärker der Anschluß an Piemont gefordert. Selbst Plon-Plon, der in Livorno in der Toskana gelandet war, um sein, wie er meinte, künftiges Königreich zu besichtigen, ließ sich verwirren und sprach sich für die Union mit Piemont aus. Wütend dementierte Napoleon, aber er selbst hatte sich inzwischen in eine nahezu ausweglose Lage manövriert, in der er alle zu verprellen drohte, ohne selbst etwas gewonnen zu haben.

Mit Geld und guten Worten waren die Italiener nicht mehr zur Raison zu bringen, und der Weg der Waffen war für Napoleon, der sich zum Fürsprecher Italiens auf der politischen Bühne Europas gemacht hatte, versperrt. Österreich war über den Verlust der Lombardei unzufrieden, selbst aber zu schwach, um mit Gewalt den status quo wiederherzustellen. In Frankreich selbst fragte man nach den Früchten dieses kostspieligen Unternehmens. Es konnte also nur noch darum gehen, den Schaden so gering wie möglich zu halten, bevor die Dinge in Italien gänzlich außer Kontrolle gerieten.

Als Cavour im Januar 1860 auch offiziell wieder die Regierungsgeschäfte in Turin übernahm, wurde schnell eine Einigung gefunden, die den Stand der Dinge zugunsten Piemonts festschrieb: Frankreich erhielt Nizza und Savoyen, Piemont dagegen die Toskana und die Emilia, d. h. die mittelitalienischen Herzogtümer Parma, Modena und die Romagna im nördlichen Teil des Kirchenstaates um die Hauptstadt Bologna. Beide Erwerbungen sollten in der typischen Form der napoleonischen Demokratie auf dem Wege der Plebiszite erfolgen, und beide Plebiszite, die im April 1860 auf der Basis des allgemeinen Wahlrechts aber mit offenen Wahllisten stattfanden, brachten erdrückende Mehrheiten für den Anschluß. Savoyen, die Wiege der Dynastie des Königreichs Piemont-Sardinien, hatte schon immer mehr nach Frankreich tendiert. In Garibaldis Heimatstadt dagegen war es wohl die massive Präsenz französischer Truppen, die den Wahlausgang entschied. Garibaldi verzieh Cavour und später dem Parlament, das dieses Abkommen ratifizierte, diesen Kuhhandel nie. Im Verhältnis beider Männer war auch der letzte Schein von Freundschaft verflogen, und jeder versuchte dem anderen auf jede nur erdenkliche Weise zu schaden. Dennoch blieben sie ständig aufeinander angewiesen.

Das Ergebnis der Plebiszite war zunächst eigentlich nur ein um das Doppelte seiner ursprünglichen Größe erweitertes Piemont. Napoleon hatte wohl gehofft, mit diesem Zugeständnis zugleich eine Bremse einzubauen, in der Erwartung, daß Piemont – vor allem sein Ministerpräsident Cavour – aus Eigeninteresse von nun an zum Verteidiger des status quo würde. Diesmal freilich überschätzte er die Kräfte Cavours.

Das Duell Garibaldi – Cavour

Der Aufstieg der »galantuomini«

Noch während Cavours Abwesenheit von den Regierungsgeschäften in Turin hatten die Mazzinianer einen Plan gefaßt, dem Garibaldi sofort zustimmte und dem auch Vittorio Emanuele nicht abgeneigt war: Man wollte mit dem piemontesischen Heer in den Kirchenstaat einmarschieren und von dort aus mit einer Art Entsatztruppe Aufständischen im Königreich Neapel zu Hilfe kommen. Cavour war entsetzt, denn er fürchtete zu Recht ein Eingreifen der Franzosen. Der Plan wurde schließlich fallengelassen – Garibaldi zog sich wieder einmal grollend nach Caprera zurück. Aus der Luft gegriffen aber war die Idee keineswegs.

Vor allem in Sizilien machte sich die wiederhergestellte bourbonische Macht zwar überall ostentativ bemerkbar, innerlich aber war sie brüchiger denn je und beschränkte sich auf Besetzung der Festungen und die Aufrechterhaltung einer massiven Polizeimacht. Auf der anderen Seite aber gab es nach wie vor die *squadre*, bewaffnete Gruppen, die sich in den Aufständen von 1820 und 1848 auf dem Land unter den Bauern gebildet und die umstandslose Beseitigung der bourbonischen Machtstrukturen ermöglicht hatten. Sie hatten sich nicht nur gehalten, sondern waren in dem von den Bourbonen hinterlassenen Vakuum innerhalb der lokalen Ordnungsstrukturen sogar zum bestimmenden Machtfaktor geworden. Durch die politischen Ereignisse der folgenden Zeit sollten sie eine ganz neue Bedeutung gewinnen. Die *squadre* waren häufig Banden von Bauern und Banditen, die – oft gegen die lokalen Grundbesitzer – familiäre oder soziale Konflikte ausfochten, und Banden, die unter Führung der Grundbesitzer selbst standen. Es waren dies vereinzelt Adelige, vor allem aber Angehörige einer neuen Schicht von Grundbesitzern, die aus dem Bürgertum aufgestiegen waren, die *galantuomini*, denen – gesellschaftlich und politisch – auf Sizilien eine besonders gewichtige Rolle zugefallen war.

Seit dem Ende des 18. Jahrhunderts war auf Sizilien ein für den Außenstehenden kaum durchschaubarer sozialer und politischer Dschungel entstanden – der englische Sozialhistoriker Eric Hobsbawm spricht von einer »parallelen Gesellschaft«[39], die durch den gemeinsamen Haß gegen die Bourbonen zusammengehalten wurde und ihre Kraft aus dem allen Sizilianern gemeinsamen archaisch bäuerlichen Rechtskodex zog. Mochte einer dieser Führer auch Verwalter und Grundbesitzer sein, er war doch Sizilianer und half im Notfall gegen die bourbonische Polizei und Justiz. Wer mit dem ehrfurchtsvollen »don« vor dem Namen – ein aus der Zeit der spanischen Herrschaft überkommenes Wort – angesprochen wurde (und wird), verdiente dieselbe Achtung, ja Gehorsam, wie ein wagemutiger Brigant oder ein Familienoberhaupt. Er galt als Ehrenmann, der sich unter allen Umständen Respekt zu verschaffen weiß, der aber auch unter allen Umständen das einmal gegebene Wort hält.[40] Das Urteil eines solchen Mannes wog mehr als jedes noch so gerecht ausgedachte geschriebene Gesetz. So brutal die lokalen *capi* mitunter auch gegen die Bauern vorgingen, sie folgten doch immer einer überschaubaren, verständlichen Logik, und ihnen konnte mit der gleichen Logik und der gleichen Brutalität begegnet werden, wenn die Umstände günstig waren. Anders war es mit einer Justiz und Verwaltung, die sich weitab, in der Stadt, in einer verwirrenden Umgebung und unter unverständlichen Ritualen abspielte. All dies Fremde war gleichbedeutend mit dem Namen der verhaßten Bourbonendynastie, später mit dem der fernen Hauptstadt Rom. Wurde der Kontakt mit dieser fremden Welt unumgänglich, wurden Vermittlung und geheimnisvoller Einfluß eines »don« lebenswichtig.

Bereits 1834 beschrieb der Generalstaatsanwalt in Sizilien in einem Bericht nach Neapel diese geheimen und geheimnisvollen Machtstrukturen: »In vielen Orten gibt es Bruderschaften, eine Art Sekten, die sich Parteien nennen, ohne Versammlungen, ohne eine andere Verbindung als die Abhängigkeit vom *capo*, der einmal ein Besitzender sein kann, aber auch ein Dorfgeistlicher. Für Ausgaben gibt es eine gemeinsame Kasse: sei es, um einen Beamten seines Amtes zu entheben oder ihn zu gewinnen, oder um einen Unschuldigen zu beschuldigen. Das Volk steckt mit den Missetätern unter einer Decke. Wenn etwas gestohlen wird, treten Vermittler auf, um die Rückgabe des Diebesgutes unter bestimmten Bedingungen anzubieten. Viele Richter decken diese Bruderschaften mit dem schützenden Mantel ihres Amtes ... Die Stadtwachen sind nicht bereit, die Straßen zu durchsuchen oder Zeugen für Verbrechen zu finden, die am hellichten Tag geschehen. Im Zentrum dieses gesellschaftlichen Zerfalls steht die Hauptstadt mit ihrem Luxus und ihrem feudalen Pomp mitten im 19. Jahrhundert; eine Stadt, in der 40 000 Proletarier leben, deren Existenz nur vom Luxus und den

Allüren der Großen abhängt. In diesem Nabel Siziliens werden öffentliche Ämter verkauft, die Justiz bestochen, die Ignoranz genährt.«[41] Unschwer läßt sich aus dieser Bescheibung das Grundmuster jener gesellschaftlichen Zustände ablesen, die schon wenig später mit dem Begriff *Mafia* umschrieben wurden. Für ihre Entstehung waren die politischen Ereignisse nach 1848 von entscheidender Bedeutung.

Nach 1848 betrieben alle patriotischen Gruppierungen gerade in Kreisen der *galantuomini* auf dem Lande intensiv Propaganda. Die Mazzinianer gründeten geheime Komitees, die mehrere erfolglose Aufstände anzettelten. Zentrum war unter anderem Corleone im Hinterland von Palermo – sicher nicht zufällig später eines der Zentren der Mafia. Daß diese Propaganda bei den *galantuomini* auf fruchtbaren Boden fiel, lag nicht etwa am Verschwinden des traditionellen sizilianischen Separatismus oder einer plötzlichen Begeisterung für Piemont – von dem man sich voller Schaudern erzählte, daß Maccheroni dort unbekannt seien. Vielmehr eröffnete sich hier die Möglichkeit einer handfesten politischen Machterweiterung auf Sizilien selbst.

Die *galantuomini* waren – wie schon erwähnt – die Hauptnutznießer der sogenannten Agrarreform von 1812, die freilich auf Sizilien in höchst unvollkommener Weise verwirklicht worden war. Viele von ihnen waren durch den Kauf der *terre demaniali* – Grund und Boden, der gemäß dem Buchstaben der Agrarreform eigentlich unter die Bauern aufgeteilt werden sollte[42] – und der Güter des bis über den Kopf verschuldeten sizilianischen Adels zu reichen Grundbesitzern geworden. Aber im bourbonischen Königreich gab es keine politisch-gesellschaftliche Stellung, die diesem neuen Reichtum angemessen gewesen wäre. Die Träger der tatsächlich vorhandenen, untergründigen Machtstrukturen aber drängten unaufhaltsam nach offizieller Bestätigung.

In den Jahren der »Autonomie« unter englischer Protektion (1799-1815), als der kontinentale Teil des Königsreichs Neapel unter französischer Herrschaft stand, verschwanden zwar, ähnlich wie auf dem Festland, im Rahmen der Agrarreform auch die feudalen Privilegien aus dem öffentlichen Leben, eine Gesetzgebung, die 1838 noch einmal bestätigt wurde. Die Gesetze trugen aber lediglich zur weiteren Verworrenheit und dem inneren Zerfall von Verwaltung und Justiz bei, statt zum Aufbau modernerer Strukturen ohne Privilegien und Standesschranken. Das einzige, was tatsächlich wirksam wurde, war der rigide Zentralismus der vom französischen Vorbild inspirierten Gesetzgebung; so erfolgte die Ernennung von Gemeindeoberhäuptern und Richtern ausschließlich von oben und unter Ausschluß jeglicher lokalen Autonomie. Jede politische Neuordnung des Staates ohne die Bourbonen, wie immer sie ausfallen mochte – ob als Anschluß an das ferne Piemont oder als ganz neuer italienischer Staat – mußte bei der Neuordnung von Justiz und Verwaltung auf die *galantuomini* zurückgreifen und ihnen die politisch-gesellschaftliche Stellung einräumen, die sie schon lange verdienten. Daß dazu Hilfe von außen nötig war, daß der sizilianische Separatismus allein nicht mehr ausreichte, hatten nicht nur die Ereignisse von 1848-49 gezeigt. Deutlicher noch war in den Jahren danach zutage getreten, daß sich der grollende Haß der Bauern und ihr Hunger nach Land nicht mehr lange aus eigener Kraft unter Kontrolle halten ließen.

Nach 1848 war vom Königreich Neapel im Grunde wenig mehr übriggeblieben als eine leere Hülse, eine Hülse aus Polizeispitzeln und Soldaten, die ihre Waffen vornehmlich gegen die eigenen Untertanen richteten. Ferdinand II. versuchte, das morsche Gebilde seines Königreiches durch völlige Bewegungslosigkeit nach innen und außen aufrechtzuerhalten, eingeschlossen – in des Königs eigenen Worten und unter Anspielung auf den Kirchenstaat – »zwischen Salz- und Weihwasser«.[43] Bis zu seinem Tode am 22. Mai 1859 versuchte *re bomba* in dem Konflikt zwischen Piemont und Österreich strikte Neutralität zu wahren, so als befände sich sein Königreich überhaupt nicht in Italien, um das der Krieg geführt wurde. Um so begieriger nahmen die politischen Zirkel, Grüppchen und Komitees alle Nachrichten auf, die von den fernen Kriegsschauplätzen im Norden bis nach Sizilien gelangten.

Die Tatsache, daß das Zentrum des italienischen Exils nun in Piemont lag und nicht länger im noch ferneren Nordeuropa, hatte intensivere Kontakte zwischen den sizilianischen Emigranten und der Insel ermöglicht und bewirkt, daß nahezu alle Gruppen – obwohl immer noch überwiegend separatistisch orientiert – vorläufig die Notwendigkeit der piemontesischen Führungsrolle anerkannten. In diese Richtung wirkten sogar die Mazzinianer, die freilich mit Volksaufständen das Terrain bereiten und Piemont dadurch zwingen wollten, auf dem Weg der italienischen Einigung weiter voran zu schreiten als es dem Hause Savoyen und seinem verhaßten Ministerpräsidenten eigentlich recht war.

Die Entwicklung vor Augen, die sich nun allmählich auf Sizilien und in ganz Italien anbahnte, war sogar der erzkonservative Bevollmächtigte der Insel, der Herzog von Castelcicala, zu der Überzeugung gelangt, daß »... die allgemeine Wahl in den Gemeinden der Toskana zugunsten des Anschlusses ausfallen (wird), und dieses Votum wird sich als der Funke erweisen, der ganz Italien in Brand setzt«.[44] Dies waren fast buchstabengetreu die Worte Mazzinis. Tatsächlich geschah genau das, was dieser immer erhofft hatte, wofür er auch jetzt alle Hebel in Bewegung setzte.

Während der ersten Monate des Jahres 1860 flammten kurz hintereinander in den großen Städten der Insel, in Palermo, Catania und Messina, Aufstände auf. Die bourbonische Polizei war zwar wie immer rechtzeitig im Bilde und konnte sie schnell im Keim ersticken. Jetzt aber griff der Aufstand auch auf die kleineren Städte und auf die ländlichen Regionen über. Unzählige Unruheherde brachen auf, deren weder Polizei noch Militär gleichzeitig Herr werden konnten. Von den Bergen um die Conca d'oro drängten die bewaffneten *squadre* in die Hauptstadt Palermo herab und bedrohten die 20 000 Mann starke Besatzung. Sizilien brannte jetzt wirklich lichterloh, und der westliche Teil der Insel befand sich bald weitgehend in der Hand der Aufständischen. Anders als 1848 aber griff die Welle der Aufstände nicht auf das Festland über. Aus bitterer Erfahrung mit dem sizilianischen Separatismus zeigte der Kontinent den Aufständischen die kalte Schulter. Es war deshalb absehbar, daß der Aufstand in Sizilien ohne Hilfe von außen bald zerbröckeln und einem massiven Schlag des bourbonischen Heeres erliegen würde. Schon bald zeigte sich, daß die *squadre* der Bauern, wenn sie ihren Rachedurst an ihren unmittelbaren Peinigern gestillt hatten, keineswegs mehr bereit waren, benachbarten oder gar weit entfernt liegenden Orten zu Hilfe zu kommen und sich den politischen Führern unterzuordnen. Wie schon so oft, so schien auch dieses Mal der Aufstand in Sizilien innerhalb kurzer Zeit an der inneren Zerrissenheit der aufständischen Gruppen selbst zu zerbrechen.

In diesen kritischen Tagen griffen zwei der führenden sizilianischen Demokraten, Rosolino Pio und Giovanni Corrao, zu einem verzweifelten, aber um so wirksameren Mittel. Sie setzten das Gerücht in Umlauf, die Landung Garibaldis auf Sizilien stehe unmittelbar bevor. Dies war freilich vorerst ein Wunschtraum.

Der Zug der Tausend: Garibaldi »stupor mundi«

Vor allem nach dem Schock des Waffenstillstands von Villafranca hatte zwischen den Vertrauensleuten Mazzinis, Cavours und Vittorio Emanueles ein Wettlauf begonnen, um die Situation in Sizilien zu meistern. Die Mazzinianer wollten den Aufstand und bewaffnete Hilfe von außen, Cavour und mit ihm, nolens volens, der König wollten dies verhindern oder doch wenigstens so lang als möglich hinauszögern.

Immer, wenn dabei konkrete Aktionen zur Sprache kamen, fiel wie von selbst der Name Garibaldi. Er war der einzige, der eine bewaffnete Expedition mit Aussicht auf Erfolg leiten konnte. Er war deshalb auch derjenige, dessen Ablehnung ein Projekt von vornherein zu Fall bringen konnte. Wem außer ihm würden die Freiwilligen zuströmen und bedingungslos in die gefährlichsten Situationen folgen; wer außer ihm wäre in der Lage, die Führung zu Wasser *und* zu Land, weitab von jeglicher logistischen Unterstützung zu übernehmen? Garibaldi selbst aber, der verbittert auf Caprera saß und erst im April 1860 nach Turin und Genua kam, konnte sich nicht entschließen.

Er wollte nichts mehr mit der *Società Nazionale* und mit La Farina zu tun haben. Garibaldi hatte gehofft, aus der Bewegung in Mittelitalien ein Unternehmen zur Befreiung des ganzen Landes formen zu können, und betrachtete die bloße Propagierung des Anschlusses, die von der *Società Nazionale* betrieben wurde, als Verrat an den wahren Interessen der Nation. Ebensowenig aber war er bereit, sich wieder ganz auf die Seite Mazzinis zu schlagen und das mühsam geknüpfte Bündnis zwischen den »realistischen« Patrioten und Piemont aufzukündigen, das er nach wie vor allein für fähig hielt, ein einiges Italien zu schaffen. Für ihn war und blieb die Losung »Italia e Vittorio Emanuele« und nicht, wie die Mazzinianer wünschten, »unità e libertà!«

Als auf Sizilien die Aufstände ausgebrochen waren, hatte er zwar Anfang April dem Drängen der sizilianischen Emigranten grundsätzlich nachgegeben und sich zur Führung einer bewaffneten Hilfsexpedition für die Aufständischen bereit erklärt – und damit auf seinen ursprünglichen Plan, Nizza zu befreien, verzichtet. Die Nachrichten aus Sizilien aber blieben zunächst bruchstückhaft und widersprüchlich. Garibaldi versuchte, die Zustimmung des Königs und damit Geld und Waffen zu bekommen. Aber dieser mußte auf Drängen Cavours strikt ablehnen. Es wurde sogar die Herausgabe der Gewehre verweigert, die aufgrund einer von Garibaldi selbst organisierten Spendensammlung in Mailand lagerten. Als einziges konnte er tausend völlig veraltete, mit Feuerstein funktionierende Gewehre als Geschenk von La Farina bekommen, mit dem er sich inzwischen wieder versöhnt hatte. Trotzdem strömten unbekümmert Freiwillige in Genua zusammen und verlangten immer ungeduldiger nach Taten. Die sizilianischen Emigranten bestürmten Garibaldi solange, bis er schließlich am 30. April die Entscheidung traf und die Abfahrt für die Nacht vom 5. auf den 6. Mai festsetzte.

Garibaldis Zug nach Sizilien war sein größtes Abenteuer, ein aberwitziges Unterfangen, das die politische Landkarte Italiens im Laufe weniger Monate völlig umgestalten sollte.

Der Aufbruch erfolgte unter so ungünstigen Bedingungen, daß Cavour, der bis zur letzten Minute alles zu vereiteln versucht hatte, von einem »Wahnsinnsunternehmen« sprach.[45] Garibaldi kam auf seinem Wege so häufig der schiere Zufall zu Hilfe und seine Feinde machten so banale Fehler, daß es schwerfällt, nicht die »unsichtbare Hand des Weltgeistes« als Erklärung zu bemühen. Die Zeitgenossen vermuteten Cavour dahinter, was aber nachgewiesenermaßen nicht der Fall ist. Aber Garibaldi wurde auch begleitet von der Zustimmung und Hilfe nahezu aller Patrioten Italiens. Wenigstens am Anfang standen in seltener Einmütigkeit alle Italiener, die auch nur einigermaßen an einer Änderung der politischen Verhältnisse in Italien interessiert waren, auf seiner Seite.

Selbst Cavour mußte sich, sobald Garibaldi aufgebrochen war, hinter ihn stellen und ihm Hilfe zukommen lassen, wenn nicht aus einem anderen Grund, so doch wenigstens, um nicht gänzlich ins politische Abseits zu geraten. Er konnte dies um so leichter tun, als die befürchtete Reaktion der europäischen Großmächte ausblieb. Ganz Europa verfolgte mit fassungslosem Staunen Garibaldis Unternehmen. Für die Unterrichtung der Weltpresse sorgte eine Reihe von Journalisten und bekannten Schriftstellern in Garibaldis Umgebung, zu denen er immer ein gutes Verhältnis pflegte. Vor allem die englischsprachige Presse war voll von romantischen Berichten über den sympathischen Haudegen. Gegen einen solchen Volkshelden getraute sich selbst Napoleon III. nichts zu unternehmen, und die Engländer, in ihrem Sportsgeist berührt, brachten ihre Sympathie ganz unverblümt zum Ausdruck. Vor allem aber wurden in den Taten Garibaldis und seiner Freiwilligen all die Erfahrungen der italienischen Patrioten aus den langen Jahrzehnten erfolgloser Aufstände, Verschwörungen und blutiger Kämpfe in Italien und der ganzen Welt wieder lebendig und trugen nun endlich Früchte.

Der Gegner, den Garibaldi vor sich hatte, war schon vor seiner Ankunft moralisch geschlagen. Der neue Bourbonenkönig, Francesco II., war nicht weniger konservativ als sein Vater und noch dazu von einem Kreis uralter, phantasieloser und geistig völlig unbeweglicher Ratgeber abhängig. Franceschiello, wie er genannt wurde, fand weder bei sich selbst noch in seiner Umgebung die notwendigen Energien, um der Krise seines Königreichs, die nicht seine Schuld war, in irgendeiner Weise durch positive Impulse zu begegnen. So wandte sich selbst der nur um Nuancen fortschrittlichere Teil des einheimischen Adels von ihm ab.

Alles, was dem König schließlich einfiel, war die Mobilisierung der ungeheuren Polizei- und Militärmaschine. Aber auch die funktionierte nur noch ächzend. Neapolitanischer Kriegsminister war der neunzigjährige General Winspeare, und auch seine kommandierenden Generäle waren nicht viel jünger. Sie verspürten wenig Neigung, den Komfort üppiger Paläste mit den Unbequemlichkeiten eilig auf dem Marsch hergerichteter Hauptquartiere zu vertauschen und versuchten deshalb, allzu große Truppenbewegungen zu vermeiden. Der Phantasie der Garibaldiner waren sie absolut nicht gewachsen.

In Genua wurden in der Nacht des 5. Mai 1860 zwei Dampfschiffe der Reederei Rubattino entführt. Die Täter waren etwa vierzig Freiwillige unter der Führung von Nino Bixio und Benedetto Castiglia, der sich mit dem Geschäftsführer der Firma abgesprochen hatte. Die beiden Schiffe, die »Piemonte« und die »Lombardo«, nahmen Kurs auf Quarto, einen kleinen Hafenort östlich von Genua, wo Garibaldi und das Gros der Freiwilligen auf die Einschiffung warteten. Die Erfahrung hatte Garibaldi vorsichtig gemacht, und er rechnete mit ungefähr zweihundert Mann. Als dann aber auf den Schiffen die Mannschaft gezählt wurde, waren es über tausend. Vor zwölf Jahren waren es statt der erhofften tausend lediglich dreiundsechzig gewesen, mit denen er in den langen Kampf um die italienische Einigung aufgebrochen war. Von den »Tausend«, wie sie später nur noch hießen, war die Mehrzahl jünger als zwanzig Jahre; der jüngste zählte ganze elf. Zum großen Teil waren es Studenten, aber auch Handwerker und Arbeiter aus den Städten fuhren mit. Überwiegend kamen sie aus der Lombardei, aus Venetien und dem ligurischen Piemont; fünfundvierzig Freiwillige stammten aus Sizilien.

Die Einschiffung der »Tausend« in Quarto bei Genua

Viele erfahrene Kämpfer aus den Tagen der 48er-Revolution in Mailand, Rom und Venedig waren dabei, der älteste hatte sogar noch unter Napoleon gekämpft; aber auch die zweite Generation von Patrioten ging in die Feuertaufe: Menotti, Garibaldis eigener Sohn, und Giorgio Manin, Sohn des revolutionären »Dogen« der wiedererstandenen Republik Venedig im Jahre 1848. Und wieder war eine Frau dabei: Rosalia Montmasson, die Geliebte eines der führenden Demokraten Siziliens, Francesco Crispi, der später italienischer Ministerpräsident werden sollte. Was fehlte, waren Geld, Waffen und vor allem Munition. In der Kasse befanden sich lediglich 94 000 Lire, also ca. 90 Lire pro Mann, was nicht einmal für die Verpflegung reichen würde. Bis Ende Oktober beliefen sich die Kosten des Unternehmens auf etwa 6 Millionen. Die 200 modernen Gewehre, die bei einem Waffenhändler in Mailand gekauft worden waren, wurden von einem Schmuggler, der den Weg zeigen sollte, in die Irre geleitet und erreichten die Schiffe nie. Das ganze Unternehmen schien auf das kläglichste und lächerlichste zu scheitern, kaum daß es begonnen hatte.

In dieser Situation entfaltete Garibaldi seine überragenden Fähigkeiten als Korsar und Guerillaführer. Lange hatte er gezögert, war sogar seinen engsten Vertrauten entschlußlos, mißtrauisch und pessimistisch erschienen. Aber nachdem der Entschluß gefaßt war, zögerte er keinen Moment. Er dirigierte die Schiffe an die Südspitze der Toskana, wo durch die Landzunge des Monte Argentario und einige vorgelagerte Inseln eine natürliche Verteidigungsbarriere besteht, die durch stark besetzte Festungsanlagen ausgebaut war. Garibaldi zog sich seine Uniform als General des piemontesischen Heeres an, ging in Talamone an Land und verlangte die Herausgabe von Waffen und Munition.

Die Toskana war erst im April durch Plebiszit an Piemont »angeschlossen« worden. Bis vor kurzem war Garibaldi stellvertretender Oberkommandierender der toskanischen Truppen gewesen, die jetzt Piemont dienten. Ein unfreundlicher Akt gegen einen Garibaldi wäre bei der Bevölkerung auf Unverständnis, wenn nicht Schlimmeres gestoßen. All diese Unwägbarkeiten, die den Komandanten der Festung in die peinlichste Lage brachten, nutzte Garibaldi kaltblütig aus und erreichte tatsächlich die Übergabe von ca. 100 000 Schuß Munition, einigen, wenn auch alten Kanonen und Gewehren, und die Versorgung mit Lebensmitteln und Kohle.

Mit diesem Handstreich, der ihn weit von der kürzesten Route Genua-Sizilien entlang der korsisch-sardischen Küste weggeführt hatte, war Garibaldi ohne sein Wissen auch den Fängen Cavours entgangen, der als allerletztes Mittel, um den Wahnsinnigen aufzuhalten, den Gouverneur von Cagliari und den Kommandanten der vor Sardinien kreuzenden piemontesischen Kriegsschiffe angewiesen hatte, Garibaldi mit seiner ganzen Bande gefangenzunehmen.

Nach einer ansonsten problemlosen Fahrt stand als erstes großes Risiko die Landung in Sizilien bevor. Garibaldis Plan war es von Anfang an gewesen, im Westen der Insel zu landen, weil dort, wie er wußte, die Aufständischen in der Oberhand waren. Die Wahl fiel schließlich auf Marsala, weil Garibaldi von Fischern, denen er auf dem offenen Meer begegnet war, erfahren hatte, daß zwei dort ankernde bourbonische Schiffe den Hafen in Richtung Süden verlassen hätten. Marsala war auch ansonsten schlau gewählt, denn es war praktisch eine englische Kolonie. Die englische Familie Woodhouse hatte dort seit Beginn des Jahrhunderts den schweren, kaum genießbaren Wein der Gegend in einem Spezialverfahren zum *Marsala* gemacht, der heute noch zu den wichtigsten Exportartikeln der Insel zählt. Angesichts der explosiven Situation auf Sizilien entsprach es selbstverständlich internationalen Gewohnheiten, daß englische Schiffe in der Nähe waren, um die Untertanen ihrer Majestät zu schützen. Wenn auch nicht gerade direkte Hilfe von den Engländern zu erwarten war, so würden sie doch zumindest den bourbonischen Schiffen Respekt einflößen.

Diese Rechnung mit einigen Unbekannten ging voll auf. Der Besatzung der beiden Schiffe Garibaldis gelang es, am Morgen des

11. Mai 1860 im Hafen von Marsala an Land zu gehen, ohne daß die bourbonischen Kriegsschiffe, die zurückgekehrt waren, rechtzeitig eingreifen konnten, denn sie mußten sich zuerst mit den beiden anwesenden englischen Schiffen über deren Neutralität verständigen.

Eigenhändig schlug Garibaldi die »Lombardo« und die »Piemonte« leck, um sie zu versenken. Die Tausend standen an der Mole der kleinen Hafenstadt im Westen Siziliens und konnten nicht mehr zurück.

Der eigentliche Feind saß in Palermo verschanzt. Dazwischen lagen ca. 100 km bergiges und unwegsames Gelände. Würden die Bewohner auf diesem Weg sich ebenfalls als Feinde erweisen; würde die Garibaldiner das gleiche Schicksal ereilen, wie vor ihnen die Brüder Bandiera und Carlo Pisacane? Oder würden, wie Garibaldi seinen Männern versprach, in Kürze die Freiwilligen von allen Seiten zusammenströmen und jede Kompanie zu einem Bataillon und dann zu einem Regiment vergrößern?

Auf dem Marsch in Richtung Palermo war zunächst weder das eine noch das andere zu spüren. Lediglich ein Baron aus der Gegend schloß sich mit einer kleinen *squadra* dem merkwürdigen Zug an, dann ein reicher *galantuomo*, don Coppola, mit 200 Bauern. Im übrigen hielt die Bevölkerung vorsichtigen Abstand. Das bourbonische Heer ließ sich überhaupt nicht blicken. Der Gouverneur von Sizilien hatte während des ganzen Aufstandes das Gros der Truppen in Palermo konzentriert gehalten und nur bewegliche Kommandos gegen die Unruheherde eingesetzt. In dem schwach besiedelten Westen der Insel lagen ohnehin keine größeren Festungen, so daß die Gefahr eines Angriffs von verschiedenen Seiten zunächst gering war. Erst nach etwa der Hälfte des Weges bis Palermo, bei Calatafimi, südlich der Tempelruinen von Segesta, traf die Kolonne der inzwischen etwa 1400 Garibaldiner auf eine bourbonische Vorausabteilung von ca. 1800 Mann, die das Häuflein der frechen Eindringlinge beobachten sollte. Zwischen den disziplinierten, wohlbewaffneten bourbonischen Truppen und dem bunten Haufen der Garibaldiner entspann sich eine Schlacht, über deren Verlauf kaum verläßliche Nachrichten vorliegen, denn sie spielte sich im Chaos des Kampfes Mann gegen Mann ab. Die Schwäche der Garibaldiner erwies sich dabei als ihre Rettung. Wegen des Mangels an funktionstüchtigen Gewehren hielt Garibaldi seine Männer so lange zurück bis ein Sturmangriff mit dem Bajonett möglich war. In diesem Kampf verlor die Disziplin und bessere Bewaffnung der bourbonischen Soldaten ihr Gewicht, und der Mut der Verzweiflung der Garibaldiner vervielfältigte ihre Kraft. Als die Übermacht der Feinde dennoch den Ausgang des Kampfes bereits entschieden zu haben schien, soll Garibaldi ausgerufen haben: »Qui si fa l'Italia o si muore« (Hier schaffen wir Italien oder wir sterben). Nach drei bis vier Stunden bliesen die Bourbonen zum Rückzug.

Dieser vom militärischen Standpunkt aus bedeutungslose Sieg über eine kleine Vorausabteilung hatte eine überwältigende psychologische Wirkung. Am Abend der Schlacht wurden auf den umliegenden Hügeln Freudenfeuer entzündet, die die Nachricht weithin verbreiteten. Banden von Aufständischen zerstörten die Telegraphenleitungen und die Signalfeuertürme der Bourbonen. Keiner ihrer Boten war mehr seines Lebens sicher.

Jetzt endlich strömten die *squadre* oder *picciotti* – die »Kurzen«, heute eine Bezeichnung für die Handlanger der Mafia – herbei. Der General der geschlagenen Heeresabteilung forderte dringend Verstärkung mit den Worten: »Ungeheure Massen von Sizilianern haben sich dem italienischen Heer angeschlossen.«[46] In Wirklichkeit war die Zahl der Garibaldiner lediglich auf ca. 3000 Mann angewachsen. Obwohl sich also nicht so viele Freiwillige wie erwartet den Tausend anschlossen, kam Garibaldi jetzt auch der Umstand zu Hilfe, daß sich die bourbonischen Truppen auf der gesamten Insel kaum noch bewegen konnten ohne die Gefahr, in irgendeinen Hinterhalt zu geraten. Die führenden Patrioten Siziliens nahmen mit ihren *squadre* Kontakt zu Garibaldi auf und marschierten ihm entgegen.

Auch der neue Generalbevollmächtigte für Sizilien, der zweiundsiebzigjährige General Lanza, verschanzte sich in den Kastellen Palermos und schickte lediglich 3000 Mann unter dem Kommando des Schweizers von Mechel auf die Höhen von Monreale, südlich von Palermo.

Trotz der Verstärkung und Hilfe durch die einheimische Bevölkerung währte die Euphorie über den Sieg bei Calatafimi unter den Garibaldinern nicht lange. Die Strapazen der langen Märsche unter wolkenbruchartigen Regenfällen, die kärgliche Ernährung – Brot und Saubohnen –, vor allem aber die Ungewißheit über das weitere Vorgehen ließen den Siegestaumel schnell verfliegen.

Eine leicht überlegene Vorausabteilung in offener Feldschlacht zu besiegen, war etwas anderes als eine von 20 000 Mann besetzte, gut befestigte Stadt in einer weiten offenen Ebene, in der jede

Palermo; der große Vorhang in der Via dei 4 Canti, mit dem die Palermitaner den Signalaustausch zwischen der Festungsbesatzung und den im Hafen liegenden bourbonischen Schiffen zu verhindern suchten.

Bewegung vom Gegner sofort erkannt wurde, zu erobern. Einfach in den Bergen um die Conca d'ora zu bleiben und auf die bourbonischen Truppen zu warten, barg das Risiko, doch noch von mehreren Seiten her eingeschlossen zu werden und die Moral der Freiwilligen auf eine allzu harte Probe zu stellen. Auch in dieser kritischen Situation reagierte Garibaldi mit Einfallsreichtum. Er schickte eine kleine Abteilung mit der gesamten Artillerie und dem gesamten Troß auf der einzigen Straße in Richtung Süden über Corleone nach Sciacca am Meer. Das sah so aus, als hätten die Garibaldiner die Unsinnigkeit ihres Unternehmens eingesehen und versuchten übers Meer zu entkommen. Von Mechel, der einzige halbwegs tatkräftige General in den Reihen der bourbonischen Gerontokratie, nahm in der sicheren Gewißheit, dem garibaldinischen Gesindel bald den Garaus zu machen, die Verfolgung auf. Die Garibaldiner dagegen schlugen sich durch unwegsames Gelände auf die Paßhöhe von Gibilrossa südöstlich von Palermo nach Misilmeri durch. Auf den Höhen um Palermo, in den Bergnestern, leuchteten Nacht für Nacht an verschiedenen Stellen Feuer auf, als ob dort ständige Truppenbewegungen stattfänden. Garibaldi selbst lud indessen in sein Hauptquartier bei Misilmeri englische und amerikanische Offiziere ein, deren Schiffe zur Beobachtung vor Palermo ankerten. Von einem der begleitenden Korrespondenten, dem Ungarn Eber, der für die »Times« schrieb, erfuhr er dabei alles Wissenswerte über die Verteidigung der Stadt. Eber, der sich den Garibaldinern auch gleich anschloß, erläuterte, der schwächste Punkt der Verteidigungsanlagen der Stadt läge an der Porta Termini, genau unterhalb des Passo di Gibilrossa.

Am nächsten Tag, am 27. Mai 1860, wurde diese Stelle im Sturmangriff von den Garibaldinern genommen, und unter dem Jubel der Bevölkerung eroberten die Rothemden alle strategischen Punkte der Stadt. Die völlig überraschte bourbonische Besatzung zog sich auf den befestigten Palazzo reale zurück, und der General ließ von dort und vom Meer aus seine eigene Stadt bombardieren, wobei insgesamt 600 Zivilpersonen ums Leben kamen.

Am 28. Mai erfuhr die Welt mit ungläubigem Staunen, daß der bourbonische General Lanza, Kommandant über immer noch fast 18 000 Soldaten »seine Exzellenz Garibaldi« um einen Waffenstillstand gebeten hatte. Obwohl die Situation auch jetzt noch keineswegs entschieden war, denn die Garibaldiner waren zu Tode erschöpft und inzwischen praktisch ohne einen Schuß Munition, gab Lanza auf. Am 6. Juni unterzeichnete er die Kapitulation seiner Truppen, die kampflos zu Schiff die Insel verließen.

Der Diktator

Garibaldi war über Nacht – als Statthalter Vittorio Emanueles – »Diktator von Sizilien« geworden. Damit fiel ihm eine Aufgabe zu, auf die er ebenso wenig vorbereitet war wie er Lust hatte, sich ihr wirklich zu widmen. Eine funktionierende Regierung und Verwaltung an Stelle des bourbonischen Staatsapparates zu setzen, der sich praktisch in der Luft aufgelöst hatte, war für den Sieger von Palermo lediglich eine Aufgabe zweiten Ranges, die den Erfordernissen der weiteren Kriegsführung nachzustehen hatte.

Sizilien, ein Land, in dem Armut, Ungerechtigkeit, Mißwirtschaft und Unterdrückung gleichzeitig zum Himmel schrien, war Garibaldi nur oberflächlich aus den wenigen Tagen seines bisherigen Aufenthalts bekannt geworden. Die Sizilianer, die er kannte, waren politische Emigranten, die lebten, wie er selbst lange gelebt hatte. Sie sprachen die gleiche Sprache, und das Bild, das sie von Sizilien entwarfen, war ganz von dem politischen Ziel der Befreiung und Einigung Italiens geprägt. Auf diese Sizilianer, insbesondere auf Francesco Crispi, einen der führenden Demokraten aus der 48er-Revolution und persönlichen Freund Mazzinis, stützte sich Garibaldi bei den politischen Entscheidungen, die nun dringend zu treffen waren.

Schon am 14. Mai, also noch vor der Schlacht von Calatafimi, hatte er von dem Ort Salemi aus ein Dekret erlassen, mit dem er sich im Namen Vittorio Emanueles zum Diktator Siziliens erklärte. Mochte dieser Hoheitsakt zunächst etwas anmaßend und lächerlich erscheinen, so wurde dieses Dekret und eine Reihe anderer, die noch vor der Einnahme Palermos veröffentlicht wurden, doch zur Grundlage der Diktatur Garibaldis auf Sizilien.

Diese Erlasse sind in sich sehr widersprüchlich und waren kaum geeignet, den Problemen Siziliens an die Wurzel zu gehen, obwohl sie durchaus einige Ansätze dazu enthalten. Vor allem wurden sämtliche Entscheidungen im Hinblick auf das weitere militärische Vorgehen getroffen. Crispi übernahm das Amt des Staatssekretärs, die Insel wurde in 24 Bezirke mit einem von Garibaldi ernannten Gouverneur eingeteilt, und zugleich sollten alle Gemeinderäte, Nationalgarden und lokalen Beamten aus der 48er-Revolution wieder in ihre Rechte eingesetzt werden. Damit stellte Garibaldi den *galantuomini* genau jene Machtinstrumente zur Verfügung, die sie bereits im Jahre 1848 für kurze Zeit erobert hatten und nun fest in die Hand bekommen wollten. Dies war der schnellste Weg, Verwaltung und Polizei wieder notdürftig funktionsfähig zu machen. Den unmittelbaren militärischen Zielen diente eines der ersten Dekrete Garibaldis, das die *levée en masse* befahl. Hier zeigte sich, wie die sizilianischen Demokraten, und mit ihnen Garibaldi, die sozialen und wirtschaftlichen Realitäten auf der Insel ihren politisch-militärischen Wunschvorstellungen unterordnen zu können glaubten.

Auf Sizilien hatte niemals eine Wehrpflicht bestanden. Sie war vor allem bei der bäuerlichen Bevölkerung aufs äußerste verhaßt, weil sie das an sich schon labile Gleichgewicht von Arbeitskräften, Arbeitsbedingungen und Früchten der Feldarbeit zerstörte. Wenn ausgerechnet die jungen Männer, die die schwerste Arbeit verrichten konnten und als Tagelöhner einen höheren Lohn mit nach Hause brachten, ausfielen, bedeutete das für viele Familien den endgültigen Absturz in Hunger und Elend. Wie sollte man jetzt die Schulden bezahlen, wie das Saatgut für das nächste Jahr kaufen? Die Wehrpflicht war, von wem auch immer sie angeordnet wurde, eine existentielle Bedrohung für die Bauern, und entsprechend setzten sie sich, zumindest passiv, zur Wehr. Die *levée en masse*, der legendäre Aufbruch des französischen Volkes zur Rettung des revolutionären Vaterlands, fand auf Sizilien nicht statt.

In die entgegengesetzte Richtung, nämlich ganz zugunsten der Bauern, ging eine Reihe anderer Dekrete. Die verhaßte Mahlsteuer und weitere indirekte Steuern und Einfuhrzölle auf Grundnahrungsmittel wurden abgeschafft, die Aufteilung der *terre demaniali* an alle, die für die Befreiung von den Bourbonen gekämpft hatten, angekündigt. Isoliert, wie diese Maßnahmen blieben, waren sie leicht als Versuch zu durchschauen, den Bauern die Wehrpflicht schmackhaft zu machen. Die Aufstände der Bauern, ihre Sabotage- und Gewaltakte gegen das Heer und die Polizei der Bourbonen hatten wesentlich zu Garibaldis Erfolg beigetragen. Zur Fortführung des Krieges aber nützte ihm dies wenig, im Gegenteil, die Banden der Bauern brachten ihn in politische Bedrängnis. Er brauchte jetzt Soldaten, die sich wirklich seinem Kommando unterordneten und die nicht nach kurzer Zeit wieder heim auf ihre Felder liefen. Garibaldis Hoffnung, auf der Insel aus Tausenden von Freiwilligen das »Heer des Südens« bilden zu können, scheiterte vollständig. Die Bauern dagegen sahen in dem Dekret die Bestätigung ihrer Rechte und das Ziel ihrer Wünsche. Dafür waren sie Garibaldi gefolgt, dafür hatten sie die Bourbonen verjagt. Jetzt wollten sie sich nehmen, was ihnen zustand. Nach der Einnahme von Palermo, nach der Etablierung der Regierung und Verwaltung des Diktators, wurde dieses grundlegende Mißverständnis, der Bruch zwischen den Zielen des Befreiers und den Interessen der Befreiten, in blutiger Weise offenbar.

Die Bauern begannen, die *terre demaniali* und alles Land, das die *galantuomini* zu Unrecht in Besitz genommen hatten, zu besetzen. Es kam zu blutigen Auseinandersetzungen mit den Nationalgarden, die meist in der Hand der örtlichen Grundbesitzer waren.

Einen traurigen dramatischen Höhepunkt fand dieser Konflikt, der sich zunächst fast lautlos im Landesinneren entspann, Anfang August in Bronte, am Westhang des Ätna. Mit ausdrücklicher Billigung Garibaldis ließ dort Nino Bixio, einer seiner wertvollsten Generäle, den Aufstand der Bauern mit exemplarischer Härte niederschlagen. Unter der Anklage der Aufstachelung zum Bürgerkrieg ließ er die fünf Anführer des Aufstandes vor ein Kriegsgericht stellen und standrechtlich erschießen. 37 weitere wurden von einem Gericht später zu lebenslangem Zuchthaus verurteilt.

Die Lage in Bronte war insofern besonders schwierig für Garibaldi, und die Ereignisse erregten besonderes Aufsehen, weil die Eigentümerin der von den Bauern besetzten Ländereien aus England stammte. Sie war eine Nichte des Admirals Nelson, dem der Besitz aus Dankbarkeit für die Niederschlagung der jakobinischen Aufstände in Sizilien vom König in Neapel geschenkt worden war. Der englische Botschafter hatte Garibaldi persönlich und mit allem Nachdruck zum Eingreifen und zur Wiederherstellung der Achtung vor dem Privateigentum aufgefordert.

Indem er sich bedingungslos hinter Bixio stellte, traf Garibaldi eine klare und unwiderrufliche Entscheidung. Er gab den Bauern zu erkennen, daß auch für ihn Armut und Landmangel untergeordnete Probleme waren. Aus der Sicht der Bauern war damit auch er, wie alle anderen vor ihm, nicht als Befreier, sondern als Eroberer auf die Insel gekommen; er wollte sie nur befreien, um sie dann wieder einem anderen, höheren Ziel zu opfern.

Garibaldi hätte aber in seiner Situation keine wesentlich andere Entscheidung treffen können, auch wenn er besser über die sizilianischen Verhältnisse Bescheid gewußt hätte. Innerhalb der demokratischen Linken gab es weit und breit keine politische Gruppierung, auf die er sich hätte stützen können. Die wenigen, die sich wirklich mit den Problemen der sizilianischen Bauern auseinandergesetzt hatten, blieben isoliert. Politisch und militärisch war Garibaldi ohne die Hilfe der *galantuomini* verloren. Die aber fanden, er hätte sich bereits viel zu nachgiebig gegen die Bauern gezeigt. Sie sahen in den Dekreten eine gefährliche Bedrohung ihrer Eigentumsrechte und suchten Mittel und Wege, die Bestimmungen zu umgehen.

Garibaldi war sich darüber im klaren, daß die Schrecksekunde seines atemberaubenden Erfolges, die die Regierungen in Turin, Paris, London und Wien lähmte, nicht ewig dauern konnte. Man würde früher oder später mit allen Mitteln versuchen, sich ihm in den Weg zu stellen. Blieb er in Sizilien isoliert, so mußte er bald zu einem Spielball der politischen Intriganten werden, die er so sehr haßte, allen voran Napoleon III. und Cavour. Dem hoffte Garibaldi zu begegnen, indem er nicht nur Sizilien, sondern auch das Festland von der Bourbonenherrschaft befreite. Er war geradezu besessen von der Idee, jetzt endlich die Einheit Italiens mit einem Schlag zu vollenden. »Hätten wir etwa, bloß um den Berufspolitikern zu gefallen, unser Vaterland unvollendet, verstümmelt belassen sollen?«[47] Das aber bedeutete, daß jetzt sämtliche politischen Entscheidungen hinter den militärischen Erfordernissen zurückstehen mußten. Die Lösung der politischen und sozialen Probleme Siziliens wurde auf die Zeit nach Vollendung der Einigung Italiens verschoben. Cavour hatte sich bereits von dem Schock erholt, den Garibaldis Erfolge zunächst auch bei ihm hervorgerufen hatten, und versuchte, die Fortsetzung des garibaldinischen Unternehmens mit allen Mitteln zu verhindern. Zunächst aber unterstützte er die von mehreren Demokraten für Garibaldi durchgeführten Geldsammlungen, Waffenkäufe und die Freiwilligenwerbung. Im Juni und Juli schifften sich insgesamt ca. 15 000 Freiwillige mit Waffen und Munition unter piemontesischem Geleitschutz nach Sizilien ein. Sie, die Norditaliener, und nicht die Sizilianer selbst bildeten das Gros der Soldaten Garibaldis, die von Palermo aus die ganze Insel von Bourbonen säuberten. Unter diesen Freiwilligen waren auch Parteigänger Cavours. Insbesondere schickte dieser seinen Vertrauten La Farina mit der Anweisung, in Sizilien eine Kampagne für die Angliederung der Insel an Piemont zu betreiben.

Garibaldi, der unter der Losung »Italia e Vittorio Emanuele!« angetreten war, hatte dem politisch wenig entgegenzusetzen, zumal in den aktiven Kreisen der Patrioten Siziliens die Liberalen die übergroße Mehrheit bildeten. Er wollte mit dieser Losung, die ja auch die Losung der *Società Nazionale* war, ein geeintes Italien unter einem König Vittorio Emanuele und nicht bloß ein vergrößertes Piemont unter dem piemontesischen König. Seit es Cavour gelungen war, La Farina, Pallavicino und andere zu seinen Agenten umzufunktionieren, hatte die *Società Nazionale* ihren Charakter als autonome Kraft zwischen den Demokraten um Mazzini und den Gemäßigten im Gefolge Piemonts verloren. Politisch hatte Garibaldi keinerlei organisatorischen Rückhalt mehr.

Er stützte sich deshalb auf die Männer, die er persönlich kannte und die er für integer hielt, ohne zunächst danach zu fragen, welche politische Richtung sie vertraten. So fanden sich in den von ihm eingesetzten Regierungen linke Demokraten, entschiedene Gegner des Anschlusses und Vertraute Mazzinis wie Crispi, aber auch Gemäßigte, entschiedene Anhänger des Anschlusses und Vertraute Cavours. In Garibaldis Umgebung herrschte somit beträchtliche politische Konfusion. Es existierte nicht die Andeutung eines Programms, was aus Sizilien werden sollte, wie Italien *politisch* zustandekommen sollte. Schon seine Zeitgenossen hatten Garibaldi deshalb politische Naivität vorgeworfen, Marx nannte ihn – darin freilich auch nicht gerade hellsichtig – gelegentlich einen Esel.[48]

Garibaldis Charakter entsprach es sicher nicht, eine politische Partei zu gründen, Programme auszuarbeiten und schwierige Diskussionen zu führen. Seine Aufrufe und Reden waren enthusiastisch, gefühlsbetont und ohne Nuancierungen. Solange es darum ging, Freiwillige zu werben, Festreden zu halten oder den Soldaten Mut zu machen, war er der richtige Mann. Seine Auftritte im Parlament jedoch waren selbst bei seinen engsten Freunden gefürchtet. Als er gegen den »Kuhhandel« mit Nizza und Savoyen im Turiner Parlament das Wort ergriffen hatte, war es zu einem Skandal gekommen und Garibaldi hatte angewidert sein Mandat niedergelegt.

Aber von der gesamten demokratischen Linken, mit der und für die er ja den Zug nach Sizilien unternommen hatte, kam keinerlei Signal, kein politisches Programm, keine organisatorische Hilfe außer im Hinblick auf die militärische Frage. Auch Mazzinis Losung »unità e libertà!« war keine politische Alternative. Auch er ließ sich mitreißen vom Rausch des Sieges, von der Hoffnung, in einem einzigen Siegeszug ganz Italien zu befreien und zu einen. Der Stolz, der Welt gezeigt zu haben, daß die Italiener entgegen ihrem Ruf kämpfen und siegen konnten, und dies aus eigener Kraft, ohne die Hilfe eines Napoleon, dieser Stolz, der Garibaldi alle Herzen hatte zufliegen lassen, brachte sogar den prinzipienfestesten, häufig allzu rigiden italienischen Demokraten politisch aus dem Gleichgewicht. Auch Mazzini wollte zu dem militärischen Erfolg beisteuern. Er kam nicht nach Sizilien, sondern mühte sich – vergeblich – im Einverständnis mit Garibaldi, eine Expedition in den Kirchenstaat und von da aus weiter nach Süden zu organisieren.

Der politischen Wühlarbeit Cavours stand also kaum etwas im Wege, bestenfalls sein eigener Übereifer, beziehungsweise der seiner Agenten. La Farina benahm sich so ungeschickt, daß er zusammen mit zwei anderen Agenten Cavours von Garibaldi unter dem Vorwurf der »Konspiration gegen die bestehende Ordnung« der Insel verwiesen wurde. Trotz solcher Peinlichkeiten gewann die Idee des Anschlusses an Piemont immer mehr an Boden. Diese politische Losung war genau das Instrument, mit dem die *galantuomini* hofften, Garibaldi ihren Interessen gefügig zu machen. Piemont war weit entfernt, dort war das Grundeigentum heilig, und Piemont bot mit seiner Schutzmacht Frankreich im Hintergrund eine reale Garantie gegen jeden Versuch der Bourbonen, die Insel wieder in ihre Gewalt zu bekommen. Nur mit dem Argument, daß seine weiteren militärischen Aktionen von einem vorzeitigen Anschluß behindert würden, konnte Garibaldi politisch das Heft – vorläufig noch – in der Hand behalten.

Militärischer Sieg – politische Niederlage

Auf militärischem Gebiet stellte sich wieder einmal eine schier unlösbare Aufgabe. Die Eroberung der gesamten Insel war zunächst relativ schnell geglückt, obwohl in der Festung Messina immer noch eine starke Besatzung lag. Ähnlich wie bei der Schlacht von Calatafimi triumphierten die Garibaldiner über einen unvorsichtigen und taktisch ungeschickt geführten Vortrupp bei Milazzo, worauf der Festungskommandant von Messina mit seinen über 15 000 Mann kampflos kapitulierte.

Garibaldi stand nun am Capo Faro, am nördlichsten Punkt der Straße von Messina, die an ihrer engsten Stelle, zwischen dem sizilianischen Messina und Villa San Giovanni auf dem Kontinent, kaum mehr als fünf Kilometer breit ist. Nach Süden sich allmählich verbreiternd, mißt sie in der Länge ungefähr vierzig Kilometer. Vor allem im Norden wurde die Meerenge von neapolitanischen Schiffen scharf überwacht und auf dem Kontinent waren, über mehrere Festungen verteilt, 16 000 Mann stationiert. Garibaldi verfügte weder selbst über genügend Schiffe, noch konnte er durchsetzen, daß die piemontesische Marine, die zur Beobachtung in den Gewässern vor Sizilien kreuzte, ihm zu Hilfe kam. Wieder einmal versuchte Cavour alles, um seinen lästigen Gegenspieler endlich zu stoppen. Über einen Monat lang lagen die Rothemden am Capo Faro, beobachteten die Bewegungen des Gegners und wurden selbst von zahlreichen Journalisten beobachtet, die dem entnervten Europa tägliche Lageberichte übermittelten.

Für einige Zeit war Garibaldi wie vom Erdboden verschluckt. Er wollte mit 5000 Freiwilligen, die sich in Sardinien sammelten, einen Überraschungsangriff auf den Kirchenstaat unternehmen. Cavour gelang es in letzter Minute, mit Hilfe der piemontesischen Kriegsschiffe, die Freiwilligen zur Weiterfahrt nach Sizilien zu bewegen. Garibaldi mußte unverrichteter Dinge zurückkehren.

Inmitten der Aufregung um das rätselhafte Verschwinden ihres Chefs war es Garibaldis Generälen gelungen, mit zwei Schiffen von Palermo aus die Insel westlich zu umfahren und, unbemerkt von den neapolitanischen Schiffen, von Süden her in die Meerenge einzudringen. In Taormina warteten die Besatzungen auf ihren verschwundenen Befehlshaber, der kurze Zeit später in einer Kutsche eintraf. In der Nacht vom 18. auf den 19. August 1860 setzten die Garibaldiner, insgesamt etwa 3500 Mann, nicht an der engsten Stelle der Straße von Messina, wo die bourbonischen Kriegsschiffe warteten, sondern an der breitesten Stelle, im Süden, aufs Festland über. Nach über 30 Stunden Fahrt erreichten sie ungehindert die Küste bei Melito, von wo aus sie sich nach Reggio Calabria in Marsch setzten. Reggio war nur schwach gesichert, das Gros der bourbonischen Truppen und Festungen im Norden konzentriert. Es gelang Garibaldis Soldaten deshalb relativ leicht, die Stadt zu erobern und sich damit eine Basis, Waffen, Munition und Verpflegung zu verschaffen.

Die psychologische Wirkung des geglückten Übergangs über die Straße von Messina und der Einnahme von Reggio war vielleicht noch größer als die der ersten Erfolge auf Sizilien. Auch in Calabrien brach jetzt an vielen Punkten gleichzeitig der Aufstand los. Anders als in Sizilien strömten aber hier die Freiwilligen wirklich zu Tausenden Garibaldis Heer zu und schlossen sich ihm nicht nur kurzfristig an. Die *galantuomini* des Kontinents, denen der bourbonische König die Bildung von Nationalgarden hatte zugestehen müssen, führten ihre bewaffneten Formationen in Massen den Garibaldinern zu.[49]

Die Festungen ergaben sich eine nach der anderen. Bezeichnend für die völlige Demoralisierung der bourbonischen Generäle war die kampflose Aufgabe der mit 10 000 Soldaten besetzten Festung Soveria Mannelli zwischen den Provinzen Catanzaro und Cosenza. Die Garibaldiner bewegten sich in einem einzigen Triumphzug in Richtung Neapel. Bald konnte Garibaldi es sich sogar erlauben, mit nur wenigen seiner treuesten Kampfgefährten das Heer zu verlassen und in der Kutsche, schließlich sogar im Zug nach Neapel vorauszueilen. Am 5. September hatte der König seine Hauptstadt verlassen. Mit kleinem Gepäck, so als wollte sie bald wiederkommen, flüchtete die königliche Familie nach Gaeta, der großen Hafenfestung im Norden des Reiches an der Grenze zum Kirchenstaat. Schon 1848 hatten sich dort die entthronten Häupter der italienischen Staaten, der Herzog der Toskana, der Papst und Francescos Vater eingefunden, um zu warten, bis sie ihren Platz wieder einnehmen konnten.

Franceschiello hoffte offenbar, daß sich das »Wunder von 1799« wiederholen könnte.[50] Damals hatte der Aufstand der untersten

Bevölkerungsschichten auf dem Lande und in der Hauptstadt Neapel die von Napoleon ins Leben gerufene Republik zu Fall und die Bourbonen wieder auf ihren Thron gebracht. Ähnlich war auch 1848 die Haltung der ärmsten Schichten der städtischen Bevölkerung entscheidend für das Gelingen des Staatsstreiches gewesen, mit dem Ferdinand II. der Revolution den Garaus machte. Neapel war mehr noch als Rom oder Palermo ein Beispiel für das soziale Leben und die Struktur der großen Städte Italiens. Seit dem Altertum ohne Unterbrechung Metropole von internationalem Rang und lange gleichzeitig Haupt- und Residenzstadt, waren die Zeiten wirtschaftlicher Blüte für Neapel seit Jahrhunderten vorbei. Mehr noch als andere Länder im Mittelmeerraum hatte das in inneren Kämpfen zwischen den Baronen und der Monarchie, zwischen Sizilien und dem Festland erstickende Königreich beider Sizilien den Anschluß an die Kolonialzeit und die industrielle Entwicklung der Länder Nordeuropas verpaßt. Die Masse der städtischen Bevölkerung lebte in ärmlichsten Verhältnissen in parasitärer Abhängigkeit vom Hofe, vom Heer, von der Kirche. Mehr als in den anderen Städten aber waren sich die unteren Bevölkerungsschichten Neapels ihrer Macht als Masse bewußt und relativ organisiert.

Seit dem 17. Jahrhundert trugen sie nicht ohne Stolz den Namen *lazzaroni* oder *lazzari* (Lumpen), seit 1647 für kurze Zeit einer der ihren, der Fischhändler Masaniello, die Herrschaft in der Stadt übernommen hatte.

Eine wichtige Rolle spielten die Gepäckträger und die Hafenarbeiter, aber auch die unzähligen kleinen Handwerker und Dienstleistungsberufe. Es gab regelrecht gewählte *capolazzari*, die die zahlreichen städtischen Revolten anführten, die aus den verschiedensten Anlässen und mit den unterschiedlichsten Zielen die Hauptstadt des Königreichs immer wieder kurzfristig erschütterten. Seit dem Aufstand gegen die mit Hilfe Frankreichs errichtete Republik 1799 waren die *lazzari* Neapels, neben Armee und Polizei, letzter Halt der Bourbonen. »Für Kirche und König«, im Zeichen des mit sentimentaler Inbrunst verehrten Stadtpatrons San Gennaro, so hoffte Franceschiello, würde auch dieses Mal Neapel gegen den gottlosen roten Teufel aufstehen. Cavour hatte durch seine Agenten und mit viel Geld versucht, noch vor Garibaldis Ankunft einen Aufstand gegen die Bourbonen zu entfachen, um seinem Gegner wenigstens die Schau zu stehlen. Aber er war auf das kläglichste gescheitert. Keine Hand rührte sich gegen den König. Vor allem war es Cavour nicht gelungen, jene Organisation für sich zu gewinnen, die die *lazzaroni* noch am ehesten kontrollieren konnte und der die Bourbonen die eigentliche Macht in der Stadt überlassen hatten: die *camorra*. Sie war – und ist – eine Organisation, die hauptsächlich aus Berufskriminellen bestand und ihren organisatorischen Mittelpunkt in den Gefängnissen hatte.[51]

Es war also durchaus ein Wagnis, wenn Garibaldi ohne sein Heer nach Neapel kam, zumal die Stadt immer noch auf vier Seiten von riesigen, gut bewaffneten Festungen bewacht wurde, die ihre Artilllerie wie in Palermo auch auf die Stadt richten konnten. Es genügte die durch einen Schuß ausgelöste Panik, um Garibaldi in Lebensgefahr zu bringen, und was wären die Garibaldiner ohne ihn gewesen? Aber das Charisma des Helden schien auch diesen Alptraum zu verscheuchen: Bei seiner Ankunft in Neapel feierte Garibaldi seinen vielleicht größten Triumph – zugleich einen seiner letzten. Als spürte er immer noch den Rausch des triumphalen Empfangs, den ihm die Stadt seinerzeit bereitet hatte, schrieb er in seinen Memoiren: »Am 7. September betrat ein Sohn des Volkes in Begleitung von wenigen Freunden, seinen Adjutanten, die großartige Hauptstadt mit dem Roß im Wappen. Die 500 000 Einwohner bejubelten und geleiteten ihn. Sein glühender und unbeugsamer Wille hatte ein ganzes Heer gelähmt, die Tyrannis zerschlagen und die heiligen Rechte der Stadt befreit (...) Das Nest des Monarchen wurde, noch warm, von den Befreiern aus dem Volke besetzt und die reichen Teppiche des Palastes von den groben Stiefeln der Proletarier zertrampelt.«[52] Als er mehr als ein Jahrzehnt später diese etwas gespreizten Worte schrieb, mußte Garibaldi allerdings längst wissen, daß er seinen triumphalen Einzug in Neapel auch der Tatsache verdankte, daß es die *camorra* gewesen war, die für Ruhe und Ordnung gesorgt und seinen Empfang vorbereitet hatte.[53]

Nur vier Monate, nachdem Garibaldi mit seinen Tausend nächtens auf zwei gestohlenen Schiffen von Genua aus aufgebrochen war, stand er als Diktator über das gesamte ehemalige Königreich Neapel an der Spitze eines Gebietes, das fast die Hälfte des italienischen Stiefels ausmachte. Garibaldi verfügte zum ersten Mal über ein Heer, das mehr als nur ein paar tausend Mann umfaßte. Gegen Ende September war das »Südheer«, wie er es nannte, auf circa 50 000 Mann angewachsen, von denen an die 20 000 Freiwillige aus Nord- und Mittelitalien, der Rest aus dem Süden selbst stammte. Etwa die Hälfte dieser Armee war in den Provinzen verteilt. Mit dem Rest konnte Garibaldi jetzt die letzten Bastionen der bourbonischen Herrschaft schleifen, die Festungen Capua und

Einzug Garibaldis in Neapel am 7. September 1860

Caserta am Rande der großen Mündungsebene des Volturno nördlich von Neapel.

Seit dem 19. September standen sich dort zwei zahlenmäßig ungefähr gleichstarke Heere gegenüber. Die Bourbonen aber waren im Vorteil durch den Besitz der Festungen und überlegene Bewaffnung. Ihnen gelangen auch einige Anfangserfolge, aber das bourbonische Oberkommando war nicht in der Lage, diese entschlossen auszunutzen, sondern verlor über zehn Tage mit Diskussionen und Vorbereitungen. Am 1. Oktober schließlich gingen die königlichen Truppen zum Angriff über, mußten sich aber am Abend wieder in ihre Festungen zurückziehen, weil es den Garibaldinern durch geschickte Manöver, trotz schwerer Verluste, gelungen war, die Angriffe abzuwehren.

Mit dieser Schlacht hatte Garibaldi bewiesen, daß er nicht nur mit Tricks und Überraschungsangriffen siegen konnte, sondern auch ein großes reguläres Heer wirkungsvoll zu befehligen verstand. Seine Soldaten hatten gezeigt, daß sie keineswegs ein Haufen blinder Draufgängern waren, sondern ihren Kampfesmut auch in einer disziplinierten Schlachtordnung nicht verloren.

Anders als Garibaldi erwartet hatte, war die triumphale Eroberung des gesamten Königreichs Neapel jedoch keineswegs die Garantie dafür, daß jetzt die Befreiung ganz Italiens gewissermaßen automatisch zu Ende geführt werden konnte. Im Gegenteil, seine Machtfülle hatte einen Punkt erreicht, der für die europäischen Staaten nicht mehr tragbar erschien. Als Garibaldi Sizilien verließ, hatte er gemeint, die politischen Probleme auf die lange Bank schieben zu können. In Neapel aber tauchten die gleichen Fragen mit ganz neuer Dringlichkeit wieder auf.

Auch in Süditalien wurde aus den Aufständen gegen die Bourbonen schnell ein Kampf der Bauern gegen die Grundbesitzer, die *galantuomini*, die in den meisten Fällen die provisorischen Regierungen stellten, die Nationalgarde in der Hand hatten und damit jetzt gegen die aufgebrachten Bauern marschierten. Ganz am Anfang hatte Garibaldi als Diktator wie in Sizilien ein Dekret zugunsten der Bauern erlassen, das ihnen die angestammten Nutzungsrechte auf den *terre demaniali* zurückgab. Bald aber wurde es unter dem Druck der *galantuomini* wieder rückgängig gemacht. Agenten und Soldaten des sich auflösenden bourbonischen Heeres stachelten die Bauern auf und versorgten sie mit Geld und Waffen.

Was in der Hauptstadt nicht funktioniert hatte, begann auf dem Land Gestalt anzunehmen. Wie 1799 zogen die Bauern sengend und brennend »für Kirche und König« in den Kampf. Niemand in Garibaldis Umgebung und erst recht nicht er selbst war in der Lage, in dieser Bewegung mehr zu sehen als den oberflächlich reaktionären Ton ihrer Parolen und die wilde Brutalität der Aktionen. Der Diktator schickte seine Soldaten, um den Aufstand niederzuschlagen. Die erste blutige Auseinandersetzung ereignete sich schon Anfang September, als 140 Liberale und Nationalgardisten von einem Haufen Bauern ermordet wurden. Garibaldi schickte seinen General Türr – einen Ungarn – um ein Exempel zu statuieren. Dem gelang es zwar schnell, diesen Unruheherd mit drastischen Maßnahmen unter Kontrolle zu bringen. Er konnte aber nicht verhindern, daß an anderen Orten neue Gewaltakte verübt wurden, neue Unruhen ausbrachen, Briganten ihr Unwesen trieben. Die *galantuomini* waren tief beunruhigt. Sie verlangten nicht nur härtere Maßnahmen und die Bestätigung ihrer Eigentumsrechte, sie verlangten vor allem die Beendigung des Krieges, die Herstellung endgültiger, eindeutiger politischer Verhältnisse. Schneller noch als auf Sizilien fand deshalb im kontinentalen Teil des Königreichs Neapel die Kampagne für einen raschen Anschluß an Piemont breite Anhängerschaft.

Selbst in Garibaldis engster Umgebung stieß die Idee des Anschlusses immer mehr auf Zustimmung. Auch hier sehnte man geordnete Verhältnisse herbei. Garibaldi, der weniger die politische Dimension des Problems erkannte, als vielmehr den Versuch witterte, den weiteren Vormarsch gegen den Kirchenstaat und gegen Österreich zu verhindern, meinte alles auf die Person Cavours schieben zu können und selbst genügend Einfluß beim König zu besitzen, um seinen Erzfeind ausschalten zu können. Damit befand er sich jedoch in einem verhängnisvollen Irrtum. Garibaldi versuchte brieflich, Vittorio Emanuele zu bewegen, Cavour als Ministerpräsidenten abzusetzen. Ein solches Ersuchen mußte natürlich wie eine Drohung wirken, und es war ein Leichtes für Cavour, der so etwas schon vorausgesehen hatte, den König zu einer bedingungslosen Loyalitätserklärung zu veranlassen. Aber nicht genug damit, Garibaldi machte sein Zerwürfnis mit Cavour auch noch publik. Dieser Schritt bewirkte genau das Gegenteil dessen, was er eigentlich hatte erreichen wollen. Der Einfluß Cavours wurde gestärkt. Diejenigen unter den Liberalen, die dem Diktator ohnedies nicht über den Weg trauten, verdoppelten ihre Anstrengungen, um den Anschluß durchzusetzen. Es war längst zu spät, wenn jetzt die Demokraten um Mazzini die Losung der Wahl einer Konstituante ins Spiel zu bringen suchten. Garibaldi griff diese Idee zwar folgsam auf, merkte aber bald, daß er sich nicht einmal gegen seine eigenen politischen Stellvertreter und Minister in Neapel und Palermo durchsetzen konnte. Es kam zu Demonstrationen und Gegendemonstrationen in den Hauptstädten seines Reiches, bei denen die Anhänger der Konstituante deutlich unterlegen waren. In den gemäßigten Kreisen aber wuchs dadurch die Angst vor einem Bürgerkrieg, und das Mißtrauen gegen Garibaldi wurde immer stärker. Isoliert und verunsichert gab er schließlich nach, so daß die Plebiszite über den Anschluß auf den 21. Oktober festgesetzt werden konnten. Später erinnerte er sich: »Unter anderen Umständen hätte man eine Konstituante zusammenrufen können: damals war es unmöglich, und man hätte nichts anderes erreicht als Zeit zu verlieren und die ganze Sache ins Lächerliche zu ziehen. Die Völker waren getäuscht durch die Parteistreitigkeiten und setzten ihre ganze Hoffnung auf die rettende Regierung.«[54]

Politisch war Garibaldis Scheitern damit besiegelt. Daß er auch militärisch schachmatt gesetzt wurde, dafür sorgte Cavour in einer groß angelegten diplomatisch-militärischen Aktion ganz persönlich. Von Napoleon konnte Cavour das Zugeständnis erwirken, daß man von französischer Seite aus nichts gegen den Ein- und Durchmarsch piemontesischer Truppen durch die östlichen Provinzen des Kirchenstaates in Richtung Süden unternehmen würde. Dafür versprach der Ministerpräsident, Latium, den Kern des Kirchenstaates nicht anzutasten, ja einen Angriff Garibaldis zu verhindern. Eigentlich waren es die Demokraten gewesen, die den Plan entwickelt hatten, von Mittelitalien aus den Kirchenstaat zu befreien und dann zu Garibaldi vorzustoßen. Cavour, der diese Initiative – an der ja auch Mazzini beteiligt war – mit allen ihm zu Gebote stehenden Druckmitteln verhindert hatte, griff dieses Konzept nun selbst auf. Es sollte nicht das letzte Mal sein, daß die Gemäßigten die Pläne der Demokraten mir ihren Mitteln und zu ihren Gunsten in die Tat umsetzten.

An der Spitze eines 30 000 Mann starken Heeres marschierte Vittorio Emanuele am 3. Oktober in Umbrien und in den Marken ein und befreite sie. Obwohl die Truppen des Papstes, der vergeblich auf Hilfe von außen gehofft hatte, keinen nennenswerten Widerstand leisteten, dauerte die Kampagne fast drei Wochen. Mit aller Gründlichkeit wurden die päpstlichen Truppen besiegt, königliche Kommissare eingesetzt und die Plebiszite für den Anschluß an Piemont ausgeschrieben.

Giuseppe Verdi überreicht Vittorio Emanuele das Ergebnis des Plebiszits der Emilia

Garibaldi begrüßt Vittorio Emanuele am 26. Oktober bei Teano

Das piemontesische Heer kam offiziell, um sich mit dem »Südheer« zu vereinigen und mit ihm gemeinsam die Einheit Italiens – vorläufig ohne Rom und ohne Venetien – zu besiegeln. In Wirklichkeit kam Vittorio Emanuele, um Garibaldi zu stoppen und ihm die Früchte des Sieges aus der offenen Hand zu nehmen.

Ende Oktober, während die Garibaldiner nach der Schlacht am Volturno die Festungen Capua und Caserta belagerten, marschierte das piemontesische Heer in das ehemalige Königreich Neapel ein. An der Seite des Königs kamen der Innenminister Farini, der die Regierung in Süditalien übernehmen sollte, und der Kriegsminister Fanti. Beide Männer, die Cavour als Begleitung ausgewählt hatte, betrachtete Garibaldi als seine schlimmsten persönlichen Feinde. Auch diese Bosheit beleuchtet, welche Schärfe die Auseinandersetzung zwischen Cavour und Garibaldi inzwischen erreicht hatte und wie blind dieser gewesen war, als er geglaubt hatte, den König auf seiner Seite zu haben.

Am 26. Oktober kam es zu dem historischen Treffen von Teano, etwa zwanzig Kilometer nordöstlich von Capua. Dieses Treffen wurde später Gegenstand zahlreicher glorifizierender Legenden und rührender Darstellungen, denen zufolge der König und Garibaldi einander herzlich begrüßt hätten und in brüderlicher Eintracht weitergeritten seien. Wie es wohl in Wirklichkeit gewesen sein mag, läßt sich aus dem Bericht Farinis an Cavour ablesen: »Armer Garibaldi! Er verfügt nur noch über ein paar tausend wirklich brauchbare Soldaten, politische Autorität besitzt er überhaupt nicht mehr. Natürlich wird er mit größtem Respekt behandelt werden. Es ist zu schön; Garibaldi hat sich zu weit vorgewagt und den Mund recht voll genommen, aber wir machen die politischen ›Garibaldiaden‹ besser als er! Wozu sich aufregen, wenn er doch schließlich alles ganz brav in die Hände des Königs legt?«[55] Der König ließ Garibaldi wissen, daß ab jetzt er allein das Kommando übernehme, und die Rothemden mußten untätig in der Reserve zusehen, wie die Belagerung Capuas durch das piemontesische Heer zu Ende geführt wurde. Später erhielten ausgewählte Garibaldiner die Möglichkeit in das reguläre Heer einzutreten. Die Garibaldiner dagegen hatten fest damit gerechnet, daß die gesamte »Südarmee« automatisch als Teil des neuen italienischen Heeres übernommen würde.

Am 7. November zogen Vittorio Emanuele und Garibaldi in einer offenen Kutsche durch die Straßen Neapels. Garibaldi schien düster, und dies gewiß nicht nur, weil ihm der strömende Regen sein Rheuma zurückgebracht hatte. Am nächsten Tag legte er in einer feierlichen Zeremonie seine Diktatur nieder, indem er dem König die Ergebnisse der Plebiszite in Sizilien und auf dem Kontinent überreichte (Sizilien 432 053 ja, 667 nein. Neapel 1 302 604 ja, 10 312 nein). Die Geschenke, die der König in einer großzügigen Geste anbot, ein Schloß, eine Mitgift für seine Tochter und ein Gut für seinen Sohn, wies Garibaldi stolz zurück. Sein Verlangen, zum ersten Gouverneur über das von ihm befreite ehemalige Königreich Neapel eingesetzt zu werden, stieß dagegen auf die kühle und bestimmte Ablehnung des Königs.

Im Morgengrauen des 9. November schiffte sich Garibaldi mit wenigen Freunden auf dem Dampfer »Washington« nach Caprera ein. Nach sechs Monaten, in denen er mit seinen Freiwilligen den gesamten Süden Italiens befreit und als Diktator über fast die Hälfte des späteren italienischen Territoriums geherrscht hatte, verkroch er sich mit einer Kiste Maccheroni, einem Sack Saatgut, Trockenfisch und einigen Säcken Kaffee und Zucker auf sein Inselchen im Archipel der Maddalena.

Aspromonte

Außer Venetien, das nach wie vor in österreichischer Hand blieb, und dem Kirchenstaat, der sich nun auf die Provinz Latium beschränkte, war in dem einen einzigen Jahr 1860 ganz Italien befreit und geeint worden.

Obwohl man jetzt davon ausgehen konnte, daß der Widerstand Österreichs und Frankreichs gegen die Einigung Italiens endgültig gebrochen war, blieb die Vollendung der Einheit im folgenden Jahrzehnt ein zentrales politisches Problem des neuen Italien. Das lag zum Teil daran, daß der Papst auf das Gebiet seiner weltlichen Herrschaft nicht verzichten wollte und unter Zustimmung der gesamten konservativen katholischen Christenheit das neue Italien mit seiner kompromißlosen Ablehnung dieses Staates der »Usurpatoren« in ärgste Bedrängnis brachte. Der Kampf um die Vollendung der Einheit erwies sich außerdem schnell als unverzichtbares Element für den Zusammenhalt des neuen Staates, der vom Mythos des Risorgimento lebte und ohne ihn auseinanderzubrechen drohte.

Einer der großen Protagonisten des Risorgimento starb wenige Monate nach der Einigung gänzlich unerwartet: Garibaldis schärfster Gegenspieler, Graf Cavour, erlag im Alter von nur 50 Jahren am 6. Juni 1861 einem heftigen Malariaanfall.

»Stiefel Garibaldis; ein Geschenk der Arbeiter von Mailand; geborgen am 29. August 1862 am Aspromonte durch den Freiwilligen Rocco Ricci Gramillo aus Girgenti, der ihn als heilig-schmerzliche Reliquie bewahrt.«

Ein Politiker von seinem Format war nicht so leicht zu ersetzen, ja es war nicht einmal einer zu finden, der in der Lage gewesen wäre, den König fest an der Leine zu halten. Von nun an wechselten die Ministerpräsidenten in rascher Folge, und Vittorio Emanuele gab sich ganz seiner alten Leidenschaft hin, auf eigene Faust und gegen seine Regierungen politische Intrigen zu schmieden, was von diesen mit gleicher Münze heimgezahlt wurde.

Dazu gehörte auch, daß sowohl der König als auch sein Ministerpräsident die ungeheure Popularität zu nutzen suchten, die Garibaldi gerade deshalb genoß, weil er nach seinem Triumph auf alle Macht verzichtet hatte und ostentativ das einfache Leben eines Bauern führte. Der amerikanische Generalbevollmächtigte Marsh schrieb 1861 an seine Regierung, daß Garibaldi »obwohl er nur eine einzelne Privatperson ist, in diesem Moment in sich und für sich eine der großen Mächte der Welt«[56] sei.

Abwechselnd reisten wichtige Persönlichkeiten aus der Umgebung des Königs und der Regierung nach Caprera, angeblich zur Jagd oder zu einem Höflichkeitsbesuch. Da aber Garibaldi keinen Zweifel daran gelassen hatte, daß er nur darauf wartete, den Kampf für die Vollendung der Einheit wiederaufzunehmen, wurden Gerüchte von bevorstehenden Unternehmungen laut, die, offiziell dementiert, gleich von neuen Gerüchten übertrumpft wurden.

Anfang 1862 unternahm Garibaldi auf Einladung und Kosten der Regierung eine Rundreise durch Oberitalien, in deren Verlauf sich die scheinbare Gemeinsamkeit zwischen Krone und Garibaldis patriotischer Bewegung als ein tragikomisches Mißverständnis entpuppte. In Turin wurde der Volksheld vom König und seinem Ministerpräsidenten empfangen. Ohne daß etwas über den Inhalt dieser Gespräche an die Öffentlichkeit drang, wurde doch der Eindruck erweckt, daß große Dinge bevorstünden. In diesem Zeichen schien auch Garibaldis anschließende Reise in die Lombardei zu stehen, die er offiziell in seiner Eigenschaft als Vizepräsident der italienischen Vereine für das Tontaubenschießen unternahm. Diese Vereine dienten entgegen ihrem harmlosen Namen paramilitärischen Übungen, und Garibaldi betrachtete sie als Sammelbecken für neue Freiwillige. Überall hielt er feurige Reden und das Publikum antwortete begeistert mit der Losung »Roma e Venezia!«. Gleichzeitig ließ er sich überall von Präfekten, Bürgermeistern, in Cremona sogar vom Bischof empfangen.

Es schien immer offenkundiger, daß Garibaldi im Einverständnis mit der Regierung eine Aktion gegen Österreich zur Befreiung

Venedigs vorbereitete. Dieser Eindruck war von Garibaldi sicherlich beabsichtigt, und er hat wahrscheinlich tatsächlich daran geglaubt, dieses Einverständnis zu besitzen. Der Ministerpräsident Rattazzi und der König spielten jedoch ein Doppelspiel, für das sie allerdings weder das Geschick noch die starken Nerven besaßen, mit denen früher Cavour aus dem Hintergrund die politischen Fäden gezogen hatte. Als nämlich tatsächlich eine Gruppe von vielleicht hundert Freiwilligen von Sarnico in der Gegend von Brescia aus in Richtung österreichische Grenze aufbrach, schritt das italienische Heer ein, verhaftete die Freiwilligen und setzte auch Garibaldi, der sich im nahegelegenen Trescore angeblich einer Thermalkur widmete, unter Hausarrest. Als in Brescia vor dem Gefängnis eine Demonstration stattfand und die Demonstranten die Garibaldiner zu befreien drohten, schoß das Militär in die Menge, tötete vier Menschen und verletzte mehrere andere.

Dieses Ereignis schien den Bruch zu bedeuten, ließ es doch klar erkennen, daß die Regierung letztlich die eigenmächtige Außenpolitik der Garibaldiner nicht dulden wollte. Sie war aber gleichzeitig zu schwach, um sich ein für allemal von Garibaldi und den patriotischen Demokraten zu distanzieren, weil sie die Popularität des Helden fürchtete. Man versuchte, sich heimlich aus der Affäre zu ziehen, indem die Verhafteten nach kurzer Zeit wieder auf freien Fuß gesetzt wurden.

Garibaldi auf der anderen Seite scheint zu sehr in das Gestrüpp gegensätzlicher Einflüsterungen und geheimer Kontakte in verschiedenste Richtungen verstrickt gewesen zu sein, als daß er die grundsätzliche Bedeutung der Konfrontation zwischen seinen Freiwilligen und dem regulären Heer ermessen hätte. Ihm dämmerte auch jetzt nicht, daß es Italien bereits gab und sich deshalb die Bedingungen für seine Art zu kämpfen grundsätzlich gewandelt hatten. Möglicherweise glaubte er aber auch, die offensichtliche Unsicherheit der Regierung und das Mißtrauen zwischen König und Ministerpräsident ausnutzen zu können.

Jedenfalls ließ er sich jetzt erst recht auf das Spiel halber Versprechungen, angedeuteter Einverständnisse und vielfältiger Gerüchte ein. Er blieb verbohrt auf einem Weg, der nicht nur politisch sinnlos war, sondern auch militärisch ins Aus führte.

Garibaldis Protest gegen die Ereignisse von Sarnico und Brescia fiel recht halbherzig aus. Er setzte seine Reise fort, als ob nichts gewesen wäre, traf sich wiederum mit Regierungsvertretern und kehrte dann nach Caprera zurück.

Von dort brach er zur allgemeinen Überraschung Ende Juni 1862 nach Sizilien auf, angeblich einfach nur, um die Schauplätze seiner Triumphe wiederzusehen. Gleichzeitig ließ er aber mit rätselhaften Andeutungen wie »andiamo verso l'ignoto« (Unsere Reise führt ins Unbekannte)[57] durchblicken, daß dieses nur der Anfang war.

Es tauchten die wildesten Gerüchte auf; man erzählte sich zum Beispiel, daß Garibaldi von Sizilien aus nach Dalmatien aufbrechen werde, um dort die österreichischen Untertanen aufzuwiegeln, während das italienische Heer von der Lombardei aus Venedig befreien werde; oder aber, daß er nach Griechenland weiterfahre, um dort im Interesse der Dynastie Savoyen am Widerstand gegen die autoritäre Regierung des Wittelsbachers Otto teilzunehmen. Vorläufig hielt sich Garibaldi jedoch nur in Sizilien auf und reiste drei Wochen lang von Kundgebung zu Kundgebung. Auf der Insel herrschte auch unter der städtischen Bevölkerung tiefe Unzufriedenheit mit der neuen italienischen Regierung und im nachhinein erschienen die Monate der Diktatur Garibaldis als eine goldene Zeit. Auf den patriotischen Feiern wurde der Ruf nach der Befreiung von Rom und Venedig begeistert aufgegriffen. In Marsala prägte Garibaldi die Losung »O Roma o morte!« und verband sie mit immer heftigeren Attacken auf Napoleon III. und seine papstfreundliche Politik. Ganz offen sammelte er Freiwillige, Waffen und Geld; da veröffentlichte der König eine Erklärung, daß ihm und nur ihm die Entscheidung über die nächsten Schritte zur Befreiung Italiens zustünde und daß sich jeder, der dem zuwiderhandele, des Hochverrats schuldig mache.

In exakter Verkehrung ihres Inhalts wurde diese Erklärung jedoch bloß als eine weitere Bestätigung für das geheime Einverständnis des Königs aufgefaßt. Zu lange hatte er geschwiegen, zu oft hatten sich seine Vertreter mit Garibaldi vor den jubelnden Massen gezeigt. Es schien klar, daß diese Erklärung nur die von Napoleon geforderte formelle Distanzierung war. Für diese These sprach auch die Tatsache, daß Garibaldi weiterhin ungehindert seine militärischen Vorbereitungen treffen konnte, daß er mit drei- bis viertausend Freiwilligen ganz Sizilien durchqueren und die Meerenge an der gleichen Stelle wie vor zwei Jahren überqueren konnte, ohne daß sich ihm irgendjemand in den Weg stellte.

In Kalabrien aber war plötzlich alles anders als vor zwei Jahren. Die Bevölkerung strömte den Rothemden nicht zu. Die Bauern hielten sich in den Bergen versteckt, und die Freiwilligen, die ohnehin unter den ungünstigen Witterungsbedingungen zu leiden

Die Verwundung von Aspromonte

hatten, fanden kaum etwas zu essen. Garibaldi und seine Rothemden waren jetzt alles andere als die charismatischen Freiheitskämpfer, vor deren halbverrosteten Gewehren schwerbewaffnete Festungen kapitulierten. Als die Besatzung von Reggio Calabria keine Miene machte, freiwillig die Tore zu öffnen, waren es Garibaldi und seine Soldaten, die sich kampflos in die Berge zurückzogen.

Dort, auf den Höhen des Aspromonte, stellte sich dem stark gelichteten Haufen am 29. August 1862 eine Abteilung des italienischen Heeres unter dem Kommando des eigens von Piemont geschickten Hauptmanns Pallavicino entgegen. Obwohl Garibaldi auf einem Hügel die strategisch günstigere Position hatte, kamen die italienischen Soldaten immer dichter heran, weil er nicht schießen ließ. Sein Ziel war es wohl, solange zu warten, bis er die anderen durch eine patriotische Rede hätte verunsichern können, um den Kampf gänzlich zu vermeiden. Dazu kam es aber nicht, weil die italienischen Soldaten unter unablässigem Feuer vorrückten, worauf schließlich auch die Rothemden zurückschossen. Das Ganze dauerte kaum eine Viertelstunde und es gab zwölf Tote. Unter den

Verletzten war diesmal auch Garibaldi, der am Oberschenkel, vor allem aber am Knöchel gefährlich verletzt worden war. Die Garibaldiner wurden mit ihrem General gefangengenommen und zu Schiff auf die Festung Varignano bei La Spezia transportiert.

So sehr Garibaldis Unternehmung bei den Liberalen, und sogar bei dem regierungstreuen Flügel der Demokraten auf Ablehnung gestoßen war, so sehr erregte dennoch seine Verwundung Aufsehen und Empörung weit über die Grenzen Italiens hinaus. Der Hauptmann Pallavicino und die offizielle Version des »Schlacht«-verlaufes mochten immer wieder behaupten, daß die Garibaldiner heftigen Widerstand geleistet hätten. Die Erinnerung an die großen Siege von 1860 ließ solche Darstellungen einfach unglaubwürdig erscheinen. Die demokratische Presse berichtete täglich, daß Garibaldi schreckliche Schmerzen litt und die Gefängnisbedingungen seinen Gesundheitszustand weiter verschlimmerten. Sogar Lady Palmerston, die Frau des englischen Premierministers, kümmerte sich höchstpersönlich um den Verwundeten und schickte ihm ein spezielles Feldbett für den Transport. Täglich fanden in La Spezia und in anderen Städten des Landes Protestkundgebungen statt.

Angesichts dieser Bewegung mußte die Regierung zurücktreten, und die neue verzichtete darauf, Garibaldi und seine Freiwilligen des Hochverrats anzuklagen, wie es nach der Erklärung des Königs folgerichtig gewesen wäre. Selbst die Todesstrafe für die Deserteure des regulären Heeres, die sich Garibaldi angeschlossen hatten, wurden nach heftigen Demonstrationen in lebenslange Haftstrafen umgewandelt. Außer für die Deserteure wurde wenig später eine Amnestie erlassen, mit der die Regierung hoffte, das Problem endgültig unter den Teppich gekehrt zu haben. Die Inhaftierten aber wiesen die Amnestie ausnahmslos zurück, und einige forderten, wegen Hochverrats vor Gericht gestellt zu werden, nicht nur wegen Aspromonte, sondern auch, weil sie zwei Jahre zuvor bei Calatafimi und am Volturno für Italien und Vittorio Emanuele gekämpft hatten. Aber nicht nur die demokratische Presse vertrat die Auffassung, die Regierung könne es sich gar nicht leisten, einen Hochverratsprozeß anzustrengen, weil Garibaldi durch Dokumente beweisen könne, daß der König selbst bis über den Hals in die ganze Sache verwickelt sei.

Ende Oktober wurde Garibaldi zur besseren medizinischen Behandlung seiner Wunde aus dem Gefängnis entlassen. Im Dezember kehrte er auf seine Insel zurück und blieb dort bis 1864, weil er immer noch kaum laufen konnte.

In diesem Jahr gab die liberale Regierung – zuerst unter Minghetti, dann unter La Marmora – schließlich dem Druck Napoleons III. nach und unterzeichnete die sogenannte Septemberkonvention. Die Franzosen sicherten den Abzug ihrer Truppen aus dem Kirchenstaat innerhalb von zwei Jahren zu, die italienische Regierung dagegen übernahm die Schulden des Kirchenstaates und akzeptierte die Aufstellung eines päpstlichen Heeres unter Einschluß »ausländischer« (sprich: französischer) Katholiken. In einem geheimen Artikel verpflichtete sich Italien außerdem, innerhalb von sechs Monaten den Sitz der italienischen Regierung von Turin in eine andere Stadt zu verlegen. Gerade dieser Artikel, der schnell bekannt wurde, galt bei der patriotischen Bewegung als Verrat an den Plebisziten und der feierlichen Proklamation des neuen Italien, denn dort war ausdrücklich Rom zur einzig legitimen Hauptstadt des neuen Staates erklärt worden. Die Septemberkonvention erschien nicht zu Unrecht als eine Kapitulation vor Napoleon III. und als Verzichtserklärung der Regierung, was die Einigung des Landes betraf. Mühsam fand sie im Parlament dennoch eine Mehrheit, und Hauptstadt des neuen Italien wurde Florenz.

In den Augen der Demokraten erwiesen sich der König und seine gemäßigten Regierungen einmal mehr als inkonsequente Heuchler. Triumphierend hatte Mazzini bereits nach den Ereignissen am Aspromonte geschrieben: »... die Kugel aus einem königlichen Gewehr, die Giuseppe Garibaldi verletzte, hat den letzten Faden des Bandes zwischen Republikanern und Monarchie zerrissen, das vor zwei Jahren geknüpft wurde.«[58] Mazzini vergaß aber hinzuzufügen, daß dieser Riß die Demokraten in mindestens ebenso große Schwierigkeiten brachte wie die Regierung, denn allein hatten sie keine Alternative anzubieten.

Der dritte Unabhängigkeitskrieg und die Befreiung Roms

Ein neuer Anstoß kam aus einer Richtung, aus der ihn kaum jemand erwartet hätte, und wiederum ging die Initiative an Regierung und Diplomatie über. Der preußische Ministerpräsident bot Italien einen Bündnisvertrag gegen Österreich an.

Bismarck beabsichtigte, die Konflikte um die Herzogtümer Schleswig und Holstein, die als Ergebnis des deutsch-dänischen

Krieges 1864 unter preußische *und* österreichische Verwaltung gekommen waren, dazu zu nutzen, den lange schwelenden Kampf um die Vorherrschaft in Deutschland durch einen Krieg zu entscheiden. In diesem Krieg konnte Italien eine praktische Aufgabe als zweite Front gegen Österreich übernehmen, und als Belohnung dafür stellte Preußen großzügig den Gewinn des Veneto in Aussicht. Da Bismarck jedoch nicht verborgen geblieben war, daß die Entscheidungen der italienischen Regierung immer noch von Napoleons Gnaden abhingen, vermied er es, die Italiener als gleichberechtigte Partner zu behandeln. Napoleon selbst versprach sich als Vermittler im Hintergrund billige Gewinne am Rhein und in Belgien. In dieser außenpolitischen Situation hätte es eines zweiten Cavour mit seiner kaltblütigen Risikobereitschaft bedurft, um mehr zu erreichen als lediglich die demütigende Rolle eines Lückenbüßers.

Die italienische Regierung unter dem General La Marmora aber war dem nicht gewachsen. Sie schloß am 6. April 1866 ein auf drei Monate befristetes Bündnis mit Preußen. Italien verpflichtete sich gegen die Zusicherung des Veneto zum Angriff gegen Österreich, wenn in der vereinbarten Frist ein Krieg zwischen Österreich und Preußen ausbrechen sollte. Die Initiative lag also ganz bei Preußen. Österreich versuchte in letzter Minute – ergebnislos – Italien aus dem Krieg ganz herauszuhalten, indem es kampflos auf das Veneto verzichtete.

So begann der Dritte Unabhängigkeitskrieg, in dem Vittorio Emanuele wiederum als Juniorpartner eines großen Verbündeten im Kampf gegen Österreich stand. Der wesentliche Unterschied zum Krieg vor sieben Jahren lag jedoch darin, daß jetzt das italienische Heer allein kämpfte, während die Interessen des Bündnispartners und seine Heere ganz woanders lagen. Italien hatte also völlige militärische Entscheidungsfreiheit. Andererseits stand der Gewinn fast in jedem Fall – selbst in dem eines österreichischen Sieges – im voraus fest. Die Frage war eigentlich nur, ob Preußen oder Frankreich die Entscheidung traf. Ein militärischer Erfolg war deshalb in erster Linie eine Frage des politischen Prestiges, und dieser Sieg schien auch so gut wie sicher, konnte doch Italien über 200 000 Soldaten mobilisieren – eine Masse, wie sie vorher nur mit Hilfe der Franzosen zum Einsatz gekommen war – und in der Adria kreuzte eine mit großem technischen und finanziellen Aufwand ausgerüstete, der österreichischen mindestens gleichwertige Flotte. Die Österreicher hatten hingegen nur 75 000 Mann zur Verfügung, weil sie ihre Hauptkräfte gegen Preußen konzentrieren mußten. Allerdings verfügte Österreich über die gewaltigen Festungen des Quadrilatero, der jetzt die Grenze zwischen italienischem und österreichischem Gebiet bildete.

Als bewegliches Kommando verfügte Italien außerdem über ein Corps von 38 000 Freiwilligen unter der Führung Garibaldis, der trotz der Erfahrungen von Aspromonte im Kampf gegen Österreich nicht abseits stehen wollte. Trotz dieser äußerst günstigen Ausgangsbedingungen erlitten das reguläre Heer schon nach wenigen Tagen bei Custozza und die Flotte einige Zeit später bei Lissa in der südlichen Adria eine Niederlage. Vor allem durch Führungsschwäche verursacht, waren beide nicht so schwer, daß sie nicht durch eine rasche Reaktion hätten ausgeglichen werden können. Uneinigkeit und Eifersüchteleien im Generalstab verhinderten jedoch gerade eine schnelle Entscheidung, und so wurde der Krieg für Italien nicht in Italien, sondern auf den Schlachtfeldern Böhmens entschieden.

Allein Garibaldi und seine Freiwilligen ließen sich nicht entmutigen, obwohl sie nach der Niederlage von Custozza den Befehl zum Rückzug erhalten hatten. Unbeirrt rückte er auf der Westseite des Garda-Sees nach Norden ins Trentino vor. Aber auch die Garibaldiner zogen keineswegs von einem Sieg zum nächsten, denn der Gegner hatte aus der Erfahrung gelernt. Der österreichische General Kuhn tat es Garibaldi gleich und verlegte sich auf eine bewegliche Guerilla-Taktik. Als es in den Bergen am Nordende des Gardasees bei Bezzecca zu einer Schlacht kam, gab es keinen eindeutigen Sieger. Weder die Österreicher noch die Garibaldiner hatten Boden gewonnen. Dennoch zog sich der österreichische General nach einigen Tagen auf sichere Stellungen nach Norden zurück. Für die Italiener hätte also der Weg ins Trentino offengestanden. Da aber war der Krieg zu Ende.

Nach den preußischen Siegen von Königgrätz und Sadowa wollte Bismarck Österreich erträgliche Friedensbedingungen gewähren und zwang Italien mit der Drohung eines Separatfriedens, diese Bedingungen ebenfalls zu akzeptieren. Nach dem kläglichen Verlauf des Krieges in Italien war an eine selbständige Fortsetzung der Kampfhandlungen nicht zu denken.

Die Friedensbedingungen waren für Italien eine unverhohlene Demütigung. Ohne das Trentino und das julische Venetien um Triest übergab Österreich das Veneto an Frankreich. Von diesem erst wurde es, gewissermaßen als gnädiges Geschenk, an Italien weitergereicht. Als Garibaldi den Befehl zum Rückzug bekam, antwortete er in einem berühmt gewordenen Telegramm mit dem einen Wort: »Obbedisco!« (Ich gehorche). Das war Anklage und Kampfansage zugleich.

Für die Regierung wurde Garibaldi jetzt zu einer unerträglichen Belastung. Seine Erfolge erinnerten ständig an die jämmerliche Rolle der königlichen Truppen und der königlichen Diplomatie, durch die Italien das Veneto schließlich bekommen hatte, wie ein Hund, dem man einen Knochen hinwirft. In Venedig wurde nicht der König, sondern Garibaldi gefeiert, als sei er der Befreier von der verhaßten Fremdherrschaft, und der nutzte die riesigen Kundgebungen, um immer stürmischer zum Angriff auf den Kirchenstaat aufzurufen und die Losung »Vogliamo Roma, viva Roma italiana!« auszugeben. Die Demütigung des Dritten Unabhängigkeitskrieges sollte mit einer neuen mutigen Initiative aus dem Volke ausgeglichen werden.

Die Regierung unternahm den hilflosen Versuch, den Nationalhelden außer Gefecht zu setzen, indem sie ihn zusammen mit einigen hundert seiner Freiwilligen verhaften und nach Piemont auf die Festung Alessandria schaffen ließ – in der törichten Hoffnung, die Zahl seiner Anhänger sei hier nicht so groß. Aber die Demonstrationen im ganzen Land nahmen kein Ende, und selbst die Soldaten, die das Gefängnis bewachen sollten, patroullierten mit dem Ruf. »Viva Garibaldi libero! Viva Roma capitale!«

Garibaldi gefangenzuhalten, war unmöglich; ihn einfach freizulassen, war zu gefährlich. Als letztes Mittel versuchte die Regierung Rattazzi, die schon einmal über ihn gestürzt war, den so überaus populären Mann in einer Art Hausarrest auf Caprera zu halten. Italienische Kriegsschiffe und als Handelsschiffe getarnte Patrouillenboote kontrollierten Ankömmlinge und Abreisende, zensierten die Post und überwachten jede Bewegung auf der kahlen Insel. Mit diesen jeder Rechtsgrundlage entbehrenden Maßnahmen zeigte die Regierung einmal mehr, wie schwach sie war, und begab sich selbst in die Defensive. Die Sammlung von Freiwilligen an den Grenzen des Kirchenstaates und die Vorbereitung eines Aufstandes gingen indes unvermindert voran. Es fehlte nur noch Garibaldi.

Dem gelang im Schutze einer nebligen Nacht am 13. Oktober 1867 mit einem Ruderboot die Flucht nach Sardinien, von wo aus er nach einem Gewaltritt von 17 Stunden über die halbe Insel auf einem Fischerboot schließlich das toskanische Festland erreichte. Zum gleichen Zeitpunkt, als der oberste Bewacher von Caprera meldete, Garibaldi sitze wie immer schlechtgelaunt auf seiner Insel, rief dieser die jubelnde Bevölkerung in Florenz zum Marsch gegen Rom auf. Ohne daß die Regierung einen Finger zu rühren wagte, übernahm er das Kommando seiner Freiwilligen und begann den Angriff auf die Hauptstadt des Kirchenstaats.

Im Vergleich zum Zug nach Sizilien schien der Einmarsch in den Kirchenstaat geradezu ein Spaziergang, und doch markiert er den Anfang der völligen politischen und militärischen Niederlage Garibaldis und seiner Bewegung.

Der Aufstand in Rom schlug fehl. Nach dem Sturz der römischen Republik 1848 hatten die Führer der Linken die Stadt verlassen müssen, und die Bevölkerung war nach dem enttäuschenden Ausgang des republikanischen Strohfeuers wieder ganz und gar »päpstlich« geworden. Die Demokraten, die den Aufstand vorbereiten sollten, waren unter sich uneins. Die Mazzinianer hielten jetzt den Kampf für Demokratie für dringlicher als die Vollendung der Einheit. Garibaldis gemäßigte Linke war politisch vage, gebärdete sich aber übermäßig antiklerikal. Die Bevölkerung blieb passiv. Das Freiwilligenheer mußte sich aus der Ebene um Rom gegen die Berge zurückziehen. Etwa fünfzehn Kilometer nordöstlich von Rom bei Mentana an der Via Nomentana kam es zur Schlacht, die die Garibaldiner bereits zu gewinnen schienen, als zwei französische Bataillone auftauchten und in kurzer Zeit die Rothemden in die Flucht schlugen. Die Franzosen hatten eine neue Waffe, das Chassepotgewehr, ein Repetiergewehr, das bis zu zwölf Schuß pro Minute abgeben konnte. Damit wurde jene Taktik vereitelt, die die unglaublichen Erfolge Garibaldis ermöglicht hatte: Der Kampf mit dem Bajonett, Mann gegen Mann, in dem sich die stärkere Motivation der Freiwilligen auch ohne technische Ausbildung und Ausrüstung durchsetzte.

Die in geschlossener Formation vorrückenden Garibaldiner, die zudem über keinerlei berittene Abteilungen verfügten, wurden von den französischen Kugeln einfach niedergemäht. Es gelang den überlebenden Rothemden zwar, sich über die Grenzen des Kirchenstaates zurückzuziehen, dort aber wurden sie wiederum verhaftet, und Garibaldi wurde abermals auf die Festung Varignano in La Spezia gebracht. Diesmal gab es nur wenige Demonstrationen für seine Freilassung, und auch er selbst erhob keine Einwände, als er

Rom; die Bresche an der Porta Pia, 21. September 1870.
Die nachgestellte Fotografie wurde am folgenden Tag aufgenommen.

mit der Auflage nach Caprera gebracht wurde, die Insel nicht ohne Erlaubnis zu verlassen.

Die politische Niederlage von Rom und die militärische Niederlage von Mentana bewirkten bei Garibaldi zum ersten Mal mehr als eine vorübergehende Bitterkeit. Unfähig, den politischen Ursachen seines Mißerfolges auf den Grund zu gehen, glaubte er sich jetzt auch von seinen engsten Freunden verlassen und verfiel in deprimierte Zweifel darüber, ob seine Landsleute überhaupt die Freiheit verdient hätten.

Zum letzten Mal in seinem Leben zog er 1871 in den Kampf – aber nicht für Italien, sondern für die Franzosen: Nach der Niederlage und Gefangennahme Napoleons III. im preußisch-französischen Krieg bot Garibaldi der Dritten Republik seine Dienste an und kommandierte anschließend mehrere Monate im Südosten Frankreichs eine internationale Truppe von Freiwilligen. Er kehrte also in seinen späten Jahren zum politischen Credo jener Zeit zurück, als er ohne Ansehen des Landes für Freiheit und Republik gekämpft hatte. Freilich wußte ihm die neugewählte, mehrheitlich konservative Nationalversammlung dafür wenig Dank.

Es ist symptomatisch für Garibaldis Biographie und ebenso für den Verlauf der italienischen Befreiung und Einigung, daß er an deren Schlußakt nicht teilnahm, sondern von fern zusah, wie andere sein Werk vollendeten. In der Auseinandersetzung zwischen Napoleon III. und Bismarck hielt sich Italien neutral, obwohl der König sich gegenüber Napoleon persönlich zum Eingreifen verpflichtet hatte. Nach der französischen Niederlage zog die Regierung der Dritten Republik die Garnison von Rom ab, und es war den nachrückenden italienischen Truppen ein Leichtes, den Widerstand der päpstlichen Verteidiger zu überrennen.

Obwohl der Kampf um die »Bresche an der Porta Pia« in Rom später als heroische Tat gefeiert wurde, war die Vollendung der Einheit ebenso ein Abfallprodukt der Streitigkeiten anderer wie das Ergebnis des Dritten Unabhängigkeitskrieges. Mazzini wollte bei der Durchreise von Gaeta aus, wo er in Haft gesessen hatte, voll pathetischer Abscheu in Rom nicht einmal das Hotel verlassen, um die Stadt, in der er 1849 die Republik verteidigt hatte, nicht so erniedrigt zu sehen. Der Glanz des Jahres 1860 war längst verblaßt. Jetzt, nach der Einnahme Roms, gab es auch für die Demokraten keine Ausflucht mehr. Sie konnten nicht länger die Augen vor dem verschließen, was inzwischen längst vorhanden war: Das neue Italien mit seinen neuen und ebenso vielen alten Problemen.

»La classe politica italiana«

Vittorio Emanuele und seine Frau

Das Ergebnis des Jahres 1860 war mehr als ein vergrößertes Piemont und weniger als ein neues Italien, nicht nur weil noch zwei Regionen fehlten. Die Hauptstadt des Königreichs Piemont-Sardinien wurde die erste Hauptstadt des neuen Italien, obwohl sie in dessen äußerster Nordwestecke lag, aber die anderen Regionen waren ja nur »angeschlossen«, allerdings freiwillig, durch die Wahl des Volkes.

Diese Entstehungsgeschichte prägte auch das Verfassungsgerüst des neuen Italien. Das in Piemont gültige *Statuto* wurde zur Verfassung des Landes und Vittorio Emanuele der erste italienische König. Nicht er aber war es, der das neue Italien proklamierte – es fand keine Reichsgründung wie in Deutschland statt – sondern das Parlament verabschiedete ein Gesetz, das Vittorio Emanuele »durch Gottes Gnade und den Willen der Nation« zum König Italiens machte. Dabei war die Gnade Gottes keineswegs gesichert, denn der Papst wollte mit dem neuen Italien nicht das mindeste zu tun haben und gab der Enzyklika Syllabus 1864 den Tenor: »wir sind nicht liberal, wir sind unfehlbar!«[59]

Sein Gottesgnadentum bezog Vittorio Emanuele deshalb vor allem aus der Tatsache, einer alten Dynastie anzugehören, und er weigerte sich auch, zum Zeichen der neuen Würde die Numerierung seines Namens zu ändern. Der erste König Italiens hieß Vittorio Emanuele II. Erster Ministerpräsident Italiens wurde selbstverständlich der Ministerpräsident von Piemont, Graf Camillo Cavour.

Piemont drückte somit durch die Übertragung seiner Institutionen ganz Italien seinen Stempel auf. Bald sprach man von der »Piemontisierung« Italiens, und Kritiker verwiesen später zum Vergleich auf die Rolle Preußens in Deutschland.[60] Anders als Preußen aber verlor Piemont schnell an politischem Gewicht. Was anfangs Piemont gewesen war, wurde bald ganz Nord- und Mittelitalien, das in eine komplexe und zermürbende Auseinandersetzung mit dem Süden trat. Dazu trugen die Entstehung der »politischen Klasse« Italiens und die Piemontisierung wesentlich bei.

Die Abgeordneten des italienischen Parlaments, die im Februar 1861 zum ersten Mal in Turin zusammentraten, waren nach dem bis dahin in Piemont-Sardinien gültigen Wahlrecht, das heißt nach einem Zensus- und Mehrheitswahlrecht gewählt. Bis zu der lauen Reform von 1882 behielt Italien dieses System und damit den höchsten Zensus in ganz Europa. Nicht mehr als ca. 2% der Bevölkerung besaßen das Recht zu wählen. (Frankreich 1877: 26,9%, Deutscher Reichstag 1878: 20,6%, Großbritannien 1880: 8,8%).[61] Bei der Übertragung auf ganz Italien wirkte sich der für Piemont angelegte Zensus so aus, daß der relativ wohlhabendere Norden gegenüber dem neu angegliederten Süden begünstigt wurde. Schon bei dieser ersten Wahl zeigte sich zudem ein Phänomen, das auch weiterhin das Leben des italienischen Parlaments charakterisieren sollte, nämlich eine sehr niedrige Wahlbeteiligung. Zu erklären ist sie wohl zu einem Teil aus der ablehnenden Haltung des Papstes, und damit eines großen Teils der Katholiken dem neuen Staat gegenüber. Dennoch stand diese Tatsache in krassem Gegensatz zu den Ergebnissen der Plebiszite auf der Basis des allgemeinen Wahlrechts. Abgesehen von der Möglichkeit und Wahrscheinlichkeit gewisser Wahlmanipulationen bei den Plebisziten – überall gab es offene Wahllisten – ist der Schluß erlaubt, daß die hohen Wahlbeteiligungen und die überwältigenden Mehrheiten für den Anschluß mehr ein »nein« zu den alten Verhältnissen als ein »ja« zu dem neuen Piemont-Italien ausdrückten.

Der Zensus, das Mehrheitswahlrecht und die geringe Wahlbeteiligung bewirkten, daß ein Abgeordneter von nicht mehr als 500, oft sogar von noch weniger Wählern ins Parlament geschickt wurde. Von Piemont auf Italien übertragen entstand ein System persönlicher Herrschaft einer selbsternannten Elite. Ohne die Notwendigkeit der Vermittlung von Parteien und Organisationen führte ein direkter Draht zwischen dem privilegierten Wähler und dem Abgeordneten zu politischen Entscheidungen.

Auf diese Weise besaßen die Anhänger der bestehenden Regierung über die Möglichkeit kaum verschleierter Wahlgeschenke einen klaren Vorteil gegenüber der Opposition. Dies zeigte sich schon bei der ersten Wahl von 1861. 360 der 443 Abgeordneten waren Anhänger Cavours, so daß diese erste Wahl zu einem persönlichen Triumph des ersten italienischen Ministerpräsidenten wurde. Er hatte in Piemont das Parlament zum starken und unangreifbaren Mittelpunkt des politischen Lebens gemacht. Diese Rolle wurde nun auch dem Parlament Italiens zuteil.

Cavour aber war es auch gewesen, der innerhalb des Parlaments durch sein *connubio* eine Praxis eingeführt hatte, die die Funktion des Abgeordnetenhauses als Plattform *öffentlicher* politischer Auseinandersetzung aushöhlte. Mit der Übernahme des piemontesischen Wahlrechts in ganz Italien wurde die Grundlage für diese Praxis noch wesentlich gestärkt.

In dem relativ kleinen Piemont-Sardinien mit seiner durch die lange Tradition des aufgeklärten Absolutismus an verantwortliches Handeln gewöhnten Oberschicht konnten sich die negativen Seiten dieses Systems nicht so verheerend auswirken wie in dem unübersichtlichen Konglomerat unterschiedlichster sozialer Strukturen und Traditionen, die das neue Italien prägten.

Es bildete sich das heraus, was in Italien oft als *classe politica*, die »politische Klasse« des Landes, bezeichnet wird, die sich ihre Macht auch nach Einführung des allgemeinen (männlichen!) Wahlrechts 1919 nicht so leicht aus der Hand schlagen ließ.[62] In Italien war das Parlament, nicht der König und nicht die Regierung das Zentrum der politischen Macht, es wurde aber getragen von einer winzigen Minderheit innerhalb der an sich schon dünnen Oberschicht des Landes. Private Absprachen, Mauscheleien und persönliche Begünstigungen aller Art waren praktisch vorprogrammiert in diesem System, das die Integration demokratischer Gepflogenheiten in bestehende oligarchische Verhältnisse bedeutete. Personelle und dynastische Kontinuität von bestimmten Familien gehörte ebenso dazu wie das periodische Aufbrechen von Skandalen, die ein kurzes Schlaglicht auf Abgründe von Verstrickung zahlreicher Politiker in Geschäfte und Affären warfen, bevor sie vom nächsten Skandal oder einem endlosen parlamentarischen Untersuchungsausschuß wieder verdunkelt wurden.

Der erste große politische Skandal dieser Art ereignete sich bereits 1862 im Zusammenhang mit der Gründung einer italienischen Eisenbahngesellschaft. Im Verwaltungsrat dieser Gesellschaft saß eine große Zahl von Abgeordneten, ein Umstand, der schon bald den Vorwurf laut werden ließ, bei der Abstimmung über die Konzessionsvergabe hätten nicht selten private geschäftliche Interessen eine Rolle gespielt. Einer der Gründer der Gesellschaft sicherte sich zudem durch geheime Absprachen die zu erwartenden großen Konstruktionsaufträge, und schließlich tauchten auch noch

Hinweise auf, hinter dem Ganzen steckten ausländisches Kapital und Rivalitäten zwischen großen internationalen Finanzgruppen.

Wie viele Skandale nach ihm versandete schon dieser erste in einer blassen und nichtssagenden Erklärung der parlamentarischen Untersuchungskommission, die genau so lange getagt hatte, bis sich die Wogen in der Öffentlichkeit allmählich wieder glätteten. Alle Parteien nahmen ihre Plätze ein und spielten ihre Rollen, die sie von nun an sozusagen en suite spielen sollten: die radikale Linke mit ihrer Presse und ihren Kampagnen, die die richtigen Zusammenhänge vermutete, sie aber nicht beweisen konnte und sich deshalb der Lächerlichkeit preisgab; die Justiz, die sich durch Prozeßverschleppung und skandalöse Urteile als Komplizin entlarvte; das Parlament, in dem heftige und ergebnislose Debatten geführt wurden; und schließlich die Hintermänner, Bankiers, undurchsichtige Finanzleute und große Industrielle, die den Skandal je nachdem zur eigenen Bereicherung oder zur Ausschaltung eines lästigen Konkurrenten nutzten.

So tat sich schon in den ersten Jahren des neuen Staates zwischen den Repräsentanten und den Repräsentierten, zwischen dem Italien der politischen Institutionen und dem wirklichen Italien ein Abgrund auf. Bald sprach man von dem Gegensatz *paese legale – paese reale*, der durch die Schwierigkeiten, mit denen das neue Italien zu kämpfen hatte, immer tiefer wurde.[63]

Mit Staunen und Erschrecken mußte sich die politische Klasse jetzt eingestehen, daß sie das Land, dessen Geschicke sie leiten sollte, in Wirklichkeit nicht kannte, ja nicht kennen konnte. Erst im Laufe der nächsten Jahrzehnte wurde durch umfassende staatliche und private Erhebungen und Enquêten ein umfassendes Bild der wirtschaftlichen und sozialen Lage der Bevölkerung erarbeitet, das erschreckender ausfiel als die düstersten Prognosen. 1861 enthüllte eine Erhebung des neu eingerichteten statistischen Zentralinstituts, daß 78% der Bevölkerung Analphabeten waren. Die Grundzüge des Lesens und Schreibens zu beherrschen, bedeutete aber noch lange nicht, des Italienischen, das eigentlich nur eine Literatursprache war, mächtig zu sein. Nur 5 von 1000 Italienern waren 1866 dazu in der Lage.[64] Zwischen dem Italien der Institutionen und dem wirklichen Italien gab es auch kaum eine Brücke. Diejenige Institution, die bisher als Interpret und Vermittler zwischen Herrschenden und Beherrschten gewirkt hatte, nämlich die Kirche, lehnte den neuen Staat ab und half eher, den Graben noch zu vertiefen.

Die Piemontisierung Italiens

Zumindest in Umrissen dämmerte es der politischen Klasse schnell, daß es vordringlich darauf ankam, das politisch so plötzlich geeinte Italien nun auch wirtschaftlich, sozial und kulturell überhaupt erst zusammenzuführen. Ganz anders als bei der Gründung des deutschen Reiches, der zweiten großen Nationalstaatsbildung im Europa des 19. Jahrhunderts, war in Italien die politische Einigung eben nicht Endpunkt eines längeren Prozesses wirtschaftlicher und gesellschaftlicher Annäherung im Rahmen der beginnenden Industrialisierung.

Vom matten Versuch einer mittelitalienischen Zoll- und Währungsunion einmal abgesehen, hatte – mit Ausnahme Piemonts – jeder der einzelnen italienischen Staaten, hinter hohen Zollmauern versteckt, ein wirtschaftliches Eigenleben geführt. Nicht einmal ausreichende Verkehrsverbindungen, weder Straßen noch Eisenbahnen, waren als Basis für die Einheit vorhanden. Der ohnehin verkehrsmäßig ungünstige italienische Stiefel mit seinen hohen und schroffen Gebirgszügen war eigentlich nur in den schmalen Küstenregionen vollständig erschlossen. Ganz besonders schlimm war die Situation im ehemaligen Königreich Neapel, das von nun an als die neapolitanischen Provinzen bezeichnet wurde. Die Verwahrlosung der bourbonischen Verwaltung kam am sichtbarsten in der Abwesenheit eines Straßen- und Verkehrsnetzes zum Ausdruck. Ein großer Teil der Orte im Landesinneren, in der Basilicata, in Kalabrien, Apulien, mehr noch aber in Sizilien, verfügte einzig in Form holpriger Eselspfade über sporadische Verbindungen mit der Außenwelt. Von der Existenz eines Staates wußte man durch das gelegentliche Auftauchen von Militärpatroullien und das regelmäßige Erscheinen der Steuereintreiber.

Um hier Abhilfe zu schaffen, hätte der neue italienische Staat in kürzester Zeit vor allem zwei Aufgaben bewältigen müssen: den Aufbau einer funktionierenden Verwaltung und die Schaffung von Infrastrukturen, die beide zusammen die Einheit Italiens auch in wirtschaftlicher und gesellschaftlicher Hinsicht ermöglicht hätten.

Die Ausgangsbedingungen für die Lösung der anstehenden Probleme waren also denkbar schlecht, aber die Art und Weise, wie die politische Klasse Italiens sie anging, belastete die weitere Entwicklung noch zusätzlich. Bereits die ersten Versuche, die dringend notwendige Verwaltungsreform durchzuführen, ließen erkennen, daß mit der Einigung die wahren Probleme erst ans Licht kamen, und es zeigte sich, wie unterschiedlich die Wünsche und Vorstellungen der Betroffenen und Beteiligten über die zukünftige Gestaltung des Königreichs Italien waren.

Die grundlegende Auseinandersetzung ging darum, wie weit eine lokale Autonomie möglich und sinnvoll sei und welche Rolle bestehende Institutionen und Gliederungen in Zukunft spielen sollten. Am 23. Oktober 1859, also noch kurz vor dem Anschluß der mittelitalienischen Herzogtümer, hatte die Regierung Rattazzi – Cavour saß schmollend auf seinem Landsitz Leri – ein Gesetz zur Neuordnung der Verwaltung durchgebracht, das zur Grundlage des Verwaltungsaufbaus in ganz Italien werden sollte. Durch dieses Gesetz wurde die in Piemont bereits bestehende Zentralisierung der Verwaltung noch verschärft. Selbst auf Gemeindeebene wurden die Bürgermeister vom König eingesetzt und nicht gewählt. Einzig bedeutsame Verwaltungseinheit war die Provinz, an deren Spitze ein wiederum vom König bestimmter Gouverneur stand, der damit zugleich Vertreter der Zentralregierung als auch oberster Beamter der Provinzverwaltung war. Die nach dem Zensus gewählten Organe hatten keinerlei eigene Entscheidungsbefugnis. Die rücksichtslose Übertragung dieses Systems auf die Lombardei führte schnell zu weit verbreiteter Unzufriedenheit, nicht nur weil sich jetzt zum Beispiel Mailand nur noch mit dem Rang einer beliebigen Provinzhauptstadt begnügen sollte, sondern auch und vor allem deshalb, weil das auf die Reformära unter Maria Theresia zurückgehende Verwaltungssystem einen viel höheren politischen Entscheidungsspielraum für die Gemeinden und die ganze Lombardei eingeräumt hatte als dies jetzt Piemont gestatten wollte. Nach seiner Rückkehr an die Macht ließ Cavour deshalb in der neu angegliederten Toskana die dort vorhandenen Verwaltungsstrukturen zunächst einfach bestehen und stellte eine Reform in Aussicht, die »über die Wohltaten der Freiheit und Dezentralisierung hinaus die Vorteile der Autonomie« gewähren sollte.[65]

Nicht nur das Fehlen eines Staatsmannes vom Format Cavours vereitelte die Einlösung dieses Versprechens nach dessen Tod. Die Diskussion über ein noch von Cavour und seinem Innenminister Minghetti entworfenes – im Parlament gescheitertes – Gesetz, das die Einrichtung von Regionen mit ausgedehnten Kompetenzen vorsah, offenbarte einen besonders wunden Punkt. Sobald das Konzept einer rigiden Zentralisierung verlassen wurde, regten sich die Geister des italienischen Partikularismus. Wie sollten die Grenzen der neuen Regionen aussehen? In den ehemaligen Herzogtümern Parma und Modena wehrte man sich sofort gegen eine mögliche Eingliederung in eine größere Region. Andererseits waren diese ehemaligen Staatengebilde selbst zu klein und geographisch zu ungünstig gestaltet, als daß sie in ihrer alten Form sinnvoll in Regionen hätten verwandelt werden können. Ähnliche Proteste kamen sofort aus den Marken und aus Umbrien. Gänzlich unüberwindlich schienen die Schwierigkeiten im ehemaligen Königreich Neapel. Wurde in Sizilien die Forderung nach vollständiger Autonomie immer lauter, so mußte auf dem Festland jede wie auch immer geartete regionale Gliederung künstlich wirken; als Ganzes war der südliche Teil des Stiefels jedoch zu groß.

Es schien einfacher, eine zentralistische Lösung durchzupeitschen als die Auseinandersetzung mit dem wiederauflebenden Partikularismus zu gewinnen. Durch die sogenannten Oktoberdekrete wurde deshalb 1861 die von Rattazzi begonnene Zentralisierung der Verwaltung mit minimalen Änderungen für ganz Italien verbindlich. Statt Gouverneuren wurden an die Spitze der Provinzen Präfekten mit erweiterten Kompetenzen gestellt, die Regionen fielen weg.

Damit wurde dem neuen Italien eine Verwaltungsstruktur aufgepfropft, die den politischen Entscheidungsspielraum und die Kontrollmöglichkeit auf Gemeinde- und Provinzebene auf ein Minimum reduzierte und von vornherein den Keim lähmender Schwerfälligkeit und Korruption in sich trug. Für Süditalien stand aber auch diese Reform bloß auf dem Papier. Zwar wurden die Statthalterregierungen in Neapel und Palermo 1862 aufgelöst und der Süden nominell den anderen Teilen Italiens gleichgestellt. In Wirklichkeit aber übte der Präfekt von Neapel eine Art Militärdiktatur aus, denn er war zugleich Oberbefehlshaber des im Süden stationierten Heeres. Für Sizilien dauerte die Militärdiktatur bis in die siebziger Jahre. Statt, wie Cavour noch auf dem Sterbebett gehofft hatte, den Süden durch eine liberale Ordnung, durch Modernisierung und Bildungsprogramme zu gewinnen und zu entwickeln, brachte der neue italienische Staat seinen neapolitanischen Provinzen eine Welle von Repressalien die sich von der Politik der Bourbonen wenn überhaupt, so durch größere Effizienz unterschieden.

»Steuern, Steuern, nichts als Steuern«

Durch den Anschluß der einzelnen Staaten an Piemont hatte letztlich das neue Italien die alten Schulden übernehmen müssen, und alle Einzelstaaten waren hoffnungslos verschuldet. Dabei war ein Teil der Schulden erst im Laufe der Einigung entstanden, denn die Unterhaltung der Heere, die Diktatur Garibaldis und die provisorischen Regierungen in Mittelitalien hatten in kurzer Zeit riesige Summen verschlungen. Den größten Schuldenberg, die Hälfte der Gesamtschulden des neuen Staates in Höhe von fast 2,5 Milliarden piemontesischer Lire brachte Piemont allerdings selbst mit. Die Unterhaltung eines für das kleine Land überdimensionalen Heeres und die forcierte Modernisierung, die Cavour seit 1852 betrieb, hatten viel Geld gekostet, das nun von ganz Italien bezahlt werden mußte.

Das Heer blieb auch weiterhin, solange man für den nächsten Unabhängigkeitskrieg Gewehr bei Fuß stehen zu müssen glaubte, eine die tatsächlichen finanziellen Möglichkeiten des Landes weit übersteigende Belastung. Die Ausgaben für Heer und Marine machten bis 1866 fast 40% des Gesamthaushaltes aus, danach trotz drastischer Sparmaßnahmen immer noch ca. 20%.

So ergaben sich schon bald massive Haushaltsdefizite, die das ganze erste Jahrzehnt des neuen Italien überschatteten. Die schlichte Methode, nach der man die riesigen Löcher im Haushalt zu stopfen gedachte, brachte der Finanzminister Quintino Sella 1862 auf die prägnante Formel: »Steuern, Steuern, nichts als Steuern«.[66]

Während die provisorischen Regierungen und der Diktator Garibaldi als erste Maßnahmen die bestehenden Steuern gesenkt hatten, war eine der ersten Maßnahmen der italienischen Regierung die Übertragung des piemontesischen Steuersystems auf das ganze neue Königreich. Das piemontesische war das härteste Steuersystem in ganz Italien; sein Schwerpunkt lag auf der Grundsteuer, während die Einkommensteuer, die Cavour einzuführen versucht hatte, keine besondere Rolle spielte. Die Anwendung dieses Steuersystems bedeutete nicht nur an sich eine Verschärfung der Steuerbelastung für die meisten Steuerzahler außerhalb Piemonts und das Ende mancher Privilegien. Allein durch die unterschiedlichen Berechnungsgrundlagen der verschiedenen Kataster für die Grundsteuer kam es zu schreienden Ungerechtigkeiten. Es existierten nämlich 22 verschiedene Kataster, und die Schaffung eines neuen einheitlichen Katasters dauerte bis 1956. Insbesondere der Süden wurde durch die Einführung des piemontesischen Steuersystems schwer benachteiligt.

Die »normalen« Steuern reichten jedoch bei weitem nicht aus. Statt eine Steuerreform in Angriff zu nehmen, die die Einführung der Einkommensteuer vorsah, griff man immer konfuser zu Steuererhöhungen, Sondersteuern, indirekten Steuern, Monopolpreisen und dergleichen mehr. Einen Höhepunkt erreichte die Steuerlast in den Jahren um 1866, als eine Wirtschaftskrise und der Dritte Unabhängigkeitskrieg die staatlichen Ausgaben in die Höhe trieben und die Einnahmen sinken ließen. Trotz heftiger Proteste führte die Regierung Cambray-Digna mit ihrem Finanzminister Sella die Mahlsteuer in ganz Italien ein. Es war dies die bei den Bauern bei weitem verhaßteste Steuer. In den Städten ließ sie den Brotpreis in die Höhe schnellen. Auf dem Lande mußten die Bauern die Steuer dem Müller direkt entrichten, wenn sie ihr gemahlenes Getreide abholten. Die Mahlsteuer war so handgreiflich und augenscheinlich ein Diebstahl des Staates am Lebensnotwendigsten, daß ihre Einführung schon unter Napoleon zu massiven Bauernaufständen geführt hatte. Auch jetzt, 1869, als die Steuer nach jahrelanger Debatte in Kraft trat, schlug die Unzufriedenheit in allen Teilen Italiens, vor allem aber im Norden in offenen Aufruhr um.

Selbst diese Steuer genügte aber nicht. Immer wieder wurden neue Abgaben erfunden, alte erhöht. Dieses Verfahren erhielt den Namen »omnibus«, weil in den Steuerpaketen wirklich alles enthalten war: Steuern auf Amtspapier, Schlachtvieh und Erbschaftsfälle, ja sogar auf Fenster und Türen.

Die Einführung der Mahlsteuer und die omnibus-Politik waren eine klare Richtungsänderung: Von jetzt ab ging die Steuerpolitik ganz zu Lasten der armen Bevölkerung, denn fast sämtliche Gegenstände des täglichen Bedarfs waren mit Abgaben belastet. Der lange parlamentarische Kampf um die Mahlsteuer, die von Sella bereits 1865 gefordert worden war, zeigt, daß man sich dessen durchaus bewußt war. Im Juni 1868 stimmten schließlich doch 101 Abgeordnete der Kammer für die Mahlsteuer; nur noch elf waren dagegen.

Diese Kriegserklärung an die Armen war freilich keineswegs ein Zeichen der Stärke der politischen Klasse Italiens. 1866 kämpfte der italienische Staat im Gegenteil nach wie vor nach innen und außen ums nackte Überleben. 1862 hatte Sella den Haushaltsausgleich bis spätestens 1864 als einen Kampf »auf Leben und Tod« bezeichnet.

1866 war man von dessen Beendigung weiter entfernt denn je und von den Steuererhöhungen abgesehen hatte keine einzige Maßnahme die erhoffte rasche Wirkung gezeigt.

Mit der Ausgabe von Staatsschuldscheinen im In- und Ausland hatte man zunächst geglaubt, die Defizite decken zu können, bis der Haushalt in Ordnung gebracht war. Auf der Basis der traditionellen Verbindungen zu ausländischen Banken, insbesondere zur Rothschild-Bank, ließen sich die Papiere anfangs auch gut plazieren. Je öfter der Staat aber neue Schuldscheine auflegen mußte, je weiter der Haushaltsausgleich in die Ferne rückte, desto schwieriger wurde es, genügend Käufer zu finden, und der Wert der italienischen Staatspapiere fiel in den Keller. Bismarck erklärte 1866 grob und schulmeisterlich, daß ein Staat, der so wenig in der Lage sei, seine Finanzen in Ordnung zu bringen wie Italien, auf die Dauer keine Existenzberechtigung habe. 1866 sah sich die italienische Regierung sogar gezwungen, die freie Konvertierbarkeit der Lira aufzuheben. Nach außen war diese Entscheidung ein äußerst demütigendes Eingeständnis der Schwäche Italiens, nach innen brachte die Verteuerung der Importe steigende Preise.[67] Die zweite große Geldquelle, von der man sich die Sanierung der Staatsfinanzen erhoffte, war der Verkauf von Staatsbesitz, von Konzessionen und Monopolen. Der bereits erwähnte erste politische Skandal um die Eisenbahnkonzession für die »società italiana per le strade ferrate meridionali« (Eisenbahngesellschaft für Süditalien) gehört hierher. Während die Staaten nördlich der Alpen dazu übergingen, Bau und Betrieb der Eisenbahnnetze zu verstaatlichen und zu zentralisieren, ging Italien den umgekehrten Weg. Um Geld in die Hand zu bekommen, verkaufte die Regierung zum Beispiel die staatlichen Eisenbahnen in Piemont an eine von der Rothschild-Bank getragene Gesellschaft. Mit dem Argument, man dürfe die Eisenbahnen nicht gänzlich in ausländische Hände fallen lassen, erreichte der Industrielle Bastogi die Vergabe der Eisenbahnkonzession für den Süden an die von ihm gegründete Gesellschaft.

1861 gab es in ganz Italien circa 2100 Bahnkilometer, und man ging damals davon aus, daß mindestens weitere 6000 km zur Verbindung und Erschließung der einzelnen Landesteile gebaut werden müßten. Mit der Privatisierung und Aufteilung des Eisenbahnnetzes unter verschiedene – teilweise von ausländischem Kapital dominierte – Gesellschaften überließ der italienische Staat dieses außerordentlich wichtige Instrument für die Einigung und wirtschaftliche Entwicklung des Landes privaten Interessen und verstärkte zudem die Abhängigkeit Italiens von ausländischen Finanzkreisen.

Mit weniger tiefgreifenden Auswirkungen wurde das gleiche Verfahren bei der Vergabe der Tabakregie an eine private Gesellschaft angewandt, deren Einrichtung wiederum von einem massiven politischen Skandal begleitet war. Gegen die Zusage eines umfangreichen Kredits an den Staat fand der Ausverkauf von staatlichem Besitz und staatlichen Prärogativen statt, deren Nutznießer in- und ausländische Finanzspekulanten wurden. Das Verschleudern wertvollen Besitzes trat am krassesten beim Verkauf der *terre demaniali* und der Güter aufgelöster kirchlicher Institutionen hervor. Von der ursprünglichen, von den provisorischen Regierungen verkündeten Absicht, diese Güter an die landlosen Bauern zu verteilen und so eine Schicht von Klein- und Mittelbauern zu schaffen, konnte keine Rede mehr sein. Es ging nur noch darum, schnell so viel Geld wie möglich zu bekommen. Im Ergebnis wurden also die Güter weit unter Wert an Spekulanten und ohnehin schon reiche Grundbesitzer verschleudert. Insgesamt wurde die gewaltige Menge von 2,5 Millionen Hektar Land verkauft, deren größter Teil in den neapolitanischen Provinzen lag. Gerade hier aber wurde eben nicht der jahrhundertealte Hunger der Bauern nach Land befriedigt, sondern die Gier der *galantuomini* nach immer mehr Besitz. Der Kampf um das Eigentum an Land wurde in dem Jahrzehnt nach 1861 eindeutig und unwiderruflich zugunsten einer neuen Schicht bürgerlicher Großgrundbesitzer entschieden. Die Auseinandersetzung war lang und blutig, denn die Bauern wehrten sich zum letzten Mal mit verzweifelter Kraft.

Pius IX. und Francesco II. von Neapel (links)

Der Zorn der Betrogenen

Eine politische Bankrotterklärung

Garibaldi war in Süditalien politisch gescheitert, weil er gegenüber den Liberalen keine wirkliche politische Alternative anzubieten hatte und weil er das Grundproblem des Südens, die Frage der Landverteilung, nicht verstand. Zuerst hatte er den Bauern Versprechungen gemacht, sie hoffen lassen, dann hatte er ihre Tumulte niederschießen lassen. Trotz exemplarischer Härte war es seinen Truppen nicht gelungen, die Unruhe ganz zum Schweigen zu bringen, aber sie hatten sich die Bauern zum Feind gemacht. Bei dem zweiten, am Aspromonte gescheiterten Zug bekam Garibaldi dies aufs bitterste zu spüren. Die *galantuomini* dagegen, aus deren Reihen der Großteil seiner Freiwilligen kam, waren verunsichert. Der Erfolg der Plebiszite zeigte, daß man sich von Piemont mehr Sicherheit versprach.

Zur Situation in Süditalien stellte Cavour sehr richtig fest, daß es keine Kunst sei, mit dem Belagerungszustand zu herrschen, wie dies die Bourbonen in allen Krisen getan hatten. Cavour versprach die Freiheit. In Wirklichkeit aber war es nicht zuletzt er selbst, der den Grundstein dazu legte, daß die sozialen Probleme des Südens nicht gemildert, sondern so zugespitzt wurden, daß 1860-65 ein regelrechter Bürgerkrieg zwischen Süden und Norden tobte und der Belagerungszustand zu einer Dauereinrichtung wurde.

Anfang des Jahres 1861 entwickelte der Innenminister der Statthalterregierung in Neapel, Liborio Romano, der auch schon in den letzten Jahren der Bourbonen und unter Garibaldi dieses Ressort bekleidet hatte, ein Programm, wie den Unruhen der Bauern zu begegnen sei. Trotz seiner undurchsichtigen Beziehungen zur *ca-*

morra genoß er das Vertrauen der Demokraten und war vor allem ein profunder Kenner der sozialen Probleme des ehemaligen Königreichs. Romanos Plan hatte zwei Schwerpunkte: auf der einen Seite gezielte Aktionen gegen die Widerstandsherde der Briganten mit Hilfe der Nationalgarden und der Garibaldiner, auf der anderen Seite Ausschreibung von öffentlichen Arbeiten, Säuberung der Verwaltung und Verteilung der *terre demaniali.*

Nichts von alledem wurde verwirklicht, Romano mußte nach wenigen Wochen sein Amt zur Verfügung stellen.

Stattdessen verfolgte man die Politik, die Cavour seinem Vertrauten Farini als erstem Statthalter mit auf den Weg gegeben hatte. Ihr vordringlichstes Anliegen war es, alle Spuren der Herrschaft Garibaldis zu tilgen – nicht aber, die von den Bourbonen hinterlassene Mißwirtschaft zu beseitigen.

Die erste Aufgabe war folglich die Auflösung des Südheeres. Die Übernahme der Südarmee als Teil des regulären Heeres entsprach nicht nur politisch nicht den Wünschen der Regierung Cavour, sondern sie war auch gegenüber dem regulären Heer kaum durchzusetzen. Die Generäle hätten es niemals geduldet, den bunten Haufen der Garibaldiner mit ihrem Heer auf gleiche Stufe gestellt zu sehen, schon gar nicht mit dem von Garibaldi hergestellten Verhältnis zwischen Offizieren und Mannschaften: bei den *camicie rosse* kam auf sechs oder sieben Soldaten ein Offizier.

So eröffnete man lediglich 1500 Soldaten Garibaldis die Möglichkeit der Aufnahme ins reguläre Heer. Insbesondere die bewährten Generäle wurden unter Beibehaltung ihres Ranges übernommen, und einige von ihnen wurden auch Abgeordnete im Parlament. Das war eine hervorragende Methode, sie zu »zähmen«.

Die Verabschiedung der übrigen Soldaten vollzog der piemontesische General Revel, nachdem in einem königlichen Dekret die Ausbezahlung einer Abfindung festgelegt worden war. Obwohl die Südarmee Garibaldis zuletzt 50-60 000 Mann umfaßt hatte, ging Revel selbstherrlich davon aus, daß in Wirklichkeit nur 20 000 Mann das eigentliche Heer gebildet hätten, der Rest habe aus Leuten bestanden, die in letzter Minute aus Gewinnsucht oder Angeberei dazugekommen seien und überhaupt nicht gekämpft hätten. Die Zahl von 20 000 entsprach zufällig genau der Anzahl. Soldaten aus Nord- und Mittelitalien, die sich den Reihen Garibaldis angeschlossen hatten. Diese Einteilung führte dazu, daß Revel nahezu allen süditalienischen Garibaldinern sogar die Abfindung und eine ehrenvolle Verabschiedung verweigerte. Es kam zu Meutereien und wochenlangen Demonstrationen in den Städten des Südens. Revel setzte sich zwar schließlich durch, aber er hatte damit nur vordergründig Ruhe und Ordnung geschaffen. Tausende von bewaffneten und kampferprobten Männern fühlten sich betrogen und gedemütigt und warteten auf die Gelegenheit zur Rache.

Das zeigte sich auch, als die Auflösung der Südarmee im April 1861 im Parlament in Turin zur Sprache kam, wo durch ein Gesetz auch formal ein Schlußstrich gezogen werden sollte. Garibaldi nahm bei diesem Anlaß zum ersten Mal sein Mandat als Abgeordneter Neapels wahr. Als er mit Poncho, rotem Hemd und Sombrero vor die in feierliches Schwarz gekleideten Abgeordneten trat, schlug ihm stürmischer Beifall von den Zuschauertribünen und eisiges Schweigen von den Abgeordnetenbänken der Regierungsmehrheit entgegen. In seiner Rede führte er einen Generalangriff gegen die Regierung Cavour, der er vorwarf, das piemontesische Heer nach Süden geschickt zu haben, um einen »Bruderkrieg« zu entfachen. Garibaldi konnte sich dabei auf die peinlichen Enthüllungen der französischen Regierung über die geheime Korrespondenz zwischen Napoleon III. und dem Kriegsminister Fanti stützen, in der dieser das Einverständnis des Kaisers erbat, um die »in Garibaldi personifizierte Revolution« zu schlagen[68]. Die Rede löste einen unbeschreiblichen Tumult im Parlament aus, der Garibaldi selbst völlig ungerührt ließ. Cavours plötzliche Erkrankung und Tod wenige Wochen später brachte man mit der Aufregung um diesen Vorfall in Verbindung. Ohne die Abstimmung abzuwarten, verließ Garibaldi das Abgeordnetenhaus, um draußen einer Demonstration seiner Rothemden beizuwohnen.

Garibaldi hatte unmißverständlich klargestellt, daß das Italien der *camicie rosse* sich nicht einfach beiseiteschieben ließ. Für ihn hatte das Jahr 1860 lediglich ein Zwischenergebnis erbracht. Italien existierte erst dann, wenn es ganz und vollständig befreit war. Für viele seiner ehemaligen Soldaten war aber die Enttäuschung zu groß. Sie wollten nicht länger für Vittorio Emanuele und ein Italien kämpfen, das sie so brüsk zurückgestoßen hatte. Sie hofften auch nicht mehr auf Garibaldi, sondern schlossen sich den Briganten an oder kämpften auf eigene Faust nicht mehr für, sondern gegen Italien, und insbesondere gegen die Regierung in Neapel.

Die Statthalter hingegen hatten sich mit ihrer Politik selbst eines wichtigen Machtinstruments beraubt, denn Garibaldis Truppen waren in alle von den Bourbonen verlassenen Festungen eingerückt und hatten sich über das ganze Land verteilt. Was sollte an die

Stelle der 50 000 Mann des Südheeres treten? Auch den Nationalgarden, die unter Garibaldi eine große Rolle gespielt hatten, traute die neue Regierung gerade deshalb nicht über den Weg. Hier wandte man das bewährte Mittel an, die Lieferung von Waffen zu verschleppen und zu verweigern. Dazu wurden unter dem Vorwand der Angleichung an die Verhältnisse im übrigen Italien der Zensus und die Aufnahmekriterien für die Nationalgarde verschärft, so daß sie ungefährlich, aber auch untauglich wurde.

Wollte man das Heer im Süden nicht nur aus ehemaligen Emigranten und Norditalienern bestehen lassen, so blieben nur zwei Wege: das ehemalige bourbonische Heer zu rehabilitieren und die allgemeine Wehrpflicht auszuschreiben. Gegenüber dem bourbonischen Heer waren die piemontesischen Militärs viel aufgeschlossener als gegen die Rothemden, handelte es sich doch immerhin um ein reguläres Heer mit festen Dienstgraden, -wegen und -vorschriften. Mehr als 2000 Offiziere des bourbonischen Heeres wurden in kurzer Zeit für das neue Heer im Süden rekrutiert, die meisten allerdings, oft auf eigenen Wunsch, nur zur Reserve. Das Gros des bourbonischen Heeres dagegen hatte sich einfach aufgelöst. Von den Kriegsgefangenen lehnten es die meisten ab, in den Dienst des italienischen Königs zu treten. Ehemalige bourbonische Soldaten und auch Offiziere bildeten das militärische Rückgrat der immer zahlreicher auftretenden Briganten. Der Versuch der Statthalterregierung schließlich, mit der Einführung der allgemeinen Wehrpflicht ein Heer unter dem Befehl norditalienischer und ehemals bourbonischer Offiziere auf die Beine zu stellen, scheiterte vollständig und bewirkte im Gegenteil den endgültigen Bruch mit der ländlichen Bevölkerung. Hatte schon Garibaldi vergeblich auf den Enthusiasmus der Massen gehofft, so gab es für die Bauern unter der neuen Regierung erst recht keinen Grund, dem Aufruf zum Waffendienst zu folgen. Statt der erwarteten 72 000 Soldaten stellten sich bis Mitte 1861 nur 20 000 junge Männer dem Einberufungsbefehl. Die übrigen, die als Fahnenflüchtige in die Illegalität getrieben wurden, waren damit automatisch zumindest Helfershelfer der Briganten geworden, wenn sie sich ihnen nicht gleich anschlossen. Innerhalb weniger Monate hatte es die neue italienische Regierung soweit gebracht, daß die Unruhe unter der ländlichen Bevölkerung nicht nur nicht abgenommen hatte, sondern daß Zehntausende beschäftigungsloser ehemaliger Soldaten und in die Illegalität getriebener Wehrpflichtiger bereit standen zum Kampf gegen den neuen italienischen Staat.

Diese Politik basierte nicht auf Informationsmangel, denn die Regierungen in Neapel und Turin erhielten zahlreiche detaillierte Berichte über die sozialen Probleme und das Ausmaß der Unruhe unter der Bevölkerung. Es war vielmehr eine Mischung aus Unverständnis, Abscheu und Verachtung gegenüber der süditalienischen Wirklichkeit, die übrigens auch viele der politischen Flüchtlinge auszeichnete.[69] Vor allem aber sah man von Turin aus die Gefahr der Revolution lediglich in der Person Garibaldis und den Demokraten personifiziert und nahm die Bauern einfach nicht ernst.

Die neue Regierung brachte aber nicht nur die bäuerliche Bevölkerung gegen sich auf, sondern auch die städtische, nicht nur die Armen, sondern auch die Reichen, nicht nur die Demokraten, sondern auch die Gemäßigten. Anders als in den meisten nord- und mittelitalienischen Landesteilen, die durch die Reformen des aufgeklärten Absolutismus wenigstens einigermaßen auf dem gleichen Stand waren, bedeutete die Einführung der piemontesischen Verhältnisse im Rechts- und Erziehungswesen, in der Armen- und Krankenfürsorge und im Wirtschaftsleben des italienischen Südens – und im Kirchenstaat natürlich – einen völligen Umsturz der bestehenden Verhältnisse, eine wahre »Revolution von oben«. Völlig widersinnig war es da zu glauben, dies sei ausgerechnet – wie von Cavour gewünscht – unter weitestgehender Beibehaltung der bestehenden Verwaltung und ihres Personals zu bewältigen.

So wollte der Staat beispielsweise das Schulwesen neu organisieren und dem ausschließlichen Einfluß der Kirche entziehen. Aus Angst vor demokratischen Elementen schloß man jedoch den niederen Klerus, der einem solchen Projekt aufgeschlossen begegnet wäre, von der Mitarbeit aus. Die Bischöfe, die mit der bourbonischen Reaktion aufs engste zusammenarbeiteten, boykottierten jeden Änderungsversuch; das bestehende Chaos wurde vervielfacht.

Katastrophal war die Auswirkung der stufenlosen Einführung des piemontesischen Freihandelssystems. Schon 1860 war das Wirtschaftsleben durch die politischen Unruhen und eine schlechte Ernte ins Stocken geraten, und die Preise für die wichtigsten Grundnahrungsmittel waren gestiegen. Während die bourbonische Regierung in Notzeiten Getreide hatte verteilen lassen – auch Garibaldi war diesem Beispiel gefolgt –, eröffnete die neue Regierung die Möglichkeit des Getreideimports. Damit verärgerte sie die Getreideproduzenten, und die Bevölkerung war nicht zufrieden, weil es zu skandalösen Spekulationsfällen kam.

Hinter den hohen Zollmauern des ehemaligen Königreichs war

mit Hilfe schweizerischen Kapitals eine nicht unbedeutende verarbeitende Industrie aufgeblüht. In und um Neapel gab es vor allem textil- und metallverarbeitende Fabriken und Manufakturen. Durch die Einführung des Freihandels wurden gerade diese der ausländischen und norditalienischen Konkurrenz ausgesetzt.

Als Maßnahmen zur Ankurbelung der Wirtschaft, gegen die Teuerung und gegen die Arbeitslosigkeit wurden zwar weitreichende Pläne für die Ausschreibung öffentlicher Arbeiten entworfen, die notwendigen Gelder aus Turin blieben aber aus. Der Versuch, im Süden selbst oder im Ausland Anleihen aufzulegen, scheiterte kläglich.

Die Unruhe nahm also auch in den Städten zu; in Neapel selbst waren im Winter 1860/61 Streiks, Demonstrationen und Tumulte an der Tagesordnung. Nicht anders als unter den Bourbonen war die Parole »abbasso il malgoverno!«. Man hörte aber auch »viva Francesco II.!«

Die Jahre der Briganten

Die Regierungen in Turin und Neapel spielten den reaktionären Charakter all dieser Anzeichen des Unmuts in den Vordergrund. Man nahm nur die weißen Fahnen der Bourbonen, die reaktionären Parolen und die unverhohlene Unterstützung durch die Kirche wahr. Francesco hatte von Gaeta aus zum Widerstand gegen die neuen Machthaber aufgerufen. Seine Hoffnung war es, daß die Bauern und die städtischen Unterschichten, wie einst gegen die Franzosen, im Zeichen des Kreuzes und der bourbonischen Lilie im ganzen Land einen Aufstand entfachen würden, der die Belagerer seiner Festung zum Abzug von Truppen zwingen und ihre Kräfte schwächen würde. Vom Meer aus geschützt durch die Anwesenheit der französischen Marine und mit den bäuerlichen Banden im Rücken des Feindes, konnte sich der bourbonische König wohl zu Recht gute Chancen ausrechnen, das Blatt doch noch zu wenden.

Umgekehrt gingen seine Gegner davon aus, daß die Unruhe von selbst verlöschen werde, sobald die Bourbonen endgültig aus ihren letzten Festungen und damit aus dem Land vertrieben waren. Weder der bourbonische König, noch die neuen Machthaber hatten die Lage richtig eingeschätzt. Die Festung Gaeta fiel im Februar 1861 und Franceschiello mußte in den Kirchenstaat flüchten. Die italienische Regierung hatte freilich wenig Zeit zu Siegesfeiern. Im

April nämlich brachen die Bauernunruhen im Landesinneren, in der Basilikata, mit bisher unbekannter Heftigkeit von neuem aus.

Diese Landschaft um die ins jonische Meer mündenden Flußläufe Basento und Agri, bis auf Potenza ohne größere Städte, lag völlig abseits der wenigen größeren Verbindungsstraßen des Königreichs. Viele Orte in den breiten Tälern, in denen der Fluß im Sommer zu einem Rinnsal wird, tragen noch heute den Begriff *masseria* im Namen, was so viel wie »Gut, Gehöft« heißt. In den schroff aufsteigenden Bergen wird in einigen Dörfern auch heute noch griechisch oder albanisch gesprochen. Die Bauern dieser abgeschiedenen Bergnester mußten sich zum Überleben auf Arbeitssuche in die Ebene begeben. Die Dürre und die Mißernte des Jahres 1860 hatten den lange schwelenden Konflikt zwischen den *galantuomini* und den *cafoni*, den Tölpeln, wie man hier die Bauern ganz offen nannte, dramatisch zugespitzt.

Ausgangspunkt der Bewegung war Lagopesole, seit alters im Besitz der neapolitanischen Linie der Doria, einer durch und durch bourbonentreuen Familie. Hier sammelten sich Hunderte von ehemaligen Soldaten, Briganten und Bauern, die mit Waffen und Geld versorgt wurden. An die Spitze der Aufständischen trat Carmine Donatello Crocco, der bald zum berühmtesten General der Briganten werden sollte. Binnen kurzem gelang es den Aufständischen, ganze Orte zu besetzen. Viele *galantuomini* wurden umgebracht, die Gefängnisse geöffnet, die Archive verbrannt, die Gemeindekassen geplündert und die weiße Fahne der Bourbonen gehißt. Nach wenigen Tagen verschwanden die Aufständischen in den Bergen.

Die Nationalgarden und die Regierung in Neapel wurden von der schnellen Ausbreitung des Aufruhrs vollständig überrascht und standen ihr ziemlich hilflos gegenüber. Insgesamt verfügte die Regierung nach dem Abzug der Truppen, die Gaeta belagert hatten, nur über circa 15 000 Mann.

Deshalb beschränkte man sich in der ersten Hälfte des Jahres 1861 darauf, exemplarische Strafaktionen durchzuführen. Meist erst, wenn die Banden wieder abgezogen waren, rückte das Heer in die Orte ein und bestrafte die Bevölkerung durch Mißhandlungen und Erschießungen von vermuteten Kollaborateuren und Briganten. Der Haß und die Grausamkeiten steigerten sich auf beiden Seiten aufs äußerste. Binnen weniger Wochen war ganz Süditalien im Aufruhr, die Banden vervielfachten sich, manche zählten bald mehrere tausend Mitglieder.

Selbst in der Hauptstadt kam es zu Tumulten, eine Kaserne

wurde überfallen, Streiks und Demonstrationen gegen die Teuerung nahmen agressive, regierungsfeindliche Formen an. Ein von den Bourbonen unterhaltenes Kommitee wurde entdeckt, aber bei einer Demonstration der Arbeiter an der Bahnlinie Neapel – Adria wurde auch die Parole »viva Garibaldi!« laut. Im Juli 1861 war Neapel praktisch von Feindesland umgeben. Nur noch übers Meer konnte die Regierung Verbindung zu einigen Orten aufnehmen. Der Süden der Halbinsel hatte sich vom Königreich Italien, das erst im März gegründet worden war, praktisch wieder losgerissen.

Die Regierung in Turin schickte General Cialdini, den Sieger von Gaeta, als Statthalter. Er erhielt schon bald massive Truppenverstärkungen, die aus der Lombardei von der österreichischen Grenze abgezogen worden waren. Dieses Heer aus Norditalien hatte nun wirklich den Charakter einer Besatzungsarmee. Die Truppenstärke erreichte bis zum Ende des Jahres 50 000 Mann, 1863 schließlich standen in Süditalien 120 000 Soldaten – ein Heer wie es bisher höchstens gegen Österreich aufgeboten worden war.

Cialdini versuchte, auch politisch das Ruder herumzuwerfen und mit den Ex-Garibaldinern zusammenzuarbeiten. Unter ihnen warb er für die Aufstellung von mobilen Einheiten der Nationalgarde. Der Erfolg war beachtlich. In zwei Tagen meldeten sich in Neapel 8000 Freiwillige. Sogar die *carabinieri genovesi*, ehemals die Kerntruppe des garibaldinischen Heeres, ließen sich zur Bekämpfung der Briganten werben. Sie hofften auf die Weiterführung des Kampfes für die Vollendung der Einheit Italiens und betrachteten den Krieg gegen die Briganten als ihre »Afrika-Schulung«.[70] In diesem Ausdruck wird allzudeutlich, wie Demokraten und Garibaldiner über den italienischen Süden dachten, an dessen Befreiung sie selbst teilgenommen hatten. Mit Garibaldis zweitem Aufbruch nach Süditalien mußte dieses Experiment beendet werden. Die mobilen Nationalgarden wurden unter heftigen Protesten und Tumulten wieder aufgelöst, obwohl gerade sie sich zum Teil durch besondere Härte gegenüber den Aufständischen ausgezeichnet hatten. Trotz der überaus bedrohlichen Situation traute eine Fraktion der *galantuomini* der anderen nicht über den Weg. Aus den Reihen der Großgrundbesitzer wurde als Begründung für die Auflösung der Nationalgarden angeführt, diese hätten sich wie autorisierte Briganten aufgeführt. Das reguläre Heer aber war trotz seiner zahlenmäßigen Größe und trotz blutiger Strafexpeditionen der Beweglichkeit und dem Einfallsreichtum der Briganten nicht gewachsen. Daß aus diesem Krieg nicht tatsächlich ein erfolgreicher Volksaufstand gegen den italienischen Staat wurde, war vor allem dem Umstand zu danken, daß es Bourbonen und Kirche nicht gelang, für eine einheitliche politisch-militärische Führung zu sorgen.

Zwar war ihnen geglückt, was vorher weder Garibaldi noch die italienische Regierung geschafft hatten, nämlich eine wahre *levée en masse* in Gang zu setzen. Die Bauern aber beharrten auf ihren eigenen Kampfesmethoden und Zielen.

Auch dem italienischen Heer gelang jedoch kein durchschlagender Erfolg, und nicht nur im Ausland begann man sich allmählich zu fragen, wie lange der soeben gegründete italienische Staat noch Bestand haben werde. Im Parlament wurde auf Betreiben der Linken eine Untersuchungskommission eingesetzt, die die Ursachen des Brigantenkrieges erforschen und Lösungsvorschläge erarbeiten sollte.

Die Kommission, die in wenigen Monaten eine gewaltige Arbeit leistete, legte im März 1863 ihren Bericht vor. Das Ergebnis war insofern ein Fortschritt, als in dem Dokument erstmals die sozialen Ursachen und nicht nur der politisch-reaktionäre Charakter der Aufstände in den Vordergrund rückten. Nicht aber erkannte man die politischen Fehler der italienischen Regierung, so daß die Kommission im Ergebnis lediglich die Einbringung eines Ausnahmegesetzes vorschlug.

Die umfangreiche Dokumentation, die die Kommission zusammengetragen hatte und die Ausgangspunkt für Reformen hätte sein können, die dem sozialen Problem des Südens an die Wurzeln gingen, teilte das Schicksal vieler ausgezeichneter Kommissionsarbeiten nach ihr. Sie wurde zur Verschlußsache erklärt, verschwand in den Archiven und diente, als es längst zu spät war, den Historikern als wertvolles Quellenmaterial für den Nachweis des Versäumten. Gemäß dem Ausnahmegesetz, das nach dem Abgeordneten Pica benannt wurde, galt in allen Provinzen »in stato di brigantaggio«, das heißt praktisch bis auf die größeren Städte in ganz Süditalien, das Kriegsrecht. Daneben wurden »Provinzräte« eingerichtet, die »Landstreicher, Müßiggänger und Camorristen« mit Arrest bestrafen konnten. Die Kriegsgerichte verhängten eine Unzahl von Todesurteilen. Die Provinzräte dagegen, die vergleichsweise harmlose Kompetenzen hatten, wurden zum Instrument hemmungsloser Denunziationen, privater Fehden und politischer Repressalien der Regierungspartei gegen die Demokraten.

Der Belagerungszustand mußte bis Ende 1865 aufrechterhalten werden. Der Krieg ging mehr wegen allgemeiner Ermüdung zu

Ende, als daß die Regierung der Lage wirklich Herr geworden wäre. Eine Gesetzgebung, die die sozialen Ursachen des Brigantenwesens hätte beseitigen könne, blieb aus, und so sind die Wunden aus den »Jahren der Briganten« bis heute nicht vollständig verheilt.

Nur auf dem süditalienischen Festland nahmen die sozialen Auseinandersetzungen das Ausmaß eines blutigen Bürgerkrieges an. Aber auch in Sizilien, in Mittel- und Norditalien kam es bis in die Siebzigerjahre immer wieder zu Revolten vor allem der bäuerlichen Bevölkerung gegen den neuen Staat. 1866, als die italienische Regierung einen großen Teil der in Sizilien stationierten Truppen wegen des Dritten Unabhängigkeitskrieges abziehen mußte, brach in Palermo ein Aufstand los, an dem sich wie 1820, 1848 und 1860 gegen die Bourbonen die Bauern und die städtische Bevölkerung, sowie nahezu alle politischen Kräfte gegen das neue Italien zusammenfanden. Die Parolen reichten von »viva Santa Rosalia!« (Stadtheilige von Palermo) über »viva Francesco II.« bis zu »viva la repubblica!«. Ähnlich schnell wie früher zerbrach deshalb der Widerstand an der inneren Uneinigkeit, und das italienische Strafgericht für die Aufständischen war nicht milder als ehemals unter den Bourbonen. Bis 1873 übte General Medici, der mit Garibaldi als Befreier nach Sizilien gekommen war, nun als Präfekt und Oberbefehlshaber des Heeres eine Art Militärdiktatur aus. Verwaltung und Polizei bedienten sich regelmäßig der Mafia, um der auch nach 1866 immer wieder aufflammenden lokalen Erhebungen Herr zu werden.

Auch im Kirchenstaat, wo das Brigantenwesen ähnlich wie in Neapel traditionell beheimatet war, machte sich nach 1866 lange aufgestauter Unmut Luft. Die schlimmsten Unruhen fanden zum Zeitpunkt des Inkrafttretens der Mahlsteuer im Januar 1870 statt. Zu Tausenden demonstrierten die Bauern in den Provinzstädten, überfielen die Kasernen, bewaffneten sich, besetzten die Gerichte, die Kataster- und Registerämter oder zerstörten und verbrannten sie gleich. Nicht wie vorher »abbasso«, sondern »viva il papa!«, manchmal auch »viva l'Austria!« hieß es jetzt. Die Grausamkeit der eingesetzten Truppen, die auch auf Kinder und Frauen schossen, ließ den Widerstand schon nach wenigen Wochen allmählich versiegen. Was blieb war der Haß auf die *signori* und ihre Regierungen, die die Mahlsteuer bis 1879 aufrechterhielten. Die Emilia wurde ein Zentrum der in den folgenden Jahren entstehenden sozialistisch-anarchistischen Bewegung.

Eine neue alte Linke auf dem Weg zur Macht

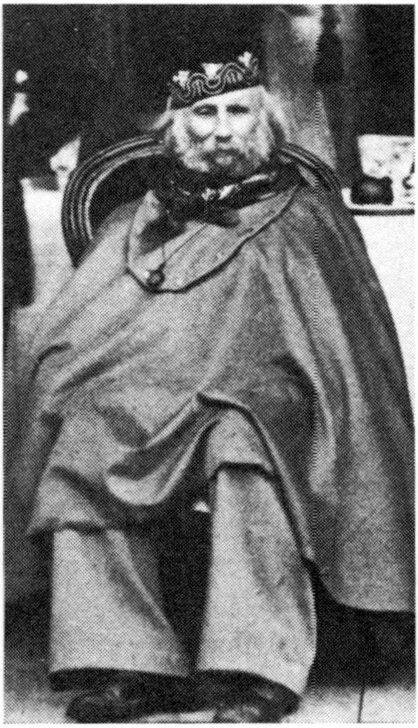

Bis auf die Revolte von Palermo hatten die Demokraten an den sozialen Auseinandersetzungen, die Italien in den Sechzigerjahren erschütterten, kaum aktiven Anteil genommen. In einigen Fällen, wie im Brigantenkrieg, hatten sie offen gegen die Briganten Partei ergriffen und die Strafexpeditionen befürwortet. Weder die Demokraten, noch die Liberalen – der Einfachheit halber sprach man nur noch von der Linken und der Rechten – hatten zum Zeitpunkt der Einigung eine präzise Vorstellung über die notwendige künftige Gestaltung des neuen Italien besessen. Während aber die Liberalen durch ihren politischen Erfolg, durch die Tatsache, daß sie mit einer soliden Mehrheit die Macht in den Händen hielten, zunächst über alle regionalen Gegensätze hinweg zusammengehalten hatten, brach der Zusammenhalt der Demokraten jetzt rasch auseinander.

Bis 1860 war es noch möglich gewesen, die Frage der politischen Verfassung Italiens – Monarchie oder Republik – als zweitrangig zu betrachten, und so hatte sich das Band zwischen Garibaldi und Mazzini, den Vertretern der beiden demokratischen Strömungen, immer wieder notdürftig zusammenknoten lassen. Nachdem die Entscheidung für oder gegen die piemontesische Monarchie nicht länger eine rein taktische Frage war, offenbarten sich erneut die Risse. Aber auch die sozialen Fragen drängten sich jetzt in den Vordergrund. Wie immer ließen sich die meisten italienischen Demokraten hierbei mehr von den Entwicklungen in anderen Ländern beeindrucken, als daß sie sich in ihrem eigenen Land, das von so großen Auseinandersetzungen erschüttert wurde, richtig umgeschaut hätten. So zerfiel die »historische« Linke in immer weiter auseinanderdriftende Richtungen, zwischen denen nur noch in wenigen Fragen ein vager Konsens bestand.

Wie ein Irrlicht tauchte in nahezu allen Strömungen, bei allen Diskussionen, in vielen Proklamationen der Name Garibaldi auf. Häufig war er tatsächlich selbst beteiligt, oft wurde sein Name wie eine Art Beschwörung nur benutzt. Seine politische Rolle seit 1861 verdeutlicht vielleicht am allerbesten, wie mühselig der Klärungsprozeß im demokratischen Lager war.

Schon 1861 hatten sich viele der bekanntesten Demokraten zur Wahl gestellt und waren in die Reihen der Opposition gewählt worden. Einige verdankten ihren Wahlerfolg vor allem der Tatsache, daß sie an Garibaldis Seite gekämpft hatten, so zum Beispiel seine Generäle Bixio und Medici. Wie aber sollte nun die parlamentarische Arbeit aussehen, welches Gewicht maß man ihr zu?

Eine erste Auseinandersetzung um diese Frage entbrannte, als Garibaldi bei seinem spektakulären Auftritt im April 1861 in der Debatte über die Auflösung seiner Südarmee seine Philippika gegen die Regierung Cavour hielt. Sein ehemaliger General Bixio, der noch bis vor wenigen Monaten mit ihm in Süditalien gestanden hatte, versuchte die Vorwürfe herunterzuspielen und forderte Garibaldi auf, »im Interesse der Nation« Verständigungsbereitschaft zu zeigen. Außer seinen Rothemden von den Zuschauerrängen folgte ihm niemand, als Garibaldi statt dessen unter Protest das Abgeordnetenhaus verließ. 1864 besuchte der demokratische Abgeordnete Mordini Garibaldi in London, wo dieser eine Art privaten Staatsbesuch absolvierte,[71] um ihn dazu zu überreden, die Führung einer Gruppe von Abgeordneten zu übernehmen, die auf die Abschaffung der Monarchie als Programmpunkt bewußt verzichteten und der parlamentarischen Arbeit den Vorrang einräumten. Garibaldi, der sich im Parlament meistens langweilte und sein Mandat selten wahrnahm, obwohl er immer wieder kandidierte und gewählt wurde, ging auf diesen Vorschlag nicht ein. Diese letzte Konsequenz aus seiner Losung »Italia e Vittorio Emanuele!« wollte er nicht ziehen.

Wie weit aber der Einfluß der konstitutionellen Linken bereits reichte, zeigte sich bei der Abstimmung über die Septemberkonvention. Crispi – Garibaldis rechte Hand in Sizilien – erklärte ganz dezidiert, daß »die Monarchie uns eint und die Republik uns spalten würde«.[72] Dennoch stimmte er gegen die Konvention, während etwa 30 demokratische Abgeordnete unter Führung Mordinis sogar dafür stimmten.

Die Forderung nach allgemeinem Wahlrecht und nach der Vollendung der Einheit aus italienischer Initiative vereinte die konstitutionelle Linke mit den anderen Gruppierungen der Linken. Ansonsten verwischten sich die Grenzen zu den Gemäßigten immer mehr, nicht zuletzt auch aufgrund des Wandels in der Wählerschaft der Linken, der seit Ende der 60-er Jahre eingetreten war. Die Liberalen stießen vor allem mit ihrer Steuerpolitik immer breitere Kreise gleichermaßen vor den Kopf. Insbesondere im Süden verlor die Rechte an politischem Konsens. Man forderte lautstark die Einlösung von Versprechungen, öffentliche Arbeiten und Gelder, statt immer neuer Opfer und Ausnahmegesetze.

Für die Wahlen von 1874 trat eine hauptsächlich aus Abgeordneten des Südens gebildete Gruppierung hervor, die man als »Junge Linke« bezeichnete. Ihr Manifest verzichtete ganz bewußt auf eine langfristige politische Perspektive. Sie forderte keine politischen Reformen, sondern eine Finanz- und Verwaltungsreform. Im einzelnen waren die Forderungen sehr klar und so bescheiden, daß sie auch bei den Gemäßigten nicht auf schroffe Ablehnung stoßen konnten. Die junge Linke forderte beispielsweise die Reform der Grundsteuer, eine Reform der Einkommenssteuer, »eine Reform, und vielleicht eine Transformation der Mahlsteuer«.[73]

Das Bündnis aus »junger« und »historischer« Linken erreichte bei den Wahlen von 1874 einen sensationellen Wahlerfolg. 276 Abgeordneten der Rechten standen 232 der Linken gegenüber. Mehr als 60% der Abgeordneten der Linken kamen aus dem Süden, aus Sizilien und Sardinien, dagegen nur 20% bei den Rechten.

Schon zwei Jahre später scheiterte die Regierung in der Frage der Verstaatlichung der Eisenbahnen an dem gemeinsamen Widerstand der toskanischen Gemäßigten und der Linken. Die Wahlen brachten den Triumph der Linken, und Agostino Depretis, unter Garibaldi Prodiktator auf Sizilien, wurde Ministerpräsident. Für die Zeitgenossen war etwas Außergewöhnliches geschehen, man sprach von einer »parlamentarischen Revolution«.

Eigentlich war nichts weiter passiert als der in parlamentarischen Systemen vorgesehene Übergang der politischen Verantwortung von einer Partei an die andere. Politisch änderte sich zudem nicht allzu viel. Die Reformen der Linken blieben äußerst gemäßigt. Selbst die heiß umstrittene Wahlreform, die schließlich 1882 in

Kraft trat, war so bescheiden, daß der Kreis der wahlberechtigten Bevölkerung von 2,2% auf ganze 7,4% ausgedehnt wurde und damit in Europa immer noch lediglich von Spanien und Portugal unterboten wurde.

Dennoch war tatsächlich etwas Umwälzendes geschehen und zutage getreten. Die Linke behielt von nun an die Macht fest in den Händen. Depretis blieb bis zu seinem Tod 1887 mit wenigen Unterbrechungen Ministerpräsident, und auch danach kamen bis zum Faschismus die Ministerpräsidenten mit wenigen Ausnahmen aus den Reihen der Linken. Mit ihrem Machtantritt begann die Eroberung des gesamten Staatsapparates durch den Süden und durch eine neue soziale Schicht.

Während unter den Liberalen das politische Leben von Militärs und Grundbesitzern, also von Angehörigen der herrschenden Klasse, bestimmt worden war, traten nun Rechtsanwälte, Beamte und Freiberufliche aus dem Süden in den Vordergrund. Sie vertraten eine Bourgeoisie auf dem Land und in den Städten des Südens, die an den Ressourcen des neuen Staates interessiert war, der von ihnen im wesentlichen als Instrument zur Vergabe von Geldern, Posten und Privilegien angesehen wurde. Diese Abgeordneten und ihre Auftraggeber, die *galantuomini* des Südens, verlangten von dem neuen Staat, was unter den Bourbonen dem Adel und der privilegierten Oberschicht zugestanden hatte. Das hatten sie sich vom Risorgimento erwartet, und das setzten sie jetzt durch. Um diesen Preis waren sie auch bereit, den Interessen des Nordens entgegenzukommen, der ja zum Teil das Geld erwirtschafte und die Posten zur Verfügung stellen mußte.

Depretis und seine Nachfolger knüpften mit dem sogenannten *trasformismo* an das Vorbild von Cavours *connubio*, dem sie die für das neue Italien gültige Form gaben. Bis auf die extreme Linke von allen politischen Richtungen akzeptiert, wurde der *trasformismo* von nun an zur gängigen Praxis des parlamentarischen Lebens bis zum Ersten Weltkrieg.

War das *connubio* Cavours ein Bündnis zwischen dem grundbesitzenden Bürgertum und dem aufgeklärten Adel Piemonts gewesen, so war der *trasformismo* der Linken nach dem langen Kampf zwischen Norden und Süden ein Bündnis zwischen dem Bürgertum des Nordens und den *galantuomini*, also dem überwiegend grundbesitzenden Bürgertum des Südens. Auf diese Weise erhielten die Politiker des Nordens freie Hand für notwendige Reformen auf dem Weg zur Industrialisierung – ein Beispiel ist die Schulreform –, während der politischen Klasse des Südens ein gesicherter Anteil am Staatsapparat und die Aufrechterhaltung der sozialen Strukturen im Mezzogiorno garantiert wurde. Im Zeichen dieses Bündnisses kamen politische Entscheidungen zustande, die auf den ersten Blick so widersprüchlich erscheinen mögen, wie die Verlängerung der Eisenbahnkonzessionen, also der Verzicht auf staatliche Planung und Kontrolle, und, im Kontrast dazu, die Einführung eines umfassenden protektionistischen Zollsystems in den Jahren zwischen 1878 und 1887.

Schon hinter den Begriffen »historische Rechte« und »historische Linke«, mit denen man die politischen Gruppierungen des Risorgimento bezeichnet hatte, verbargen sich nicht politische Parteien im eigentlichen Sinne. Durch den *trasformismo* aber wurden die Grenzen vollends verwischt. Strömungen und Gruppierungen bildeten sich um partikulare und lokale Interessen; es entwickelte sich eine Atomisierung und »Privatisierung der Politik«.[74] Die Interessen, die hier vertreten wurden, waren oft widerstreitend und mußten immer wieder neu durch Absprachen, Versprechungen und Drohungen zu einem Bündnis gekittet werden, was unzählige Regierungskrisen nach sich zog.

Der Block der Linken war sich durchaus bewußt, daß er in erster Linie durch einen gemeinsamen Gegner und nicht durch gemeinsame Ziele zusammengehalten wurde. Das Band war die gemeinsame Angst vor den Ausgeschlossenen, den Massen der Bauern und der städtischen Unterschichten, von denen die einen gerade mit Mühe niedergekämpft worden waren und die anderen sich bedrohlich zu rühren begannen. Es entstand in Italien ein politisches Klima, das der italienische Sozialist Turati 1892 als die »italienische Vorhölle« bezeichnete, bestehend aus »Halbtönen, Halbklassen, Halbparteien, Halbideen und halben Personen«.[75]

Mazzini, Marx, Bakunin

Zwischen der konstitutionellen und der »außerparlamentarischen« Linken gab es seit 1861, abgesehen von persönlichen Freundschaften, immer weniger Verbindungen. Zu den wenigen Anlässen, bei denen es noch einmal zu gemeinsamem Handeln kam, gehörten Garibaldis Versuche, Rom und Venedig aus italienischer Initiative

Garibaldi nach dem festlichen Bankett, das ihm die römischen Arbeitervereine am 14. Februar 1875 ausgerichtet hatten

für das neue Italien zu gewinnen. Besonders die Verwundung am Aspromonte und das Martyrium seiner Haft waren kurze Momente, in denen die heroische Einheit des Risorgimento wiedergefunden schien und die mit überschwenglichem Pathos ausgekostet wurden.

Garibaldis Entscheidung, nicht die konstitutionelle Linke zu unterstützen, machte ihn in gewisser Weise politisch heimatlos, und er mußte seinen Platz in der außerparlamentarischen Linken suchen. Es kam zu einer gewissen Wiederannäherung an Mazzini, von dem er sich aber endgültig abwandte, um sich der neuen anarchistisch-sozialistischen Linken in Italien zuzuwenden.

Mazzini hielt im Gegensatz zu Garibaldi nach 1861 die Vollendung der Einheit für ein zweitrangiges Problem. Er hatte verstanden, daß Italien jetzt bereits existierte und daß die Einheit eben nicht automatisch die Freiheit und die Lösung aller Probleme bedeutete. Das vorrangige politische Ziel war für Mazzini jetzt wieder die Erkämpfung der Republik, und seine organisatorische Arbeit richtete er jetzt darauf, die vornehmlich in Piemont aber auch in anderen Regionen des Nordens entstandenen Arbeitervereine für seine politischen Ziele zu gewinnen.

Daß Mazzini sich den Arbeitern zuwandte hieß keineswegs, daß er jetzt erst die »soziale Frage« entdeckt hatte. Schon vor 1848 organisierte er in London die italienischen Arbeiter, und auch jetzt gab es in dieser Stadt eine *società operaia* (Arbeiterverein) unter seiner Führung. Mit diesen Organisationen wollte Mazzini die Arbeiter aber gerade von dem wegführen, was in England im Entstehen begriffen war: dem Bewußtsein einer Klasse von der Notwendigkeit ihrer Emanzipation. Am liebsten hätte er aus dem Sprachschatz das Wort »Sozialismus« verbannt, »das nach allgemeiner Meinung ein System oder Systeme bezeichnet, die eine falsche Lösung des Problems geben und ohne jeden Nutzen eine sehr große Klasse in Schrecken versetzen«.[76] Für Mazzini war der Kampf für Freiheit und Republik nach wie vor keine Auseinandersetzung zwischen Klassen oder sozialen Schichten, sondern Kampf gegen eine Ideologie, gegen eine politisch-moralische Haltung. Das Gewicht einer nationalen Arbeiterorganisation würde im Rahmen der republikanischen Ordnung, war diese erst einmal erstritten, ganz automatisch zur Emanzipation der Arbeiter führen. Die Arbeiter sollten also – unter Mazzinis geistiger Leitung – eine nationale Organisation aufbauen, mit einem politischen Programm, dessen zentrale Forderung das allgemeine Wahlrecht war.

Ähnlich wie im übrigen Europa waren in den Jahren nach 1850 in Piemont – und nur hier, denn in keinem anderen Staat existierte das Koalitionsrecht – Arbeitervereine gegründet worden. Ihre Mitglieder waren meist Arbeiter aus Manufakturen und kleinen Handwerksbetrieben; ein Industrieproletariat gab es zu dieser Zeit auch in Piemont erst in seinen Anfängen. Häufig standen diese Vereine unter dem Einfluß liberaler Philanthropen, und ihr Ziel war die materielle Selbsthilfe im überschaubaren Rahmen. Seit 1859 verbreitete sich die Idee der Arbeitervereine rasch auch in den angeschlossenen Gebieten. Mazzini konzentrierte seine Arbeit vom Exil aus vor allem auf die Lombardei und Ligurien. Der 1860 in Mailand gegründete Arbeiterverein wählte aber bezeichnenderweise nicht ihn, sondern Garibaldi zum Ehrenpräsidenten.

Im September 1861 trat in Florenz der IX. Kongreß der Arbeitervereine zusammen, in Wirklichkeit der erste italienische, denn außer 67 Vereinen aus Piemont waren 16 aus Ligurien, 16 aus der Lombardei und einige wenige aus der Toskana, der Emilia, Umbrien, ja sogar aus Latium, Neapel und Sardinien vertreten.

Schon dieser Kongreß aber scheiterte an der von den Mazzinianern aufgeworfenen Frage, ob die Arbeitervereine sich auch mit politischen Fragen beschäftigen sollten, wie dies Mazzini forderte. Nach dem Auszug von etwa der Hälfte der Delegierten, wählten die verbliebenen Mazzinianer eine Kommission, unter deren dreizehn Mitgliedern nur drei Arbeiter waren, der Rest bekannte Demokraten, an der Spitze Garibaldi, der von diesem Posten aus, auf Anregung Crispis, die Linke wieder zu vereinen suchte. Über alles Trennende hinweg sollte um wenige Programmpunkte eine neue große Organisation, die *società emancipatrice italiana* (Vereinigung zur Befreiung Italiens), entstehen. In Abwesenheit Mazzinis – der ja immer noch wegen eines Todesurteils im Exil leben mußte – einigte man sich auf einem Kongreß 1862 in Genua auf folgende Punkte: Anerkennung der Monarchie, Forderung eines allgemeinen Wahlrechts, Kampf um die Vollendung der Einheit.

Dieser Kongreß war insofern modern und zukunftsweisend, als er in einer umfangreichen öffentlich geführten Programmdiskussion die Grundlagen für eine organisierte Arbeit innerhalb und außerhalb des Parlaments legen wollte. Da auch die neu entstandenen Arbeitervereinigungen teilnahmen, hätte er Ausgangspunkt für die Entstehung einer demokratisch-sozialistischen Partei werden können. Der Kampf um die Vollendung der Einheit trat aber allzusehr in den Vordergrund. Dazu trug Garibaldi als Vorsitzender, der gerade von Gesprächen mit der Regierung zurückkam, nicht unwesentlich bei. Es war das Charisma seiner Einseitigkeit, das sich auf diesem Kongreß durchsetzte. Garibaldi wollte immer noch nicht wahrhaben, daß Italien längst existierte und andere, drängendere Probleme hatte als den Anschluß Venetiens und des Kirchenstaats. Die Initiative, die der Kongreß von Genua in Gang gesetzt hatte, scheiterte, denn viele der demokratischen Arbeitervereine, die sich in politische Zirkel verwandelt hatten, wurden nach der Katastrophe von Aspromonte, ebenso wie die *società emancipatrice* selbst, durch die Polizei aufgelöst und erholten sich von diesem Schlag nicht wieder. Auf dem XI. Kongreß der Arbeitervereine in Neapel im Jahre 1864 wurde zwar noch ein von Mazzini inspirierter *Atto di fratellanza delle società operaie italiane* (Dokument der Verbrüderung der italienischen Arbeitervereine) verabschiedet, aber an diesem Kongreß nahmen nur noch 57 Vereine teil, weniger als ein Zehntel der in ganz Italien existierenden Gruppen. An den in diesen Jahren im ganzen Land ausbrechenden Streiks waren die Arbeitervereine zwar maßgeblich beteiligt, aber von einer nationalen Organisation und übergreifenden politischen Forderungen war keine Rede mehr.

Die treibenden Kräfte, die Mazzinis politisches Schicksal endgültig besiegelten, kamen von außerhalb Italiens. Ein Vertreter von Mazzinis Londoner Arbeiterverein nahm an dem Gründungskongreß der Ersten Internationale 1864 in London teil. Obwohl er trotz Einladung nicht selbst erschien, glaubte Mazzini seine Vorstellungen in der Form des »Verbrüderungsdokuments« der italienischen Arbeitervereine auch für die Statuten der Internationale durchsetzen zu können. Mazzinis Thesen stießen zunächst auch auf allgemeine Zustimmung und wurden zu einer unbedeutenden Überarbeitung an eine Unterkommission verwiesen, in der Karl Marx saß. Er erreichte, ohne offene Kritik zu äußern, daß ihm die stilistische Überarbeitung des Textes von Mazzini übertragen wurde. Entschlossen, »keine Zeile von diesem Zeug«[77] stehen zu lassen, änderte Marx den Inhalt des Papiers vollständig nach seinen Vorstellungen um. Ohne weitere Diskussionen wurde dieser neue Text von den anderen Mitgliedern, die für Feinheiten offensichtlich kein Interesse hatten, akzeptiert.

Praktisch hinter den Kulissen war damit eine grundsätzliche Entscheidung über die Orientierung der Internationale gefallen. Die neuen Statuten enthielten zwei grundlegende Aussagen, die mit den Vorstellungen Mazzinis absolut unvereinbar waren. Erstens: der Kampf um politische Rechte müsse immer dem Kampf um die ökonomische Emanzipation der Arbeiterklasse untergeordnet bleiben; zweitens: die Befreiung der Arbeiterklasse könne nur das Werk der Arbeiter selbst sein. Tatsächlich ging es Marx und seinen Parteigängern noch um sehr viel mehr. Mit Marx' wissenschaftlichem Sozialismus als politischem Programm wurde alles beiseite gefegt, was diesem »ewigen alten Esel«, wie Marx Mazzini gern betitelte, lieb und teuer war. Es bedeutete den Sieg des Materialismus, die Leugnung Gottes, des moralischen Gesetzes und des Privateigentums, laut Mazzini immerhin »der einzige Anreiz zur Produktion über die Befriedigung der elementarsten Bedürfnisse hinaus«.[78]

Mazzini und Marx; das waren nicht nur zwei entgegengesetzte Temperamente, sondern zwei entgegengesetzte Welten, zwei Phasen der Geschichte: Der romantische Revolutionär und Verschwörer, der noch mit einem Fuß in der Welt des Ancien Régime stand, gegen den präzisen, kalt logischen Organisator großer Massenorganisationen in der Welt des Kapitalismus. Obwohl Mazzini zunächst kapitulierte und der Ausbreitung der Internationale in Italien nichts entgegensetzte, nahm diese in Italien eine Richtung, die mit den

Vorstellungen Marx' fast noch weniger zu tun hatte, als mit denen Mazzinis.

Merkwürdigerweise auf ausdrücklichen Wunsch von Marx kam 1864 der Russe Michail Bakunin nach Italien, um die Internationale propagandistisch zu verbreiten. Bakunin war um ein paar Jahre jünger als die Protagonisten des italienischen Risorgimento, und er verkörperte mehr als sie jenen Typus des Verschwörers, ewigen Flüchtlings und unermüdlichen Freiheitskämpfers in aller Herren Länder, wie er in den bürgerlichen Revolutionen des 19. Jahrhunderts immer wieder auftauchte.

Bakunin war Mazzini in gewisser Weise ähnlich. Ganz wie dieser betrieb er Politik eher mit leidenschaftlichem Herzen als mit kühlem Kopf, und seine organisatorischen Vorstellungen griffen das alte Konzept der geheimen Verschwörerzirkel auf wie es selbst Mazzini nur in seiner frühen Jugend vertreten hatte. Bakunin aber erkannte, was weder die Mehrzahl der italienischen Demokraten noch Marx erkannte, daß nämlich in Italien die Masse der Entrechteten und Unterdrückten auf dem Lande und im Süden lebte. Während er auch die Arbeiter in Italien schon für infiziert hielt vom Gift des bürgerlichen Patriotismus, sah er in den ländlichen Massen die einzigen, die den Durchbruch zu jener Freiheit schaffen konnten, die ihm vorschwebte: ohne Staat, ohne Gott, ohne Eigentum.

Auf diesen allgemeinen Grundzügen arbeitete Bakunin sein anarchistisches Programm erst in Italien und unter dem Einfluß der Schriften italienischer Demokraten wie etwa Pisacane aus.

Durch Mazzini und Garibaldi, mit dem er zunächst freundschaftlich verbunden war, fand Bakunin schnell Zugang zu den Kreisen radikaler Demokraten. Vor allem unter den Freimaurern in Florenz und dann in Neapel und Umgebung sammelte er den Kreis seiner Verschwörer, die er nicht wie Mazzini Apostel, sondern Legionäre nannte. Mit ihnen gründete er die *Alleanza della democrazia socialista*, die eine Sektion der Internationale wurde; bald entstanden weitere Sektionen.

In Italien hatte sich der Begriff »Sozialismus« bis in die Achtzigerjahre mit dem Namen Bakunin verknüpft; der der »Revolution« blieb nach wie vor gleichbedeutend mit dem Namen Giuseppe Mazzini. Auch für die Linke galt Turatis Stoßseufzer, das politische Leben Italiens sei aus »Halbtönen, Halbklassen . . .« zusammengesetzt. Sogar Bakunin, der ja selbst ganz bewußt seine Differenzen mit Mazzini und Marx verschleiert hatte, um in Italien Fuß fassen zu können, war entsetzt über die Kompromißbereitschaft und Konzilianz der italienischen Revolutionäre, über die Unzahl der politischen Strömungen, die immer wieder zu flüchtigen Kombinationen zusammenflossen.[79] Einen Bruch innerhalb der außerparlamentarischen Linken Italiens aber bewirkte erst 1871 die Auseinandersetzung um die Pariser Kommune. Während die Internationale und auch Bakunin die Kommune als Modell der Machtergreifung des Proletariats verherrlichten, gab Mazzini zum ersten Mal seine Reserve ganz auf und ließ jetzt endlich die grundlegenden Gegensätze erkennen, die ihn von der Internationale und der ganzen sozialistischen Bewegung trennten.

In dieser Auseinandersetzung, die – ein Jahr vor seinem Tod – die letzte Niederlage Mazzinis einläutete, spielte Garibaldis Parteinahme für die Kommune und die Internationale eine ausschlaggebende Rolle. Ohne die Prinzipien der Internationale genau zu kennen, formulierte er seine Sympathie mit der ihm eigenen überzeugenden Schlichtheit: »Die Internationale will, daß die Menschen Brüder sind und daß den Privilegien ein Ende gesetzt werde. Ich sympathisiere natürlich mit ihr.«[80] Bakunin, der einige Jahre zuvor Garibaldi scharf kritisiert hatte und auch Marx, der ja bekanntermaßen nicht viel von den politischen Fähigkeiten des italienischen Freiheitshelden hielt, waren hocherfreut über diese Schützenhilfe, die den großen Kreis der Demokraten für die Internationale gewann, die immer noch auf Garibaldis Wort hörten.

Der Bruch, den die Auseinandersetzung um die Kommune verursacht hatte, war einschneidender als Garibaldi vermutet hätte. Im folgenden Jahr versuchte er in mehreren Aufrufen eine Konferenz der gesamten demokratischen Linken zusammenzurufen, die an den Kongreß in Genua von vor zehn Jahren anknüpfen sollte. Aber es gab jetzt nicht mehr das Band des Kampfes um die Einheit Italiens.

Das Programm, das Garibaldi vorschlug, hatte nichts, aber auch gar nichts mit dem der Internationale zu tun, sondern vermischte Forderungen der konstitutionellen Linken mit denen Mazzinis: allgemeines Wahlrecht, Abschaffung der Mahlsteuer, kostenlose obligatorische Schulbildung ohne Einmischung der Kirche, »geistige Rehabilitierung des Proletariats, verbunden mit seiner materiellen Besserstellung«.[81]

Der Kongreß, der schließlich im November 1872 in Rom stattfand, war nicht das, was sich Garibaldi erhofft hatte, kein denkwürdiges Ereignis, das am Beginn einer Epoche gemeinsamer Kämpfe stand; in Rom ging vielmehr eine Epoche zu Ende: Garibaldi konnte wegen seiner Arthritis Caprera nicht verlassen, Mazzini war im März gestorben, von der Internationale war niemand erschienen. Der Kongreß erging sich im folgenlosen Rezitieren von Mazzinis Thesen.

Die italienischen Internationalisten hatten wenige Monate zuvor einen ganz anderen Weg gewählt und damit nach dem Bruch mit Mazzini auch gegenüber Marx eine Trennungslinie gezogen. Auf dem Kongreß von Rimini im August 1872 nahmen die einundzwanzig italienischen Sektionen der Internationale, die hauptsächlich in der Romagna und in den Marken arbeiteten, das anarchistische Programm Bakunins an. Er selbst und seine Anhänger in Italien, Spanien und Portugal waren vorher in Den Haag mit Zweidrittelmehrheit aus der Internationale ausgeschlossen worden, was praktisch das Ende der Internationale selbst bedeutete.

Die Aufstandsversuche der Anarchisten in Italien in den Jahren zwischen 1874 und 1878 scheiterten ebenso kläglich wie einst diejenigen Mazzinis. Aber wenn sich auch viele seiner Anhänger danach von Bakunins Politik abwandten und an der Gründung der italienischen Arbeiterpartei 1882 und der sozialistischen Partei 1892 mitwirkten, blieb der Anarchismus unter mancherlei Wandlungen eine dauerhafte Strömung der italienischen Arbeiterbewegung. Wichtiger noch war die Tatsache, daß Italien das einzige europäische Land war, »in dem die Entwicklung der sozialistischen Arbeiterbewegung in den folgenden Jahren nicht mit dem Mißtrauen der Bauern zu kämpfen hatte oder wo zumindest das Problem der ›Eroberung des flachen Landes‹ durch die proletarische und intellektuelle Avantgarde der Städte geringere Schwierigkeiten bot. In einigen Fällen – wie etwa in der Emilia – war es im Gegenteil das ›rote‹ Land, von dem aus die ›weiße‹ Stadt umlagert und gewonnen wurde«.[82]

Eine italienische Utopie – Garibaldi auf Caprera

Nach 1872 griff Garibaldi aus Enttäuschung über das Scheitern seiner Versöhnungsversuche nur noch von der parlamentarischen Bühne aus ins politische Leben ein, denn er kandidierte immer noch für die Parlamentswahlen und wurde natürlich immer gewählt. Mit Enthusiasmus begrüßte er den Wahlsieg der Linken und setzte große Hoffnungen zunächst in Depretis und dann in Bene-

Das »weiße Haus« auf Caprera

detto Cairoli, der ebenfalls an seiner Seite gekämpft hatte. Bald aber sah er sich durch die Zaghaftigkeit der Reformen auch in dieser Hoffnung getäuscht. Immer seltener wurden seine Besuche auf dem Festland; von Arthritis geplagt zog er sich immer mehr ins Privatleben zurück.

Aber gerade dieses Privatleben blieb auf kuriose Weise ein öffentlich vorgetragenes politisches Bekenntnis: Garibaldi lebte, wie er sich Italien und die Italiener vorstellte. Dafür, daß dies der Welt nicht verborgen blieb, sorgte seit je ein Heer von Journalisten und Schriftstellern, denen Garibaldi bereitwillig Auskunft gab. Sein Privatleben war angelegt wie eine Mischung aus dem altrömischen Ideal bäuerlicher Einfachheit und dem berühmten Bild, das Marx in seinen »Grundrissen« von der kommunistischen Gesellschaft entwirft: stolz, bescheiden, klassenlos. Es war, ganz wie das gesamte italienische Risorgimento, pathetisch und anrührend zugleich.

Garibaldi, der General des piemontesischen Heeres, der Diktator über das ehemalige Königreich beider Sizilien, hatte keinerlei privaten Gewinn aus seiner politischen Tätigkeit gezogen. Ebenso wie bei der Niederlegung der Diktatur in Neapel lehnte er auch später jede Form von Pension oder Geldgeschenk vonseiten der Regierung ab. Stolz verteidigte er seine Unabhängigkeit und verbat sich mehrmals – bis zum Machtantritt der Linken – eine als nationales Geschenk, »dono nazionale«, bezeichnete jährliche Zuwendung von 100 000 Lire. »Diese Regierung« so formulierte er voller Verachtung »soll sich ihre Komplizen woanders suchen.«[83]

Garibaldi lebte vom Ertrag seiner Landwirtschaft und von der großzügigen Hilfe seiner Freunde und Bewunderer. Wenn er auf offiziellen Dokumenten eine Berufsbezeichnung angeben mußte, unterzeichnete er mit »Landwirt«. Immer wieder wurden Nachrichten über seine völlige Mittellosigkeit verbreitet, die in Italien und fast mehr noch in England Bewunderung und Rührung und eine Flut von Spenden auslösten. Ein englischer Lord schickte Garibaldi einen Gärtner, der ihn in die Kunst der Baumpflege einweihte, von einer reichen Engländerin hatte er ein Schiff geschenkt bekommen. Für seine eigenen Fahrten und für den Transport des Weines von seiner Insel stellte ihm überdies der genuesische Reeder Rubattini, mit dessen Dampfern er schon nach Sizilien aufgebrochen war, kostenlos seine Schiffe zur Verfügung.

Die Hälfte der Insel Caprera hatte Garibaldi mit von seinem Bruder geerbtem Geld von einem Engländer namens Collins gekauft, der – ein ehemaliger Stallbursche – mit seiner einstigen Arbeitgeberin auf der Insel lebte. Nach dessen Tod konnte die Witwe die Landwirtschaft nicht mehr aufrechterhalten. Eine Spendensammlung in England ermöglichte es Garibaldi, auch den Rest der Insel zu kaufen. Sonst lebten auf der Insel nur Hirten und ein berühmter korsischer Brigant mit seiner Familie.

Mit Hilfe einer befreundeten Familie aus Nizza, die sich auch um seine Kinder gekümmert hatte, war nach 1850 das »weiße Haus« entstanden. Das ebenerdige weißgekalkte Haus erinnerte in seiner Schlichtheit an südamerikanische Vorbilder. Es gab fünf Räume, die bis auf Garibaldis Arbeitszimmer äußerst schlicht eingerichtet waren. Zunächst mangelte es sogar an Stühlen, bis die Offiziere eines amerikanischen Schiffes, die zu Besuch kamen – sie hatten ihn 1860 von Neapel nach Caprera gebracht –, dem General einige Sitzmöbel schenkten. Viele Gäste mußten aus Platzmangel neben dem Haus ein Zelt aufschlagen. Seit Garibaldis Rückkehr nach 1860 war es mit der Ruhe auf der Insel vorbei. Nicht nur, daß er selbst mit seinen Kindern, seinem Sekretär, einigen Freunden und einer Haushälterin nach Caprera kam. Sein Clan vergrößerte sich ständig, denn Garibaldis Tochter Teresita heiratete bald und hatte mit siebenundzwanzig Jahren schon neun Kinder zur Welt gebracht. Garibaldi selbst ließ sich nacheinander mit einer Haushälterin und einem Kindermädchen ein, mit denen er weitere vier Kinder zeugte, von denen zwei auf Caprera starben. Das Kindermädchen Francesca Armosino wurde Garibaldis letzte Frau und die legitime Erbin von Caprera. Die Großfamilie war aber selten unter

Garibaldi mit seiner dritten Frau, Francesca Armosino

sich. Der Strom der Besucher riß nicht ab, und der alternde Held zeigte sich ausnahmslos freundlich und aufgeschlossen: Regierungsvertreter nicht nur aus Italien, sondern sogar aus den USA, Abgeordnete aller möglichen demokratischen und sozialistischen Organisationen, ehemalige Mitkämpfer, Bittsteller, Künstler und Journalisten aus aller Welt, sie alle gehörten zu Garibaldis ständigen Besuchern – ebenso wie der Herzog und die Herzogin von Sutherland, vor allem aber zwei etwas exzentrische, schreibende Frauen, mit denen Garibaldi eine lange und bewegte Freundschaft verband. Die eine von ihnen, Jessie White Mario, mit einem italienischen Revolutionär verheiratet und glühende Anhängerin Mazzinis, stand seit seiner Rückkehr aus Südamerika in engstem Kontakt mit Garibaldi und gab zwei Jahre nach seinem Tod eine Biographie mit vielen Details aus seinem persönlichen Leben heraus. Die andere – ebenfalls langjährige Freundin und Biographin – war Maria Esperance Schwartz, Tochter eines Hamburger Bankiers, die seit ihrer gescheiterten Ehe mit einem Bankier als Schriftstellerin und Journalistin in Rom lebte. Der Besucherstrom war so groß, daß auf der Nachbarinsel Maddalena ein Hotel seine Pforten öffnete, dessen Gäste, wenn sie schon keine Einladung hatten, wenigstens mit dem Fernglas den Helden beobachten konnten, wie er Mauern aufschichtete, Holz spaltete und Reben schnitt.

Täglich erhielt Garibaldi große Mengen Post, die er sorgfältig beantwortete. Neben mehr oder weniger politischer Korrespondenz erreichten ihn vor allem Briefe englischer Damen, die ihn um eine Haarlocke, um einen Schnipsel seiner Fingernägel oder ähnliche Reliquien baten. Nach Erledigung seiner täglichen Schreibarbeiten, die er vor Morgengrauen begann, widmete sich Garibaldi der Landwirtschaft. Er baute Wein und Oliven an und besaß etwa hundert Rinder und dreihundert Schafe, um die er sich sorgfältig und liebevoll kümmerte. Ganz so arm und mittellos war dieser Landwirt also keineswegs. Sein Lieblingspferd »Marsala«, das er auf dem Zug der Tausend geritten hatte, ließ er auf der Insel frei umherlaufen, ebenso den Hengst »Borbone«, den sein Sohn Menotti in Kalabrien dem Feind abgenommen hatte. Als »Marsala« starb, wurde das Tier feierlich begraben. Vier Esel auf der Insel dagegen erhielten die Namen »Pius IX.«, Napoleon III.«, »Oudinot« – nach dem französischen General, der 1849 die römische Republik zu Fall gebracht hatte – und »unbefleckte Empfängnis«. Einem seiner Tagelöhner schenkte Garibaldi die piemontesische Generalsuniform, in der dieser fortan die Erde umgrub. Beim Essen saßen alle um einen Tisch, an dessen Kopfende Garibaldi wie ein bäuerlicher Patriarch residierte. Ein Herzog von Sutherland mußte sich ebenso selbst bedienen wie der Tagelöhner, der neben ihm saß. Das Essen war einfach und kam zum größten Teil von der Insel; frischer Fisch, Fleisch, Salate mit viel Olivenöl und Wein. Einzige Extravaganz dieser frugalen Speisekarte waren die Maccheroni, die Garibaldi aus dem Süden mitgebracht hatte, und der Kaffee, auf den er seit Südamerika nicht mehr verzichten konnte.

Mit seiner Familie, seinen Leuten und seinen Gästen veranstaltete der weltberühmte Inselbewohner an den Nachmittagen Wett-

bewerbe im Tontaubenschießen, und abends wurde viel gesungen: patriotische Lieder, Arien von Verdi und zum Schluß, daß es über die ganze Insel schallte, die Marseillaise, das Revolutionslied schlechthin, bevor sie von der »Internationale« abgelöst wurde.

Garibaldi war aber nicht nur Bauer und Patriarch, Revolutionär und Soldat, Seemann und Korsar, er betätigte sich auch als Schriftsteller und Dichter. Seine Erinnerungen, von denen ein erster Teil bereits 1859 in englischer Sprache bei Dwight in New

York erschienen war und deren endgültige Fassung 1872 in Caprera abgeschlossen wurde, erlebten schon zu Lebzeiten des Autors sechsundvierzig Auflagen und wurden in elf Sprachen übersetzt. Daneben schrieb Garibaldi eine Reihe von Liedertexten, Gedichten und mehrere Romane. Diese Romane – »Clelia oder die Herrschaft der Priester«, »Cantori der Freiwillige«, »Die Tausend« und »Manlio« – wurden von der Kritik einhellig als »pubertäre Romantik« verrissen, fanden aber dennoch die Gunst des Publikums und wurden für die damalige Zeit zu Bestsellern.

Im ersten dieser Romane, den er zugegebenermaßen hauptsächlich schrieb, um Geld zu verdienen, entwirft Garibaldi eine Szene, aus der zu erkennen ist, wie er sich selbst wohl am liebsten gesehen hätte oder wirklich sah: Clelia, die »Perle von Trastevere« entkommt mit knapper Not den Nachstellungen eines einflußreichen römischen Kardinals und findet zusammen mit einigen Freunden Zuflucht auf einer kleinen Insel, wo es weder Regierung, Polizei noch Priester gibt. Von allen anerkannte natürliche Autorität der kleinen Gemeinschaft dieser Insel ist *il solitario*, ein Kosmopolit und Patriot, der sich hier nach einem bewegten Leben im Kampf für die Freiheit der Völker niedergelassen hat. Sein Ideal ist eine republikanische Regierung, aber nicht in der Form eines Parlaments von 500 Mann, die sich bloß die Köpfe heißreden, sondern in der Form eines vom Volke auf Zeit gewählten Diktators. »Wehe aber, wenn das Volk an Stelle eines Cincinnatus einen Caesar erwählt!« – Cincinnatus war der legendäre römische Patrizier, den man 458 v. Chr. vom Pflug wegholen mußte, um ihn zum Diktator zu machen.

Während die Männer des Romans von der Insel aufbrechen, um im Kampf für die Befreiung Roms zu sterben, sah der »solitario« von Caprera traurig und verbittert zu, wie das politische Leben in Italien sich immer weiter von seinen Vorstellungen über Freiheit und solidarische Gemeinschaft entfernte.

Am 2. Juni 1882 starb Giuseppe Garibaldi mit nicht ganz fünfundsiebzig Jahren an einer Bronchitis, und wurde wenige Tage später an der Seite seiner zwei Töchter auf Caprera begraben.

Anmerkungen

1 Braudel, *Civiltà e imperi del Mediterraneo nell'età di Filippo II*, Torino 1976, S. 94.
2 M. Milani, *Giuseppe Garibaldi*, Biografia critica, Milano 1982, S. 7.
3 Giuseppe Garibaldi, *Memorie*, hrsg. v. D. Ponchiroli, Torino 1975, S. 14.
4 A. Venturi, *I fratelli*, Milano 1984, S. 42.
5 Diese schöne Szene steht bei I. Montanelli, M. Nozza, *Garibaldi*, Milano 1962, S. 45 f.
6 »Speranza« hieß die große »vendita«, der Hauptsitz der *Carboneria* in Guenua, vgl. S. Barr, *Mazzini*, New York 1975, S. 25.
7 G. Procacci, *Geschichte Italiens und der Italiener*, München 1983, S. 261.
8 A. Galante Garrone, »L'emigrazione politica italiana del Risorgimento«, in: *Rassegna storica del Risorgimento*, 1954, S. 229.
9 G. Mazzini, »Necessità dell'ordinamento speciale degli operai italiani. Risposta ad una obbiezione«, in: G. Manacorda, *Il socialismo nella storia d'italia*, Bd. 1, Bari 1975, S. 61.
10 S. Soldani, *Contadini, operai e »popolo« nella rivoluzione* 1848/49, Studi Storici 1973, S. 578 f.
11 E. J. Hobsbawm, *I ribelli, Forme primitive di rivolta sociale*, Torino 966, S. 29 (dt. *Sozialrebellen*, Gießen 1979).
12 St. J. Woolf, *Il Risorgimento italiano*, Bd. 2. Dalla restaurazione all'unità, Torino 1981, S. 247.
13 P. Sorcinelli, *Miseria e malattie nel 19° secolo. I ceti popolari nell'Italia centrale fra tifo petecchiale e pellagra*, Milano 1979.
14 Diese etwas pointierte Formulierung bei: P. Zullino, *Guida ai misteri e piaceri di Palermo*, Milano o. J., S. 98.
15 Das italienische Wort »annessione« ist doppeldeutig, es bedeutet sowohl »Anschluß« als auch »Annexion«.
16 G. Garibaldi, *Scritti e discorsi politici e militari*. Edizione nazionale degli scritti di G. Garibaldi, Bologna 1934/35, IV, S. 92-94. Ebenso wie die Schwarzhemden der Faschisten ein Rückgriff auf die Tradition des Risorgimento waren, so wurden von Mussolini auch andere Charakteristika Garibaldis aufgegriffen: Der Titel »duce«, der »faschistische« Gruß, war ursprünglich zwischen den Garibaldinern üblich. Mussolini imitierte auch Garibaldis Art der Ansprachen: eine Art Dialog mit den Zuhörern, vgl. J. Ridley, *Garibaldi*, Milano 1975, S. 615.
17 Zit. n. M. Milani, *a.a.O.*, S. 152.
18 Stendhal, Henry Beyle, *Römische Spaziergänge*, Jena 1913, S. 119.
19 G. Garibaldi, *Memorie*, a.a.O., S. 212, zu Rossi vgl. C. Ghisalberti, *Storia constituzionale d'Italia 1848/1948*, Roma, Bari 1983 (1974), S. 23.
20 G. Mazzini, *Scritti politici*, hrsg. v. T. Grandi, A. Comba, Torino 1972, XXXVII, S. 187.
20a J. Ridley, *Garibaldi*, a.a.O., S. 360.
21 F. Valsecchi, *Cavour, ein europäischer Staatsmann*, Wiesbaden 1957, S. 3.
22 Ebd., S. 8.
23 I. De Feo, *Cavour, l'uomo e l'opera*, Milano 1970, S. 190.
24 Ebd., S. 113.
25 F. Valsecchi, *Cavour*, a.a.O., S. 16.
26 C. Ghisalberti, *Storia costituzionale d'Italia*, a.a.O., S. 69.
27 G. Procacci, *Geschichte Italiens*, a.a.O., S. 267.
28 A. Omodeo, *L'opera politica di Cavour*, Firenze 1940, Bd. 2, S. 168.
29 G. Candeloro, *Storia dell'Italia moderna*, Milano 1978 ff., Bd. 2, S. 125, dort auch zu der nicht ganz eindeutigen Rolle Pallavicinos während seines Prozesses 1821. Vgl. auch Kurzbiographien.
30 St. J. Woolf, *Il Risorgimento italiano*, Bd. 2, a.a.O., S. 655.
31 G. Garibaldi, *Memorie*, a.a.O., S. 270.
32 G. Candeloro, *Storia dell'Italia moderna*, Milano 1978 ff., Bd. 4, S. 241.
33 F. Valsecchi, *Cavour*, a.a.O., S. 32.
34 *Il carteggio Cavour-Nigra dal 1858-1861*, Bologna 1926-29, Bd. 1, S. 103 f.
35 F. Valsecchi, *Cavour*, a.a.O., S. 30.
36 *Verdi u. s. Zeit*, Wiesbaden o.J., S. 36.
37 G. Mazzini, *Scritti*, a.a.O., LXII, 261.
38 I. Montanelli, M. Nozza, *Garibaldi*, a.a.O., S. 292.
39 E. J. Hobsbawn, *I ribelli*, a.a.O., S. 49.
40 Vgl. P. Arlacchi, *La mafia impreditrice*, Bologna 1983, S. 24 ff.
41 Zit. n. P. Zullino, *Guida ai piaceri e misteri di Palermo*, a.a.O., S. 99/100.
42 Vgl. Das Kapitel »Bauern und Briganten«, S. 34 ff.
43 Das Wort stammt von Ferdinand II., mit Weihwasser ist der Kirchenstaat gemeint, zit. n. B. Croce, *Storia del regno di Napoli*, Bari 1980 (1925) S. 229.
44 F. Crispi, *I mille*, Milano 1911, S. 417.
45 M. Milani, *Garibaldi*, a.a.O., S. 287.

46 Ebd., S. 302.
47 G. Garibaldi, *Memorie*, a.a.O., S. 348.
48 Marx stand Garibaldi anfangs durchaus positiv gegenüber. Während seines Zuges nach Sizilien nannte er ihn den »populären Diktator« gegenüber Cavour dem »dynastischen Großwesir«, vgl. *MEW 15*, S. 89. 1861, als sich Garibaldi in einem Brief an die amerikanische Regierung für die Nordstaaten und ihre Ablehnung der Sklaverei aussprach, nannte Marx ihn »Esel«. Vgl. *MEW 30*, S. 171. Seinen ganzen Spott ließ Marx auf Garibaldi niederregnen während Garibaldis Besuch in London 1864: »Das Privilegium des ersten April, all fool'day zu sein, ist diesen Monat, in London wenigstens, auf den ganzen April ausgedehnt. Garibaldi and Palmerstone for ever!«, ebd., S. 391.
49 F. Molfese, *Storia del brigantaggio dopo l'unità*, Milano 1974 (1964), S. 13.
50 B. Croce, *Storia del regno die Napoli*, a.a.O., S. 209.
51 E. J. Hobsbawm, *I ribelli*, a.a.O., S. 71 ff.
52 G. Garibaldi, *Memorie, a.a.O., S. 355.*
53 G. Candeloro, Storia dell'Italia moderna, a.a.O., Bd. 5, S. 136.
54 G. Garibaldi, *Memorie*, a.a.O., S. 372.
55 G. Candeloro, *Storia dell'Italia moderna*, a.a.O., Bd. 5, S. 521.
56 D. Mack Smith, *Garibaldi*, Bari 1982 (1962), S. 120.
57 Ebd., S. 136.
58 Zit. n. J. Ridley, *Garibaldi*, a.a.O., S. 632.
59 Kommentar von G. Candeloro zu: Chiappori, *Storie d'Italia*, Bd. 1, Milano 1979, S. 64. (Chiappori gibt eine Art Comic-Fassung der italienischen Geschichte mit ausgezeichneten »Dialogen« zwischen dem Autor und angesehenen Historikern.
60 Zum Vergleich mit Preußen: G. Procacci, *Geschichte Italiens und der Italiener*, a.a.O., S. 295. Zur »Piemontisierung«: E. Ragionieri, *Politica e amministrazione nella storia dell'Italia unita*, Bari 1967.
61 L. Graziano, *Clientelismo e sistema politico, il caso dell'Italia*, Milano 1984, S. 94.
62 Vgl. dazu I. Zanni Rosiello, Stichwort: »Unificazione italiana«, in: F. Levi, U. Leva, N. Tranfaglia, *Storia d'Italia*, Firenze 1978, Bd. 3.
63 Ebd.
64 E. Ragionieri, »La storia politica e sociale«, in: *Storia Einaudi*, Bd. 4, 3, S. 1714. 1874 wurde eine Enquete über die Lage der Bauern im Süden, 1877 die sog. Jacini-Enquete über die Landwirtschaft, und 1876 eine eigene Untersuchung über Sizilien durchgeführt.
65 *Atti Parlamentari, Discussioni, Camera, Legislatura VII*, S. 317 (26. Mai 1860).
66 Zit. n. G. Candeloro, *Storia dell'Italia moderna*, a.a.O., Bd. 5, S. 253.
67 Vgl. F. Chabod, *Storia della politica estera italiana. Le premesse*, Bari 1965, S. 570. Der Zwangskurs blieb bis 1883 bestehen, wurde dann offiziell abgeschafft, blieb aber de facto bis Anfang der 90-er Jahre in Kraft.
68 J. Ridley, *Garibaldi*, a.a.O., S. 603.
69 Vgl. z. B. die Mitglieder der Statthalterregierung Farini 1860, besonders A. Scialoja; G. Candeloro, *storia dell'Italia moderna*, Bd. 5, S. 127/29.
70 F. Molfese, *Storia del brigantaggio dopo l'unità*, a.a.O., S. 89.
71 Vom 3. bis 28. April 1864 besuchte Garibaldi England und wurde dort enthusiastisch empfangen. In London war bei seiner Ankunft eine halbe Million Menschen auf den Beinen. Garibaldi traf sich mit hohen Regierungsvertretern und Mitgliedern des englischen Adels ebenso wie mit Mazzini und Alexander Herzen. Vgl. dazu den Spott von Marx, Anm. 48.
72 F. Crispi, *Scritti e discorsi politici (1849-1890)*, Roma 1890, S. 537.
73 G. Candeloro, *Storia dell'Italia moderna*, Bd. 6, a.a.O., S. 26.
74 L. Graziano, *Clientelismo e sistema politico*, a.a.O., S. 103.
75 E. Ragionieri, *Storia politica e sociale*, a.a.O., S. 1742.
76 Zit. n. N. Rosselli, *Mazzini e Bakunin*, a.a.O., S. 170.
77 *MEW 31*, S. 15, (4. Nov. 1864).
78 Zit. n. G. Manacorda, *Il Socialismo nella storia d'Italia*, a.a.O., S. 100.
79 Vg. N. Rosselli, *Mazzini e Bakunin*, a.a.O., S. 149. Vgl. den Brief von Engels an Liebknecht über die Zustände in Italien, *MEW 23*, 2. Jan. 1872, S. 368: »Eine Gesellschaft in Macerata in der Romagna hat zu ihren drei Ehrenpräsidenten ernannt: Garibaldi, Marx und Mazzini. Diese Konfusion repräsentiert Dir genau den Zustand der öffentlichen Meinung unter den italienischen Arbeitern. Es fehlt nur noch Bakunin, um die Sache komplett zu machen.«
80 Zit. n. N. Rosselli, *Mazzini e Bakunin*, a.a.O., S. 269.
81 M. Milani, *Garibaldi*, a.a.O., S. 483.
82 G. Procacci, *Geschichte Italiens und der Italiener*, a.a.O., S. 295.
83 I. Montanelli, M. Nozza, *Garibaldi*, a.a.O., S. 579.

Kurzbiographien

Anzani, Francesco

11. 11. 1809 Alzate (bei Novara) - 5. 7. 1848 Genua. Aus begüterter Familie stammend, flieht er aus dem Internat bei Lecco, um an den griechischen Freiheitskämpfen teilzunehmen. Nach der Rückkehr Studium der Mathematik in Pavia. Gibt das Studium auf, weil er ständig von der Polizei überwacht wird. Emigration nach Paris, wo er Mazzini kennenlernt und an der republikanischen Erhebung vom Juni 1832 teilnimmt. Danach kämpft Anzani in Portugal gegen die Regierung Don Miguel, dann in Spanien gegen den Thronprätendenten Carlos. Bei einem Versuch, in die Heimat zurückzukehren, Verhaftung durch die österreichische Polizei. Nach der Freilassung Emigration nach Südamerika, wo er Garibaldi trifft. Seit dem Zusammentreffen enge Freundschaft mit Garibaldi und gemeinsame Kämpfe für Rio Grande do Sul und Uruguay. Obwohl er kurz vor der Abfahrt gefährlich an Tuberkulose erkrankt, 1848 Rückkehr nach Italien, wo er sich jedoch nicht mehr vom Krankenlager erheben kann.

Bixio, Nino

2. 10. 1821 Genua - 16. 12. 1873 Atchin (Sumatra). Wegen seiner Ungezogenheit von mehreren Schulen geflogen, heuert Bixio als Matrose an und macht mehrere Seereisen nach Amerika. Als Rekrut der sardischen Marine läßt er sich zum Kommandanten ausbilden. Danach Fahrten in den fernen Osten und nach Amerika. Rückkehr 1847 nach Italien, wo er 1848 in der Lombardei und dann in Rom an der Revolution teilnimmt. Verwundung bei der Verteidigung von Rom. 1852-58 Fahrten auf allen Weltmeeren. 1859 nimmt er mit Garibaldis Cacciatori delle Alpi am Zweiten Unabhängigkeitskrieg teil. Teilnahme am Zug der Tausend, wobei Bixio einer der wichtigsten Generäle Garibaldis wird. Leitung des Exekutionskommandos von Bronte. Nach Auflösung der Südarmee wird Bixio als Generalleutnant in die italienische Armee übernommen. 1861 wird er in Genua ins Parlament Italiens gewählt, wo er

versucht, Cavour und Garibaldi zu versöhnen. 1870 legt er sein Mandat nieder, wird aber Senator auf Lebenszeit. 1873 bricht er zur Verwirklichung eines alten Traumes in den indischen Ozean auf, um für Italien Handelsstützpunkte zu gewinnen. Mit Hilfe niederländischer Söldner plant er die Unterwerfung des Sultans von Atchin. Unterwegs wird er Opfer einer Choleraepidemie.

Bonaparte, Carlo

(Charles Lucien Bonaparte) 24. 5. 1803 Paris - 29. 7. 1857 Paris. Ältester Sohn von Lucien Bonaparte, heiratet 1822 die Tochter seines Onkels, des ehemaligen Königs von Neapel, und geht in die USA, wo sein Schwiegervater lebt. Veröffentlichung von vielbeachteten Arbeiten zur Zoologie und Ornithologie. Nach der Julirevolution wieder in Europa, wo er in Rom wissenschaftliche Kongresse organisiert. Mit seinem Sekretär Luigi Masini ruft er im Kirchenstaat das Volk zum nationalen Befreiungskampf auf. Nachdem er anfänglich die Reformpolitik von Pius IX. unterstützt hatte, wird Bonaparte zu einem seiner schärfsten Gegner. Als Mitbegründer der römischen Republik nimmt er bis zuletzt an deren Verteidigung teil, danach geht er ins Exil. Schließlich läßt sich Bonaparte in Paris nieder und versammelt als strikter Gegner seines Cousins, Napoleons III., republikanische Zirkel um sich.

Brunetti, Angelo (Ciceruacchio)

27. 9. 1800 Rom - 10. 8. 1849 Cà Tiepolo bei Rovigo. Sohn eines Schmiedes aus dem volkstümlichen Viertel Campo Marzio in Rom. Er verdient sich ein bescheidenes Vermögen als Fuhrunternehmer für Wein von den Castelli Romani, wodurch er in den Osterien Roms zu einer bekannten Figur wird. Politisch tritt er 1846 zum ersten Mal in Erscheinung, als er an der Durchführung der Begrüßungsfeierlichkeiten für den neuen Papst teilnimmt. Am 11. Nov. 1846 organisiert Brunetti ein von 600 Römern finanziertes »Bankett der Nation« für 300 Patrioten, die in Rom zu Besuch weilen. Sein bei dieser Gelegenheit improvisiertes Gedicht zum Lobe des neuen Papstes wird schnell populär. Nachdem der Papst Maßnahmen zugunsten der Juden in Rom ergriff, besänftigt Brunetti den Antisemitismus der Trasteveriner. Die konservative Politik des Papstes in der folgenden Zeit hält Brunetti für Einflüsterung schlechter Ratgeber. Steht der Republik zunächst distanziert gegen-

über, nimmt aber aktiv an deren Verteidigung gegen die Franzosen teil und folgt Garibaldi bis zur Auflösung seiner Truppe bei Magnavacca. Mit sechs Gefährten und seinem Sohn Lorenzo gelangt er über die venezianische Grenze bis nach Goro, wo die Flüchtlinge von der österreichischen Polizei aufgegriffen und erschossen werden.

Cavour, Camillo Benso Conte di

10. 8. 1810 Turin - 6. 6. 1861 Turin. Als Sohn einer alten Adelsfamilie besucht Cavour 1820-26 die Militärakademie und wird seit 1824 Page von Carlo Alberto, macht sich aber wegen seiner politischen Ansichten unbeliebt und verläßt gegen den Willen seiner Familie Militär und Hofdienst. 1835-40 ausgedehnte Reisen nach England und Frankreich, Tätigkeit als Gutsherr, Getreide- und Börsenspekulant. 1847 Gründung der Zeitschrift »Il Risorgimento«. 1850 Landwirtschaftsminister, 1851 auch Finanzminister in Piemont. Von 1852 bis 1859 piemontesischer Ministerpräsident. 1860 Ministerpräsident Italiens. Sein plötzlicher Tod an einem Malariaanfall läßt sein Werk unvollendet.

Crispi, Francesco

4. 10. 1819 Ribera (Agrigento) - 11. 8. 1901 Ribera. Sohn einer einigermaßen wohlhabenden Bauernfamilie, die ihm ein Jurastudium finanzieren kann. Tätigkeit als Anwalt in Palermo und Neapel. Erst in den 40-er Jahren beginnt Crispis politische Tätigkeit, wobei er in Palermo an der 48-er Revolution teilnimmt; in diesem Jahr gründet er auch die Zeitschrift »L'Apostolato«. Seit 1849 Exil in Marseille, dann in Turin, von wo er 1854 ausgewiesen wird. In London wird er dann enger Vertrauter Mazzinis. 1859 kehrt er zur Vorbereitung des Aufstandes nach Sizilien zurück. Garibaldi macht Crispi zum Staatssekretär in Palermo, Crispi kann sich aber gegen die Liberalen nicht durchsetzen und verliert rasch an Einfluß. Er geht mit Garibaldi nach Neapel, kann aber auch dort nicht verhindern, daß die Anschlußpolitik der Liberalen an Boden gewinnt. Seit 1860 Abgeordneter der garibaldinischen Linken im italienischen Parlament. 1877 unter Depretis Innenminister. Dieses Amt muß er wegen privater Affären schnell wieder aufgeben. 1887 wiederum Innenminister und dann Ministerpräsident. Er schließt Italien immer enger an Deutschland an und brüskiert die Franzosen. 1891

von Rudinì und dann von Giolitti abgelöst, seit 1893 wiederum Ministerpräsident. Crispi betreibt eine aggressive Imperialpolitik in Nordafrika, die mit der vernichtenden Niederlage der italienischen Truppen bei Adua 1896 zusammenbricht und Crispis politische Karriere beendet.

Depretis, Agostino

13. 1. 1813 Mezzana Corti (bei Pavia) - 29. 7. 1887 Stradella (ebenfalls bei Pavia). Als Sohn wohlhabender Pächter studiert Depretis Jura in Pavia. Ohne an den Aufständen von 1830 teilzunehmen sympathisiert er mit den Mazzinianern. 1848 Abgeordneter des Turiner Parlaments. Anhänger der gemäßigten Linken, die unter Führung Rattazzis mit Cavour das *connubio* schließt. 1860 wird er als Kompromißkandidat zwischen Cavour und Garibaldi Prodiktator von Palermo und tritt für den sofortigen Anschluß ein. 1862 Minister für öffentliche Arbeiten, 1876 erster Ministerpräsident der Linken. Bis zu seinem Tod 1887 entwickelt Depretis nach innen die Politik des *trasformismo* und nach außen betreibt er die Anlehnung Italiens an Deutschland. 1882 tritt Italien dem deutsch-österreichischen Zweibund bei. Depretis ist insgesamt achtmal Ministerpräsident und die Unterbrechungen sind meist von ihm selbst aus taktischen Gründen gewählt.

Garibaldi, Anita

(Anita Ribeiro de Silva)? La Laguna (Brasilien) - 4. 8. 1849 Magnavacca (bei dem heutigen Porto Garibaldi). Verheiratet mit einem Schuster namens Duarte, lernt sie im August 1839 Garibaldi kennen. Beim ersten Zusammentreffen will er gesagt haben: »Du wirst die Meine sein«. Anita läßt sich auf Garibaldis Korsarenschiff entführen und nimmt furchtlos an den Kämpfen der nächsten Monate teil. Am 16. September 1840 bringt sie ihr erstes Kind, Menotti, im Hause von Freunden zur Welt. Nach wenigen Tagen muß sie Garibaldi auf die Flucht in den Urwald folgen. Juni 1843-1848 lebt sie in Montevideo, wo 1843 Rosita (stirbt 1845), 1845 Teresita und 1847 Ricciotti geboren werden. (Menotti und Ricciotti sind die Nachnamen von Revolutionären der 30-er und 40-er Jahre). Im März 1842 heiratet Anita nach der Erklärung, daß ihr Mann tot sei, Garibaldi. 1848 schickt Garibaldi Anita mit den Kindern nach Nizza voraus, wo sie bei seiner Mutter unterkommt.

Als während der Verteidigung Roms das Gerücht aufkommt, daß Garibaldi verwundet sei, schmuggelt sie sich nach Rom durch, von wo aus sie mit Garibaldi nach dem Fall der Republik Richtung Venedig flieht. Kurz vor der venezianischen Grenze erliegt sie, im sechsten Monat schwanger, den Anstrengungen und wird nahe einem Bauernhof begraben.

Gioberti, Vincenzo

5. 4. 1801 Turin - 25. 10. 1852 Turin. Aus verarmter bürgerlicher Familie schlägt er die kirchliche Laufbahn ein. 1823-33 wird er Hofkaplan in Turin. Nach seinem Ausscheiden Verhaftung und 4 Monate Haft wegen revolutionärer Tätigkeit. Exil in Paris, 1834-45 Lehrer in Brüssel. Veröffentlichung zahlreicher philosophisch-religiöser Schriften. 1843 erscheint »Del primato morale e civile degli italiani«. 1848 wird Gioberti als Abgeordneter Genuas ins piemontesische Parlament gewählt und noch im selben Jahr Ministerpräsident, wobei er es wegen seiner undurchsichtigen Kompromisse mit allen politischen Richtungen verdirbt. 1849 zieht er sich ins Privatleben zurück und veröffentlich weiterhin zahlreiche philosophische Schriften.

La Farina, Giuseppe

20. 7. 1815 Messina - 5. 9. 1863 Turin. Mit 13 Jahren verlangt er, bei seinem Vater zu leben, der wegen politischer Anklagen in Haft ist, und bleibt ein Jahr im Gefängnis. Später Studium der Rechte in Catania. 1837 Teilnahme an den Aufständen in Sizilien während der Choleraepidemie. Exil in der Toskana und in Rom. 1838 amnestiert, kehrt er nach Messina zurück, von wo er aber wegen ständiger polizeilicher Belästigungen wieder in die Toskana emigriert. Als Teilnehmer der 48-er Revolution in Sizilien ist La Farina maßgeblich an der Organisation des Widerstandes gegen die bourbonische Rückeroberung beteiligt. Exil in Frankreich, danach in Turin, wo La Farina Kontakte zu Cavour anknüpft. Mitbegründer der *Società nazionale italiana*, die er im Sinne Cavours beeinflußt. In dessen Auftrag geht er 1860 nach Sizilien, wird aber von Garibaldi ausgewiesen.

REGNO DI SARDEGNA
Sassari
Cagliari
Caprera
MARE TIRRENO
REGNO DELLE DUE SICILIE
Gaeta 1860-61
Teano
Capua 1860
Caiazzo
Caserta
Benevento (allo St. d. Chiesa)
Avellino
Napoli
I. di Ponza
Ischia
Capri
Salerno
Eboli
Potenza
Basilicata
Bari
Brindisi
Taranto
Lecce
Policastro
Sapri
Paola
Cosenza
S. Giovanni in Fiore
Cotrone
Calabria
Catanzaro
Pizzo
Monteleone
Nicotera
Stromboli
Lipari
Milazzo 1860
Messina
Reggio
Melito
Palermo
Trapani
Egadi
Marsala
Calatafimi 1860
Corleone
Salemi
Sicilia
Sciacca
Girgenti
Caltanissetta
Catania
Siracusa
Modica
MARE MEDITERRANEO
MAR IONIO
Pantelleria
Malta (Brit.)
ALGERIA (alla Francia dal 1830)
Tunisia (1575-1871 vass. d. Turchia)
Long. Est 12 da Greenwich
8
10
14
16
18
36
38
40
Scala di 1 : 5000000
0
50
100
150
200
Chilometri

CONFEDERAZIONE GERMANICA
REGNO DI FRANCIA
SVIZZERA
Savoia (alla Francia nel 1860)
Berna
Basilea
Costanza
Zurigo
LIECHTENST.
Vaduz
Losanna
Tirolo
Innsbruck
Salisburgo
Stiria
Carinzia
Regno
IMPERO D'AUSTRIA
Alto Adige
Trentino
Bolzano
Trento
Regno Lombardo-Veneto
Milano
Venezia
Verona
Padova
Vicenza
Mantova
Bergamo
Brescia
Como
Sondrio
Bellinzona
Aosta
Ivrea
REGNO DI SARDEGNA
Piemonte
Torino
Moncalieri
Chivasso
Susa
Cuneo
Novara
Alessandria
Genova
Casale
Pavia
Piacenza
DUCATO DI PARMA
Parma
DUCATO DI MODENA
Modena
Reggio
Bologna
Ferrara
Ravenna
Rovigo
Liguria
Contea di Nizza (alla Francia nel 1860)
Nizza
PRINC. DI MONACO
Pto Maurizio
M. LIGURE
Duc. di Massa (a Modena 1829)
DUCATO DI LUCCA
Lucca
Livorno
Firenze
GRANDUCATO DI TOSCANA
Siena
Arezzo
Volterra
Grosseto
Orbetello
Elba
Capraia
Giglio
Corsica (Fr.)
Aiaccio
STATO DELLA CHIESA
Romagna
Marche
Umbria
REP. DI S. MARINO
Rimini
Pesaro
Fano
Ancona
Perugia
Foligno
Macerata
Tolentino
Ascoli Piceno
Civitavecchia
Abruzzo
Aquila
Teramo
Chieti
MARE ADRIATICO
Carniola
Trieste
Gorizia
Udine
Lubiana
Istria
Pola
Fiume
Croazia
Dalmazia (all'Austria)
Zara
Ungheria
Schiavonia
IMPERO OTTOMANO
Bosnia
Erzegovina
MONTENEGRO
Cettigne
Cattaro
Lissa 1866
Lesina
Curzola
Meleda
Lagosta
Brazza
Danubio
Drava
Sava
Drina
Bosna
Vrbas
Una
Mur
Enns
Inn
Adige
Po
Reno
Rodano
Ticino
Tevere
Arno
6
8
10
12
14
16
18
20
42
44
46

Mazzini, Giuseppe

2. 6. 1805 Genua - 10. 2. 1872 Pisa. Als Sohn einer Akademikerfamilie studiert er Literatur und arbeitet seit 1828 an verschiedenen Zeitschriften mit. Wegen der Aufstände 1830 wird er verhaftet und geht im Februar 1831 ins Exil nach Genf, dann nach Marseille. Am 27. April 1831 fordert er Carlo Alberto in einem Brief auf, sich an die Spitze der Nationalbewegung zu stellen. Juli 1831 Gründung des *Giovine Italia*. Am 26. 10. 1833 in Abwesenheit von einem piemontesischen Militärgericht zum Tode verurteilt. Der Versuch, 1834 von der Schweiz aus zu den Aufständischen in Piemont zu stoßen, mißlingt. 15. April 1834 Gründung des *Giovine Europa* in Bern. Scheitern der Aufstandsversuche der Mazzinianer 1841-44 im Kirchenstaat und in Kalabrien. Im März 1848 Ankunft in Mailand, wo Mazzini die Parole »Dio e popolo« ausgibt, aber ohne wesentlichen Einfluß bleibt. Nach der Kapitulation Mailands nimmt er für einige Tage an Garibaldis Bandenkrieg teil, flieht dann in die Schweiz, wo er in Lugano die *Giunta di insurrezione italiana* bildet. Am 23. März 1849 in Rom, wo er mit Carlo Armellini und Aurelio Saffi das Triumvirat der Republik bildet. Nach der Niederlage 1850 in London Gründung des *comitato nazionale italiano*. Die Aufstandsversuche der Mazzinianer 1852/53 in Mantua und Mailand scheitern. 1854 heimlich, aber unter Duldung der Polizei in Genua zur Vorbereitung eines Aufstandes in der Toskana (Sarzana-Massa), der scheitert. Da Mazzini nun in Genua zum Aufstand aufruft, Todesurteil in Abwesenheit 1858. Exil in London, dann in Lugano, wo er 1864 das *comitato centrale unitario* gründet. Scheitern der Aufstandsversuche im Friaul. 1866 ruft Mazzini die *Alleanza universale italiana* ins Leben, 1870 bricht er zur Vorbereitung eines Aufstandes nach Sizilien auf, wo er in Palermo verhaftet und nach Gaeta gebracht wird. Nach der Einnahme Roms durch italienische Truppen fällt Mazzini unter die Amnestie, geht aber freiwillig ins Exil nach London und dann in die Schweiz zurück, von wo aus er den Kongreß der Arbeitervereine in Florenz organisiert, der mit einer Spaltung endet. 1872 kehrt er mit falschem Paß nach Italien zurück und stirbt in Pisa.

Orsini, Felice

10. 1. 1819 Meldola (Forlì) - 13. 3. 1858 Paris. Bei seinem reichen Onkel aufgewachsen, versucht Orsini mit 12 Jahren sich von Ancona aus den französischen Truppen anzuschließen, die angeblich

die päpstliche Romagna befreien. 1835 erschießt er den Koch der Familie und kommt nur durch die Fürsprache des Bischofs Mastai-Ferretti, des späteren Pius IX., mit 6 Monaten Haft weg. 1843 während des Studiums in Bologna als Revolutionär verhaftet und zu lebenslänglichem Zuchthaus verurteilt. 1846 durch Amnestie anläßlich der Wahl Pius' IX. frei. 1848 während des ersten Unabhängigkeitskrieges unter Zambeccari Soldat der päpstlichen Freiwilligen, dann Abgeordneter der römischen Republik und Kommissar für Ancona, von wo aus er die Briganten um Ascoli unterdrücken soll. Bis 1853 Exil in Genua und Nizza, Studium der Mathematik und Veröffentlichungen zur Militärgeographie. Mitorganisator der mißlungenen Aufstände 1853 in der Toskana und Mailand. Exil in London, von dort aus heimliche Aufenthalte in Turin, Mailand und Wien, wo er 1854 verhaftet wird. Im nächsten Jahr kann Orsini aus dem österreichischen Gefängnis fliehen, Exil in London. Am 14. Jan. 1858 Attentat auf Napoleon III., Verurteilung zum Tode und Hinrichtung.

Pallavicino Trivulzio, Giorgio

20. 4. 1796 Mailand - 4. 8. 1878 Mailand. Aus einem Markgrafengeschlecht stammend, unternimmt Pallavicino in seiner Jugend ausgedehnte Reisen in Italien und im Ausland. Nach seiner Rückkehr wird er von seinem Standesgenossen Federico Confalonieri ermuntert, an der *Federazione* (Vereinigung) teilzunehmen, die auf die Befreiung von den Österreichern hinarbeitet. 1820 versucht er in Turin, Carlo Alberto zur Unterstützung der Aufstände in der Lombardei zu bewegen. Nach seiner Rückkehr verhaftet, verrät Pallavicino während des Prozesses seine Verbindungen zu Confalonieri, der daraufhin ebenfalls verhaftet wird. Nach Umwandlung der Todesstrafe in lebenslange Haft wird Pallavicino auf den Spielberg bei Brünn gebracht. 1835 beim Regierungsantritt von *Franz I.* amnestiert und wegen seines schlechten Gesundheitszustandes nicht nach Amerika deportiert, lebt Pallavicino in Prag. 1840 Rückkehr in seine Heimat, auf sein väterliches Schloß nach S. Fiorano, von wo aus er während der 48-er-Revolution zum Kampf aufruft. Nach 1848 Exil in der Schweiz, Paris und Turin. 1853 von den Österreichern enteignet, als Abgeordneter ins Turiner Parlament gewählt. Mit Daniele Manin gründet er die *Società Nazionale* und gewinnt dafür Garibaldi. Im Auftrage Cavours beteiligt sich Pallavicino an den Spendenaktionen für die Tausend und wird Prodiktator

in Neapel. 1862 als Beauftragter der Regierung Rattazzi zur Unterdrückung des Brigantenkrieges in Sizilien, wo er in Garibaldis Unternehmen verwickelt wird, das am Aspromonte endet. Danach zieht er sich ins Privatleben zurück.

Pisacane, Carlo

2. 8. 1818 Neapel - 2. 12. 1857 Sapri. Als Sohn des Herzogs von San Giovanni in Kalabrien beginnt Pisacane eine Militärkarriere, verläßt aber 1847 das Heer und Neapel und reist nach London, Paris und Marseille. Wegen Geldmangels tritt Pisacane in die Fremdenlegion ein und kämpft in Algerien gegen die Araber, tritt aber wieder aus und wird 1848 als Freiwilliger in der lombardischen Armee bei Salò schwer verwundet. Danach geht Pisacane ins Exil in die Schweiz, wo er Mazzini kennenlernt. Zurück in Italien, im Generalstab zur Verteidigung der römischen Republik; danach Exil in Lausanne, London, Lugano und Genf. Veröffentlichung politisch-militärischer Schriften über Italien, darunter vier Bände »Italia e Murat«, in denen er den Thronanspruch von Lucien Murat verteidigt. Obwohl er nicht an einen Erfolg der Expedition glaubt, bricht er am 25. Juni 1857 mit 19 Begleitern nach Kalabrien auf, landet in Sapri, wo die ganze Gruppe von Bauern erschlagen wird.

Zambeccari, Tito Livio

30. 6. 1802 Bologna - 2. 12. 1862 ebd. Aus gräflicher Familie; mit 19 Jahren wärend des Jurastudiums Beitritt zur *Carboneria*; Teilnahme an den Aufständen 1821, danach Exil in Spanien, Kampf für die Verfassung. Vom Exil in London aus unternimmt Zambeccari Reisen und widmet sich mineralogischen Studien bis 1826. Danach geht er nach Südamerika, wo er für die Republik Rio Grande do Sul kämpft und Staatssekretär des Aufstandsführers Benito Gonzales wird. Nach dreijähriger Haft in Santa Cruz kehrt er nach Italien zurück, nimmt an den Aufständen 1843 und 1845 im Kirchenstaat teil und wird in Abwesenheit enteignet. 1848 nimmt Zambeccari an der Revolution in Modena, Bologna und Venedig teil, wird Abgeordneter der römischen Republik und Kommandant von Ancona, das er gegen die Österreicher verteidigt. Exil in Korfu und Athen. 1860 schließt er sich den Garibaldinern in Sizilien an, wird General und später ins italienische Heer übernommen.

Zeittafel

1796		Feldzug Bonapartes in Italien In einem Waffenstillstand tritt Piemont Savoyen und Nizza an Frankreich ab Im Laufe des folgenden Jahrzehnts gerät ganz Italien mit Ausnahme von Sizilien und Sardinien unter französische Herrschaft
1805	22. Juni	Giuseppe Mazzini wird in Genua geboren
1807	4. Juli	Giuseppe Garibaldi wird in Nizza geboren
1810	10. Aug.	Graf Camillo Benso di Cavour wird in Turin geboren
1820		Mazzini schließt sich dem Geheimbund der Carbonari an
1830–31		Unter dem Eindruck der französischen Juli-Revolution brechen in Mittelitalien und dem Kirchenstaat Aufstände aus, die mit Hilfe österreichischer und französischer Truppen unterdrückt werden. Mazzini wird verhaftet und entkommt ins Exil
1832		Mazzini gründet in Marseille die Geheimorganisation *Giovine Italia*, zwei Jahre später entsteht in Bern *Giovine Europa*
1833		Im Hafen von Taganrog am Schwarzen Meer wird Garibaldi mit den Ideen des *Giovine Italia* bekannt
1834	4. Febr.	Nach einem gescheiterten Aufstandsversuch in Genua flieht Garibaldi nach Nizza, dann nach Marseille. Garibaldi und Mazzini werden in Abwesenheit zum Tode verurteilt
1835		Garibaldi bricht nach Rio de Janeiro auf
1837		Nachdem Mazzini aus Frankreich ausgewiesen wurde, geht er nach London ins Exil
	Mai	Garibaldi kämpft für die Republik Rio Grande do Sul gegen Brasilien

1839		Garibaldi lernt seine spätere Frau Anita kennen, ein Jahr später wird sein erster Sohn Menotti geboren
1842	Januar	Garibaldi kämpft auf der Seite der Republik Uruguay gegen den argentinischen Diktator Rosas
1843		In seinem Werk »Del primato morale e civile degli italiani« entwirft Vincenzo Gioberti das Programm einer italienischen Föderation unter Führung des Papstes, an dem sich die Gemäßigten orientieren
	20. April	Bildung der italienischen Legion unter Führung Garibaldis zur Verteidigung Montevideos
1846–47		Politische und administrative Reformen des neuen Papstes Pius IX. Toskana und Piemont schließen sich der Reformpolitik an. Cavour gründet die Zeitschrift *Il Risorgimento*, die der Bewegung ihren Namen gibt
1848	Januar	König Ferdinand II. verspricht nach einem Aufstand in Palermo eine Verfassung. Toskana und Piemont folgen dem Beispiel. Das piemontesische *statuto* bleibt auch nach 1848 bestehen und wird 1861 zur italienischen Verfassung
	März	Nach Ausbruch der Revolution in Wien erfolgreiche Aufstände in Venedig und Mailand, wobei in Mailand die österreichische Armee nach fünftägigem Straßenkampf vertrieben wird
	24. März	Carlo Alberto von Piemont erklärt Österreich den Krieg und tritt an die Spitze der nationalen Bewegung
	15. April	Mit 63 Mann bricht Garibaldi von Montevideo nach Italien auf und landet am 21. Juni in Nizza
	25. Juli	Österreich schlägt unter Radetzky das italienische Heer bei Custoza
	August	Garibaldi führt einen Guerillakampf am Lago Maggiore und kann zwei österreichische Schiffe in seine Gewalt bringen. Flucht in die Schweiz
	Nov.	In Rom flieht der Papst nach Ermordung des Ministerpräsidenten Pellegrino Rossi nach Gaeta. Ausrufung der Römischen Republik
1849	Januar	Garibaldi trifft in der Römischen Republik ein
	März–April	Verteidigung der Römischen Republik gegen die Franzosen

1849	März	Carlo Alberto, der den Krieg wieder aufgenommen hat und bei Novara erneut geschlagen worden ist, dankt zugunsten seines Sohnes Vittorio Emanuele II. ab
	April	Österreichische Truppen besetzen Toskana und den Norden des Kirchenstaates
	3. Juli	Französische Truppen setzen der Römischen Republik ein Ende, Garibaldi verläßt Rom mit Anita und wenigen Getreuen in Richtung Venedig. Mazzini geht ins Exil
	August	Anita stirbt in einem Bauernhaus an der Adriaküste. Die Republik Venedig unter Daniele Manin kapituliert. Piemont schließt Frieden mit Österreich. Garibaldi geht zum zweiten Mal ins Exil
1852		Cavour wird Ministerpräsident in Piemont-Sardinien
1853–56		Piemont-Sardinien beteiligt sich am Krimkrieg und kann deshalb auf der Pariser Friedenskonferenz (1856) die italienische Frage zur Sprache bringen
1855	29. Dez.	Garibaldi kauft die Hälfte der Insel Caprera
1857		Gründung der *Società Nazionale Italiana*. Ihr Ziel ist die Einigung Italiens unter der Führung Piemonts
1858	14. Jan.	Attentat auf Napoleon III. durch den italienischen Mazzinianer Felice Orsini
	20. Juli	Geheimtreffen von Plombières. Napoleon III. verspricht Cavour die Hilfe Frankreichs bei der Vertreibung der Österreicher. Italien soll in zwei bis drei Staaten zusammengefaßt, der Kirchenstaat erhalten werden. Als Kompensation sollen Savoyen und Nizza zu Frankreich gehören
1859	März	Nach einem Treffen mit Vittorio Emanuele II. bildet Garibaldi das Freiwilligenkorps *Cacciatori delle Alpi*
	Mai	Durch piemontesische Mobilmachung wird der Krieg der Verbündeten Piemont und Frankreich gegen Österreich provoziert
	Juni	Siege der Verbündeten bei Magenta und Solferino. Garibaldi operiert im lombardischen Hinterland
	12. Juli	Napoleon III. schließt unerwartet mit Österreich den Vorfrieden von Villafranca. Cavour tritt aus Protest zurück

	Nov.	Friede von Zürich. Österreich tritt die Lombardei an Frankreich ab, Frankreich gibt sie an Piemont weiter. In Toskana, Parma und Modena sollen die vertriebenen Regierungen wieder eingesetzt werden
1860	Januar	Aufstandsbewegungen in Mittelitalien verhindern dort die Wiederherstellung der habsburgischen Herrschaft. Cavour wird erneut Ministerpräsident
	März	Piemont tritt Savoyen und Nizza an Frankreich ab. Im Gegenzug erklärt sich Napoleon III. mit dem Anschluß von Toskana, Modena, Parma und Emilia-Romagna an Piemont einverstanden
	Mai	Garibaldi landet mit seinem *Zug der Tausend* bei Marsala in Sizilien
	27. Mai	Einzug in Palermo
	8. Aug.	Garibaldi setzt von Sizilien auf das italienische Festland über
	7. Sept.	Nach Sizilien und dem unteritalienischen Festland erobert Garibaldi Neapel. Francesco II. flieht nach Gaeta. Cavour entsendet Truppen in den Kirchenstaat und in die Abruzzen
	26. Okt.	Bei Teano trifft Garibaldi mit dem piemontesischen König zusammen
	Okt./Nov.	Plebiszite in Neapel, Umbrien und den Marken entscheiden für den Anschluß an Piemont. Garibaldi tritt zugunsten Vittorio Emanueles von der Diktatur über das Königreich beider Sizilien zurück
	9. Nov.	Garibaldi schifft sich nach Caprera ein
1861	Febr.	Francesco II. kapituliert in Gaeta
	14. März	Vittorio Emanuele II. nimmt auf Beschluß des neugewählten ersten italienischen Parlaments den Titel *König von Italien* an Venetien gehört noch zu Österreich, der Rest des Kirchenstaates steht unter dem »Schutz« einer französischen Garnison
	6. Juni	Tod Cavours
1861–65		Aufstände der Briganten in ganz Süditalien, die grausam unterdrückt werden

1862	29. Aug.	Niederlage und Verletzung Garibaldis auf dem Aspromonte. Festungshaft in Varignano
1864	15. Sept.	*Septemberkonvention* mit Frankreich zur vorläufigen Regelung der *Römischen Frage.* Frankreich sagt gegen Garantieerklärung für den Rest des Kirchenstaates den Truppenabzug zu. Italiens Hauptstadt wird von Turin nach Florenz verlegt
1866	8. April	Geheimbündnis Italiens mit Preußen
	15. Juni	Italien tritt auf der Seite Preußens in den Krieg gegen Österreich ein
	Juni/Juli	Niederlage gegen Österreich bei Custoza und in der Seeschlacht bei Lissa
	Okt.	Durch preußische und französische Vermittlung erhält Italien von Wien auf friedlichem Weg Venetien
1867	Nov.	Vergeblicher Versuch Garibaldis, in den Kirchenstaat einzudringen. Niederlage bei Mentana. Garibaldi wird verhaftet. Nach seiner Freilassung Ende November zieht er sich nach Caprera zurück
1870	Juli	Im Krieg gegen Preußen zieht Frankreich seine Truppen aus Rom ab
	20. Sept.	Durch die *Bresche der Porta Pia* besetzen italienische Soldaten Rom
	Oktober	Garibaldi kämpft in Frankreich auf der Seite Gambettas
1872	10. März	Tod Giuseppe Mazzinis
1874		Mit seiner Enzyklika *Non expedit* verbietet der Papst den Gläubigen die aktive Teilnahme am politischen Leben Italiens
1876	März	Mit Agostino Depretis übernimmt die sogenannte »Historische Linke« die Regierung Italiens
1882	2. Juni	Garibaldi stirbt auf Caprera